本书获国家自然科学基金青年项目（71403243），中央高校基本科研业务费专项（2019QNA174、2017QNA115），浙江大学中国农村发展研究院和ZJU−IFPRI国际发展联合研究中心国际发展专项（126000−541902）支持

Enhance Quality and Effectiveness

The Transformation of China's Agri-food Supply Chain Organizations
and Evaluation of its Effectiveness

提质增效

中国农产品供应链
组织转型与绩效评价

季　晨　著

ZHEJIANG UNIVERSITY PRESS
浙江大学出版社

图书在版编目（CIP）数据

提质增效：中国农产品供应链组织转型与绩效评价 /
季晨著. —杭州：浙江大学出版社，2021.6
ISBN 978-7-308-21382-0

Ⅰ.①提… Ⅱ.①季… Ⅲ.①农产品—供应链管理—
研究—中国 Ⅳ.①F724.72

中国版本图书馆 CIP 数据核字（2021）第 093053 号

提质增效：中国农产品供应链组织转型与绩效评价

季 晨 著

责任编辑	陈佩钰（yukin_chen@zju.edu.cn）	
责任校对	郭琳琳	
封面设计	雷建军	
出版发行	浙江大学出版社	
	（杭州市天目山路 148 号　邮政编码 310007）	
	（网址：http://www.zjupress.com）	
排　　版	杭州青翊图文设计有限公司	
印　　刷	杭州高腾印务有限公司	
开　　本	710mm×1000mm　1/16	
印　　张	14.75	
字　　数	278 千	
版 印 次	2021 年 6 月第 1 版　2021 年 6 月第 1 次印刷	
书　　号	ISBN 978-7-308-21382-0	
定　　价	68.00 元	

荐　序

　　农民、农业和农村问题(简称"三农"问题)始终是关系整个国民经济和社会发展,以及社会主义现代化建设的全局性问题。农产品供应链是供应链在农业产业中的具体应用,它是指从田间到餐桌涉及的各个环节,包括农业生产资料供应、农产品生产、农产品加工以及农产品物流和配送。农产品供应链管理是对供应链主体交易过程中产生的产品流、信息流、物流和现金流进行管理,以提高农产品供应链运行的效率,降低农产品供应链体系的风险和提高农产品供应链的绩效。相对工业领域的供应链,农产品供应链具有相当大的复杂性,具体表现在:(1)农产品是人类日常消费的必需品,食品安全问题直接关系到消费者的生命和健康;(2)农业生产受到市场风险和自然风险的双重影响,因此供应链系统存在着更多、更强的不确定性;(3)生鲜农产品具有易腐性,因此农产品供应链对物流的要求更高,冷链物流的成本更贵;(4)农业生产的原材料是有机生命体,因此带来一系列的动物福利和环境问题;(5)农业生产是全球从业人数很多的部门,产生了较为复杂的劳动力市场问题(如性别歧视等)。因此,农产品供应链的复杂性在为该领域的研究提供了更广阔的议题的同时,也向研究理论和研究方法的应用提出了更大的挑战。农产品供应链对于保障食品安全、构建现代农业体系以及促进经济发展都有重要的现实意义。首先,供应链成员间的协作、安全标准的使用以及追溯体系的应用都有助于降低相关主体的机会主义行为,进而降低食品安全的风险。其次,对农产品生产、流通加工、销售等各个环节的管理与整合优化,可以帮助供应商有效提供数量、品质和价格令消费者满意的产品,从而构建高效的现代农业体系。再者,通过与农业/食品企业或其他产业组织(如农民合作社)签订合同、参与供应链的交易,农户获得了更多进入市场的渠道,提高了收入。因此,农产品供应链有助于发展中国家经济减贫和消除不平等现象。农产品供应链管理具有跨学科的性质,相关研究涉及农业经济管理科学和运营管理科学的理论和方法，因而对两个领域都具有丰富的理论和实践指导意义。

　　农产品供应链的概念最早是由农业经济与管理学科的学者提出的。描述这一概念的常用术语包括农业供应链、农业价值链、食品供应链和食品价值链等。农产品供应链管理是指农业生产原料供应、生产加工、产品物流配送之间的关系管理。在与农业相关的学科（农业科学、农业经济学和发展研究）以及与商业管理相关的学科（如经营管理和供应链管理）中，农产品供应链的概念被广泛地使用和研究。农产品供应链的组织形式是指供农产品供应链的成员（即农户、中间商、分销商以及零售商）之间形成的交易关系的具体表现形式。随着市场经济的建立和农业产业化的不断发展，我国农产品供应链组织也得到了较快的发展。从较为简单的形式，例如龙头企业与农户之间口头契约、书面契约的契约农业，逐渐发展到更为复杂的多主体参与的多样化的组织形式，例如龙头企业通过合作社与农户交易，合作社自主向下游延伸建立分销或品牌公司，龙头企业形成供应链的一体化等。农产品供应链组织形式的紧密性和稳定性对农产品供应链绩效的各个方面都产生重要的影响。例如，稳定而紧密的农产品供应链组织形式对提升农产品的质量安全、提高农业生产的效率以及农业生产流通的效率、增加农户的收入、提高农产品供应链的韧性和可持续性都能起到积极的作用。

　　已有的研究对农产品供应链的组织形式的发展转型和绩效都有一定的分析，但总体来说，这些研究仍较为零散，研究内容上未能较为全面地涉及绩效评价的各个方面，研究方法上也未能较好地处理组织选择的一个自选择所带来的内生性的问题。本书的编写能够让读者更为系统地了解农产品供应链在国际和国内的研究动态和前沿，为读者提供一个更为全面的农产品供应链组织绩效评价的视角，并为研究者提供有关对组织绩效进行实证评价的更为严谨的方法。

　　本书主要采用案例和实证的研究方法对农产品供应链组织的转型进行介绍并对农产品供应链组织的绩效进行评价。在本书的第一章和第二章，作者对国际和国内农产品供应链研究的现状和趋势进行了分析。在第三章和第四章，作者分别用案例和用实证研究的方法分析了农产品供应链中龙头企业如何对组织形式进行选择。第五章和第六章则侧重用实证方法分析合作社组织对农户安全生产行为的影响，第五章实证分析合作社组织成员对农户安全生产行为的影响，倾向匹配方法的应用在一定程度上克服了农户自选择为合作社社员带来的内生性的影响。第六章的实证分析研究了合作社组织的具体功能对农户安全生产行为的影响。第七章主要应用案例研究的方法对农民合作社组织的可持续发展进行了分析。第八章和第九章侧重于从农产品供应链组织的视角,评价其对促进供应链可持续性和提升供应链复衡性的影响。

本书的出版得到了国家自然科学基金青年项目"猪肉供应链治理模式的优化研究——基于'I-P-O'的动态分析框架"(项目号:71403243)和国家自然科学基金农林经济管理学科群重点项目"农业产业组织体系与农民合作社发展:以农民合作组织发展为中心的农业产业组织体系创新与优化研究"(项目号:71333011)的资助。希望本书的出版能够引起读者对相关问题的兴趣,吸引更多学人关注和参与分析讨论,以期进一步促进农产品供应链组织的理论和实践的发展。

黄祖辉

2021 年 3 月

目　　录

第一章　农产品供应链研究概述

一、引言

近年来,有关农产品供应链管理的研究受到了越来越多的重视。本书旨在通过文献计量学和内容分析相结合的方法,对农产品供应链管理的知识结构进行分析,追溯农产品供应链管理的发展历程,并提出未来的研究方向。我们从 Scopus 中共选择了 1770 篇文章进行了文献计量分析,又从共被引分析中选择了 6 组 188 篇文章进行了内容分析。这篇综述提供了对关键作者、他们的从属关系、期刊质量和所评论文章的声望的深入了解,而这些方面在现有的综述中没有被完全提及或评估。利用文献计量学工具,我们将关于农产品供应链管理的现有文献划分为六个集群,并在此基础上提出了未来的研究方向。在内容分析部分,我们对每个集群都做出了更加深入的解释。

农产品供应链的概念最早是由农业经济与管理学科的学者提出的(Salin,1998;Marsden et al. ,2000)。描述这一概念的常用术语包括农业供应链、农业价值链、食品供应链和食品价值链等。农产品供应链管理的概念最初是由一些荷兰学者定义的,他们主要来自荷兰瓦赫宁根大学,他们的研究以专著的形式发表在较低级别的期刊上。农产品供应链管理是指农业生产原料供应、生产加工、产品物流配送之间的关系管理(Van der Vorst,2000;Apaiah & Hendrix,2005;Van der Vorst et al. ,2007)。在与农业相关的学科(农业科学、农业经济学和发展研究)以及与商业管理相关的学科(如经营管理和供应链管理)中,农产品供应链的概念被广泛地使用和研究。

使用"农产品价值链"这一概念的文献也包含于本书的综述之中,因为其本质与农产品供应链的概念一致。为了保证本研究的全面性,我们将有关农产品价值链的研究纳入农产品供应链的文献，并将其作为搜索关键词之一，以避免遗漏相关文献。农产品供应链管理与可持续性密切相关，我们的研究结果证明了这一点，通过共同引用和内容分析确定的 6 个集群中有 5 个关注或涉及可持续性。食品短链侧重于它们在农村发展中的作用，即社会可持续性。食品供应链可持续性和供应链可追溯性中的食品安全这两个主题与可持续性直接相关。关于全球食品供应链主题的大多数论文集中在发展问题上。

由于农产品供应链管理对于食品安全质量（Ahumada & Villalobos，2009）、食品系统弹性（Leat & Revoredo-Giha，2013）、农业发展（Reardon，2015）具有重要意义，因此该领域的研究继续快速发展，迫切需要系统地了解农产品供应链管理的知识结构，使未来的研究更具活力。为了实现这一目标，本书将系统的文献综述与文献计量学、内容分析相结合，以确定农产品供应链中的同质区域，并评估不同方向（Sugimoto et al.，2008）内部和之间的相互作用。本章的其余部分结构如下：引言之后，第二部分介绍了研究方法和初步的数据统计。第三部分提供了文献计量分析，第四部分提供了内容分析。第五部分讨论了研究结果并提出了农产品供应链未来的一些研究方向。第六部分是结论。

二、研究方法

系统的文献回顾方法最初是为了比较基于统计的观察性研究（例如，医学科学研究）使用大数据集的结果而开发的。系统的文献回顾方法被认为是管理研究（Cassell et al.，2006）中一个可靠的基于证据的评价模型。为了利用这两种方法，我们将文献计量学和内容分析整合到这个系统的文献综述中。文献综述的目的是对某一研究领域的现有知识进行批判性的讨论。文献综述的第一步是从数据库中检索文章；第二步，在之前的引文分析的基础上，进行文献计量分析（包括作者影响力、关键词统计、隶属度统计、引文分析以及随后的共被引分析）；第三步，进行内容分析。

（一）关键词的选择和检索

该综述包括从 Scopus 数据库检索到的文章，Scopus 数据库是同行评议文献和国际出版商的最大数据库（Hassini et al.，2012）。为了收集相关来源，系统的文献综述采用了以下步骤：(1)关键字识别；(2)纳入和排除标准的选择；(3)质量评价；(4)数据提取(Tranfield et al.，2003)。农产品供应链术语的两个关键要素是至关重要的，即"农产品"和"供应链"。第一个搜索的字符串包含与农产品相关的关键词，我们采用世界粮农组织定义的农产品关键词：农业、农产品以及相应的特定的食物，包括畜牧、乳制品或水果或谷物或肉类、猪肉或牛肉或鸡肉或鱼或蔬菜或葡萄或葡萄酒或大米或咖啡或油或园艺或玉米或小麦或马铃薯或大豆或木薯或番茄或大麦或棉花或苹果或甘蔗或甜菜。第二个字符串是供应链相关术语：供应链或供应链网络或需求链或价值链(David，2001；Seuring & Müller，2008)。

在 Scopus 数据库中搜索"题目"和"关键词"域，生成 6833 篇文章(截至 2017 年 12 月)。然后，我们进一步将搜索范围限制为使用英语的"期刊文章"，但不包括评论、会议论文、简短调查、笔记和勘误表，使 6833 篇文章减少到 3563 篇。然后根据纳入和排除标准对 3563 篇文章的标题和摘要进行筛选。具体来说，这些文章包括了讨论农产品供应链所有方面的文章(例如，食品安全、农产品供应链的成员关系、农产品供应链的组织和治理，以及影响农产品供应链发展的因素等)。只有同行评审的期刊被包括在内。我们排除了与农产品供应链不直接相关的文章，例如，那些关注于一般供应链管理的文章被排除，因为它们很少涉及农业食品领域。最终我们选择了 1770 篇相关文献进行文献计量分析。

我们对于每位作者都独立进行了筛选，随后相互比较了结果，并就 1770 篇文章(包括或不包括)达成了一致。评分者之间的信度为 100%。与其他直接从数据库中导入搜索结果进行分析的文献计量分析文章不同的是，我们根据包含和排除标准手动筛选不相关的文章，降低了干扰，提高了结果的准确性。

(二)初始数据统计

1770 篇筛选文章发表于 1985 年至 2017 年。如图 1-1 所示，除 2010 年(71 篇)外，自 1998 年以来，每年发表的论文数量都在增加。这表明学术界对农产品供应链的兴趣正在增长。

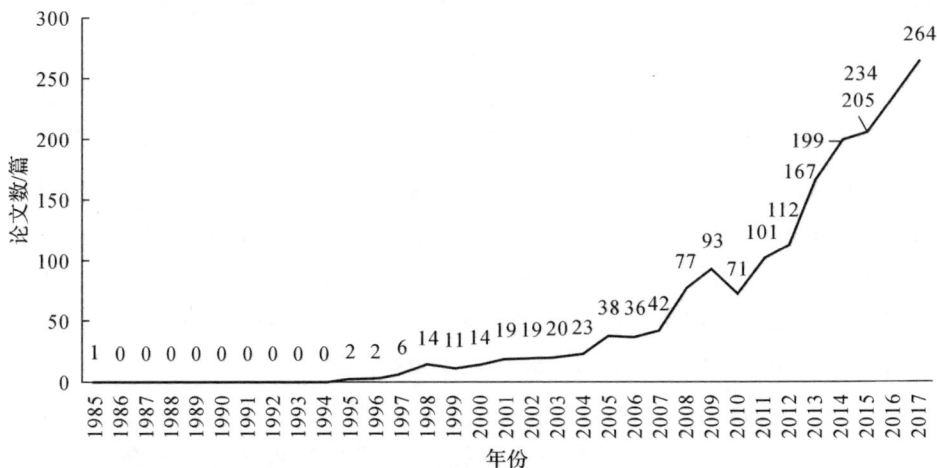

图 1-1　发表论文数($N=1770$)

(三)文献计量和内容分析

1.文献计量分析

文献计量学是对学术出版物的统计分析，包括引文分析、共被引分析等。本书使用 BibExcel 软件进行文献计量分析，准备共引分析的原始数据，因为Bibliometrics 能够处理大型数据集，并且与 Excel、Pajek、Gephi(Persson et al.，2009)等软件兼容。选用 Gephi 软件进行网络分析，因为它可以通过与现有的网络分析软件[如 Pajek 或 VOSveiwer(Bastian et al.，2009)]进行比较以有效地处理大型数据。

2.内容分析

我们还对共被引分析的 6 个聚类结果的 188 篇文章进行了内容分析。内容分析是对文档样本进行系统检查的有效技术工具。内容分析最重要的规则之一是可通过演绎(基于理论)或归纳(基于所述材料)对所述材料的维度及相关分类进行分析(Schiele et al.，2011;Jia et al.，2014)。我们采用共被引分析的聚类结果对文章进行编码。然后通过综合文章的发现，采用归纳法在每个集群中识别子主题。

三、文献计量分析

第三部分是文献计量分析,包括作者影响力及隶属统计、关键词统计、期刊质量、引文分析、共引分析。

(一)作者影响力及隶属统计

从数据文件中提取作者字段,然后由 BibExcel 进行分析,记录所有作者的出现频率。表 1-1 列出了贡献最多的前 20 位作者,以及其他相关信息,如所属机构、研究领域和发表论文数量。有两位作者每人贡献了 10 篇以上的文章,包括 Van Der Vorst(21 篇)和 Fearne(12 篇)。前 20 位作者总共贡献了 1770 篇论文中的 9.5%。

表 1-1　农业食品供应链管理文献的前 20 名作者

作者	引用次数	作者	引用次数
Van Der Vorst, J. G. A. J.	21	Fritz, M.	7
Fearne, A.	12	Marimin	7
Gellynck, X.	10	Meuwissen, M. P. M.	7
Trienekens, J. H.	10	Tan, K. H.	7
Manning, L.	9	Vermeulen, W. J. V.	7
Trienekens, J.	9	Collins, R.	6
Beulens, A. J. M.	8	Engelseth, P.	6
Bourlakis, M.	8	Hanf, J. H.	6
Maye, D.	8	Hobbs, J. E.	6
Swinnen, J.	8	Jie, F.	6

表 1-2 列出了为农产品供应链发表文章最多的前 20 个学术组织。瓦赫宁根大学和研究中心贡献最多,共 117 篇文章,密歇根州立大学和卡迪夫大学紧随其后。

表 1-2　对农业食品供应链管理领域做出贡献的前 20 个组织

归属机构	出版物数量	归属机构	出版物数量
瓦赫宁根大学和研究中心	117	哥廷根大学	13
密歇根州立大学	27	宾夕法尼亚州立大学	12
卡迪夫大学	22	康奈尔大学	12
根特大学	22	圭尔夫大学	12
波恩大学	19	博洛尼亚大学	12
鲁汶大学	17	爱荷华州立大学	11
昆士兰大学	15	普渡大学	11
比勒陀利亚学	14	法国国家农业研究院	11
克兰菲尔德大学	13	利物浦大学	11
伦敦帝国理工学院	13	茂物农业大学	11

(二)关键词统计

本书对关键词列表中经常出现的词和短语也进行了类似的分析。从
1770 篇论文的 5985 个关键词中找出了 20 个最受关注的关键词,如表 1-3 所
示。供应链、食品、农业和价值链是最重要的关键词。表 1-3 中最受欢迎的五
个关键词之所以出现,是因为它们是本研究中选择的搜索关键词。"可持续
性"和"可持续发展"这两个关键词是最有趣的,因为这意味着农产品供应链
的研究主要集中在农产品供应链的可持续性问题上。

表 1-3　农业食品供应链管理中最常用的关键词

关键词	频次	关键词	频次
供应链管理	391	可持续发展	72
供应链	357	决策	67
食物供给	259	市场营销	64
食品供应链	241	食品市场	60
农业	161	农产品	59
食品行业	142	优化	59
食品安全	103	可追溯性	59

关键词	频次	关键词	频次
食品供应链	103	创新	53
价值链	96	物流	53
可持续性	93	价值链	50

（三）期刊质量

本综述收录的农产品供应链相关文章的主要来源为发表 89 篇以上的 20 种期刊（见表 1-4）。从前 20 名期刊的期刊质量来看，影响因子为 0.443 − 5.715。还有一个期刊没有影响因子。一般来说，得分高于 1 分的期刊被认为是社会科学（OSA，2015）的好期刊。除了影响因子，表 1-4 还列出了前 20 名期刊的 SCImago 期刊排名（SJR）和 Source Normalized Impact per Article（SNIP）指标。SJR 和 SNIP 都被广泛用于衡量引用的价值和期刊的影响力。SJR 反映了期刊的科学声望，而 SNIP 则衡量了上下文引用的影响。对于这些指数，数字越高，期刊的质量越好。对于 SNIP，值≥1 表示期刊在其字段中处于或高于平均质量，而值低于 1 则表示低于平均质量（OSA，2015）。与影响因子相比，CS（CiteScore）是一种新的度量标准，可以更全面、更透明、更及时地了解期刊对 Scopus 的影响。

表 1-4　农业食品供应链管理领域的前 20 名期刊

期刊名称	文章数量	影响因子	SJR	CiteScore	SNIP
British Food Journal	89	1.206	0.466	1.47	0.756
Supply Chain Management	58	4.072	1.864	4.48	1.873
International Food and Agribusiness Management Review	55	0.443	0.311	0.75	0.963
Food Policy	39	3.086	1.681	3.56	1.943
International Journal of Production Economics	36	3.493	2.216	4.28	2.179
Journal of Cleaner Production	31	5.715	1.615	5.83	2.382

续表

期刊名称	文章数量	影响因子	SJR	CiteScore	SNIP
Journal on Chain and Network Science	25	1.128	0.199	0.66	0.327
Advance Journal of Food Science and Technology	22	0.565	0.123	—	0.306
European Journal of Operational Research	22	3.297	2.505	3.83	2.339
Journal of Food Engineering	22	3.099	1.479	3.71	1.842
Sustainability	20	1.789	0.524	1.96	0.911
Computers and Electronics in Agriculture	19	2.201	0.896	3.27	1.836
International Journal of Logistics Systems and Management	19	1.61	0.429	1.32	0.649
Food Control	17	3.496	1.462	3.86	1.719
International Journal of Supply Chain Management	17	—	0.209	0.46	0.529
Agrekon	16	0.224	0.228	0.46	0.382
Agriculture and Human Values	16	2.337	0.854	1.94	1.065
American Journal of Agricultural Economics	16	1.829	1.428	2.01	1.641
World Development	16	2.848	2.205	3.24	2.427
Industrial Management and Data Systems	15	2.205	0.768	2.59	1.214

（四）引文分析

根据本地引用频率和全球引用频率得出的前 10 篇文章如表 1-5 所示。本地引用是指一篇文章在 1770 篇文章中被其他文章引用的次数，而全球引用是指这些文章被引用的总次数。本地引用频率与全球引用频率存在显著差异,从表 1-5 可以看出,农产品供应链受到了不同背景学者的关注(即本书所分析的 1770 篇文献中没有收录的文章也引用了这些文献)。此外,本地引用的文章顺序不一定与全球引用顺序相匹配。例如,Ahumada 和 Villalobos(2009)在当地排名第 10,但在全球排名第 4。这是一个有趣的结果,表明 Ahumada 和 Villalobos(2009)的引用似乎在农产品供应链之外领域更受欢迎。

表 1-5　引用数据排名前十的文章

作者(年份)	本地引用频次	全球引用频次
Renting et al. ,2003	180	559
Marsden et al. ,2000	113	333
Maloni and Brown,2006	107	311
Hill and Scudder,2002	85	157
Hingley,2005	79	143
Ilbery and Maye,2005	77	167
Van Der Vorst and Beulens,2002	73	240
Barrientos et al. ,2003	72	173
Roth et al. ,2008	58	203
Ahumada and Villalobos,2009	57	282

(五)共引分析

共引可视化映射是一种利用图论(Pampel,2004)进行探索性数据分析的方法。共引网络由表示节点/文章(Leydesdorff & Vaughan,2006)共现的节点集和表示节点/文章(Leydesdorff & Vaughan,2006)共现的边缘集组成。采用共引分析方法对农产品供应链文献进行地图绘制和分类,当有其他文章(Hjørland,2013)共同引用一类文献时,文章更有可能是相关的,并且属于相似的研究领域。

在从 BibExcel 生成“. net”文件之后,我们使用 Gephi 打开它以进行进一步的共引用映射。Gephi 的初步结果显示,在 1770 篇文章中,有 447 篇文章被其他文章共同引用。为了使我们的分析更加精确,我们选择了本地被引数大于等于 7 的文章(N 值≥7)。我们选择这个 N 值是基于文章的内容,因为

N 值为 0—6 的映射文章并没有明显的聚类。相反,如果我们使 N 的下界大于 7,我们可能会忽略某些关键的文章。最终,共选择 188 篇文章进行共引分析。

(六)数据聚类:专题文献的分类

网络的节点/文章可以被分成"集群"(Clauset & Newman,2004;Radicchi et al. 2004;Leydesdorff & Bornmann,2011)。每个集群都被视为一个主题中的连接紧密的一组文章,而与其他集群中的节点几乎没有连接。数据聚类允许对共引网络进行拓扑分析,并识别它们的主题、相互关系和协作模式(Blondel et al. ,2008)。

我们在 Gephi 中应用 Louvain 算法来确定最优的分区数,以便获得最大化模块指数(Fahimnia et al. ,2015)。Louvain 算法对过滤后的 188 个节点的文章生成六个主要的聚类,对 Gephi 中 447 个节点的共被引网络的范围节点采用 6 的值。每个集群中的文章数量从集群 5 中的 10 篇到集群 6 中的 54 篇不等。图 1-2 显示了六个集群的分层配置,其中每个集群中的文章都包含在一个单独的轨道/圆中。图 1-2 中的模块化指数为 0.478,表示每个集群内节点之间的关系较强。这个结果在比较带有和不带有边/弧的配置时很明显,如图 1-2 和图 1-3 所示。

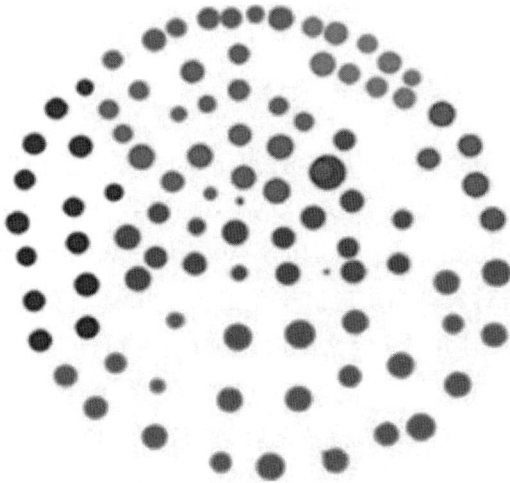

图 1-2　六个集群的分层配置

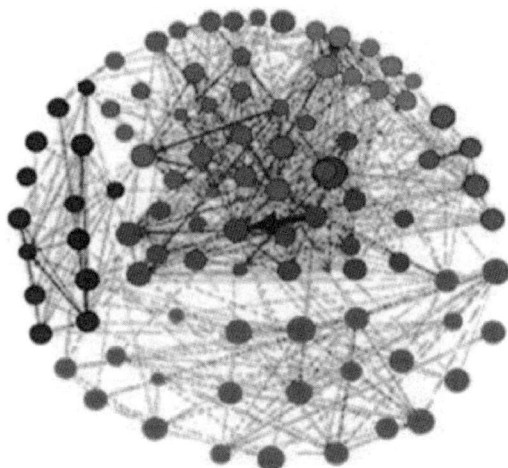

图 1-3　节点之间带有弧线的分层配置

　　为了确定每个集群的研究重点,我们需要确定每个集群中的"主要文章"。这种做法是常见的其他文献计量分析文章(Fahimnia et al.,2015)。PageRank 度量用于识别被选择来确定每个集群主题的领先文章(表 1-6 列出了每个集群的 10 篇领先文章)。在阅读了 PageRank 识别的主要文章后,我们能够说出六个集群中每个集群的研究范围(见表 1-7)。下一节将提供六个集群的详细内容分析。

表 1-6　每个聚类的第一篇文章:共被引和 PageRank 结果

集群 1	集群 2	集群 3
Marsden et al.,2000	Yakovleva et al.,2012	Zanoni and Zavanella,2012
Renting et al.,2003	Vermeulen,2010	Shukla and Jharkharia,2013
Le,2003	Soosay et al.,2012	Vlajic et al.,2012
Tudisca et al.,2014	Vermeulen and Seuring,2009	Van Der Vorst et al.,2009
Ilbery and Maye,2005	Wiese and Toporowski,2013	Wang et al.,2009
Mikkola,2008	Maloni and Brown,2006	Yu and Nagurney,2013
Starbird,2005	Teuscher et al.,2006	Salin,1998
Loader and Hobbs,1999	Penker,2006	Rong et al.,2011
Marsden et al.,1999	Sonesson and Berlin,2003	Wognum et al.,2011
Ilbery et al.,2004	Mintcheva,2005	Oglethorpe and Heron,2013

续表

集群 4	集群 5	集群 6
Tallontire et al. ,2011	Taylor,2006	Zylbersztajn and Filho,2003
Unnevehr,2015	Beulens et al. ,2005	Whipple et al. ,2009
Wilkinson,2006	Ziggers and Trienekens,1999	van Hoek,1999
Tran et al. ,2013	Schiefer,2002	Van Der Vorst and Beulens, 2002
Tallontire et al. ,2005	Lindgreen,2003	Wagner and Young,2009
Schuster and Maertens,2013	Stringer and Sang,2009	Taylor and Fearne,2006
Schipmann and Qaim,2011	Fearne et al. ,2001	Taylor and Fearne,2009
Ouma,2010	Deimel et al. ,2008	Taylor,2005
Reardon,2015	Engelseth,2009	Roth et al. ,2008
Ponte and Ewert,2009	Hobbs et al. ,1998	van Der Vorst and Van Dijk, 2001

表 1-7　基于共引分析的六个主要研究集群($N=188$)

集群	文章数量	研究范围
1	21	短/替代供应链及其在农村发展中的作用
2	24	食品供应链的可持续性
3	44	食品供应链建模
4	35	全球农业食品供应链
5	10	食品安全和食品供应链的透明度/可追溯性
6	54	食品供应链关系/垂直协调/网络

四、讨论

　　根据从共被引分析中获得的六个集群及其演进(见表 1-8)进行内容分析,以确定详细的子主题和见解。188 份内容分析出版物的参考清单载于补充资料表 S1。

表 1-8　每个集群中发表的论文数量

年份	发表论文数量（N＝188 篇）					
	集群 1	集群 2	集群 3	集群 4	集群 5	集群 6
1997	—	—	—	—	—	2
1998	—	—	1	—	1	3
1999	3	—	—	—	1	3
2000	1	—	—	—	—	1
2001	1	—	—	—	1	4
2002	1	1	1	—	1	4
2003	2	4	—	2	1	3
2004	1	—	—	—	—	1
2005	3	1	1	2	1	5
2006	1	3	3	2	—	4
2007	1	1	2	1	—	3
2008	2	—	6	2	1	3
2009	—	3	7	6	2	8
2010	—	3	1	1	—	3
2011	1	3	3	2	—	1
2012	—	3	7	5	—	2
2013	2	1	9	5	—	2
2014	2	1	3	4	—	—
2015	—	—	—	3	—	2
总计	21	24	44	35	10	54

（一）集群 1：短/替代食品供应链

集群 1 由 21 篇文章组成，我们在短/替代农产品供应链研究中标记了这个集群中的文章。如表 1-8 所示，集群 1 出现于 1999 年。1999 年至 2014 年，除 1999 年和 2005 年外，每年发表一至两篇论文。这说明替代供应链的研究并没有得到农产品供应链学者的足够重视。本集群中的文章可以进一步分为以下四个子主题：(1)短农产品供应链的定义；(2)短农产品供应链的产生和演变的前因；(3)短农产品供应链的实践；(4)短农产品供应链的影响。

在替代食品网络(AFN)和短农产品供应链(SFSC)领域，农产品供应链被定义为一个新兴的生产者、消费者和其他参与者的网络，体现了替代更标准化的食品供应工业模式(Marsden et al.，1999)。有些研究确定并讨论了几种类型的短食品供应链，包括有机农业、优质生产和直销(Marsden et al.，2000；Renting et al.，2003)。

关于短农产品供应链的形成原因，包括农产品供应链形成的驱动力和壁垒。农产品供应链形成的驱动力，如增加跨国竞争引起的自由化和全球化，消费者担心食品质量，法规、法律和政策，持续的行业集中(Ilbery & Maye，2006)，及消费的新模式和新技术(Blundel et al.，2002)。我们注意到的重要障碍包括：替代生产者的数量和规模小、官僚机构的限制性影响、食物链关键中间环节的缺乏以及关键有形基础设施(Ilbery et al.，2004)的匮乏。

关于短农产品供应链的实践，本主题的文章讨论了专业食品生产商和商业网络的增长轨迹(Blundel，2002；Renting et al.，2003)。关于替代农产品供应链对农村发展的影响，短农产品供应链对农村发展的影响包括其对提高(Ilbery et al.，2004)质量的贡献、农业可持续性(Marsden et al.，2000；Campbell & MacRae，2013)、价值创造(Fitter & Kaplinsky，2001；Bloom & Hinrichs，2011)，最重要的是农产品供应链的协同作用(Marsden et al.，2000；Ilbery et al.，2004)。

(二)第二组：农产品供应链的可持续性

集群 2 由 24 篇文章组成，2002 年出现，2009 年以后迅速增长(每年发表2—3 篇)。随着农产品供应链的可持续性得到了越来越多的关注，这一集群也在波动中增长。我们发现了关于食物垃圾管理的论文(Mena et al.，2011)，这可能是食品供应链可持续性研究中一个新的有趣的子主题。本集群中的文章关注农产品供应链的可持续性。它有三个子主题：(1)农产品供应链可持续性的前提；(2)农产品供应链可持续性的实践；(3)农产品供应链可持续性的后果。

可持续农产品供应链实施的动力来自企业战略(Vermeulen & Seuring，2009)的一致性、消费者需求(Lehmann et al.，2011；Soosay et al.，2012)以及政府对环境和社会问题(Vermeulen & Seuring，2009)的关注。所面临的障碍包括信息不对称(Wiese et al.，2013)和企业与非政府组织(Muller et al.，

2012)之间缺乏协调。

第二个子主题是如何实施可持续的农产品供应链。本子主题的文章重点关注农产品供应链可持续发展的绩效指标（Mintcheva,2005；Yakovleva et al.,2012；Bourlakis et al.,2014）、价值链分析（VCA）（Nicholson et al.,2011；Soosay et al.,2012）、生命周期分析（LCA）（Jones,2002；Sonesson & Berlin,2003）和生态嵌入度的测量（Penker,2006）。人们普遍认为,在农产品供应链中,需要协调利益相关者,以实现更高的经济、社会和环境绩效（Vermeulen,2010）。

第三个子主题是将可持续性纳入农产品供应链的后果。本集群的唯一一篇文章（Flint & Golicic,2009）指出,通过在企业目标中评估农产品供应链的环境和社会绩效,企业将通过产品差异化获得竞争优势。

（三）集群3：对农产品供应链可追溯性、风险管理和优化进行建模

这个集群是农产品供应链文献中第二大的集群,它主要关注农产品供应链决策问题的建模。这一集群包括1998—2014年的共44篇文章,自2006年起这一集群有了快速增长的趋势,2005—2015年每年发表论文1—4篇,其中2008年、2009年和2012年为6—7篇,2013年为9篇。这一领域的研究往往采用运筹学方法,因此,数学和计算机模型得到广泛应用。该集群包含以下子主题：(1)可追溯性；(2)风险管理；(3)物流和库存管理；(4)农产品供应链优化。

第一个子主题是农产品供应链的可追溯性。这一主题中的相关研究主要运用分析模型来探讨如何提高食品安全与质量以及农产品供应链的可追溯性。这些研究中使用的模型包括基于网络的SC模型（Yu & Nagurney,2013；Piramuthu et al.,2013）、改进的newsvendor模型（Grunow & Piramuthu,2013）、模糊模型（Wang & Li,2012）、合适的跟踪和跟踪流程、决策模型（Fritz & Schiefer,2009）、事件驱动的流程链方法（Bevilacqua et al.,2009）。

第二个子主题是农产品供应链风险管理。截止到2014年的相关研究主要提出了概念模型。概念模型包括定性模型（Vlajic et al.,2012）、匹配供需不确定性的设计规划方法（Tan & Çömden,2012）、单一零售商模型（Burer et al.,2008）和案例研究（Leat & Revoredo-Giha,2013）。

第三个子主题是农产品供应链物流和库存管理。应用的模型包括多属性

决策方法（如 TOPSIS）（Validi et al.，2014）、混合整数线性规划（Agustina et al.，2014）、地理信息系统（GIS）和路由 Logix 软件（Bosona & Gebresenbet，2011）。所有这些模式的实施都是为了减少库存成本/损失和提高物流效率。

第四个子主题是农产品供应链优化。应用不同类型的模型来解决食品领域的供应链优化问题，如食品生产、配送规划（Rong et al.，2011）、运营效率优化（Wang & Li，2009）等。Ahumada 和 Villalobos（2009）回顾了农产品供应链文献中使用的规划模型，发现现有文献更加倾向于采用线性规划（LP）、动态规划（DP）和随机建模方法。

（四）集群 4：全局农产品供应链

集群 4 最早出现在 2003 年，总共包含 35 篇文章。2003—2009 年，每年发表论文数量为 1—2 篇；2012—2015 年，每年发表论文 3—5 篇。这些研究的主要内容为，在全球范围内讨论农产品供应链。其中有四个小主题：（1）全球贸易对发展中国家农产品供应链的影响；（2）全球贸易对小农的影响；（3）发展中国家农产品供应链的管理实践；（4）与种族、性别等相关的价值链研究。

第一个子主题为这个集群的主体部分，侧重于探究全球贸易对发展中国家农产品供应链的影响。本子主题的大多数文章讨论了进口国实施的食品安全标准对发展中国家的影响，以及食品安全标准如何影响进口公司的采购策略（Fold，2008；Schuster & Maertens，2013；Elder et al.，2014）。

第二个子主题是全球贸易如何影响发展中国家的小农。有关这一主题的文献的研究重点如下：一是小农参与全球贸易如何帮助发展中国家减少贫困（Gibbon，2003；Humphrey，2006）；二是小农对市场渠道的选择（Schipmann & Qaim，2011）和买卖关系（Blandon et al.，2009）。

第三个子主题的文章详细讨论了发展中国家在国际贸易背景下的农产品供应链管理实践。这一主题的内容多样，关注了农产品供应链中不同的利益相关者，如跨国农民参与承包农业（Barrett et al.，2012）、中小企业转型（Reardon，2015）、全球价值链治理（Ponte，2009）、农民组织在食品领域的作用（Hellin et al.，2009）。

第四个子主题的研究集中于妇女和参与全球价值链的其他非正式工人的就业状况。有关这个子主题的研究很少，只包含 3 篇文章。这些文章论述了性别问题的重要性，并提出制度改革和协调中心公司的社会责任倡议，有助于解决全球价值链中的性别问题（Barrientos et al.，2003；Tallontire et al.，

2005；Maertens & Swinnen，2012）。

（五）集群5：农产品供应链透明性和可追溯性

集群5是有关农产品供应链研究中文献数量最少的集群，1998年至2009年间共发表10篇文章。这个集群出现于1998年，一直没有产生波动。这可能是因为主要的食品安全问题通常包含于其他集群中，如集群2（农产品供应链可持续性）和集群3（农产品供应链建模）。考虑到食品安全令人忧虑的现实状况，集群5在未来可能会变得流行。本系列的文章分为3个子主题，重点讨论（1）农产品供应链可追溯性；（2）农产品供应链的透明度；（3）农产品供应链协调与食品安全之间的关系。

第一个子主题是关于食品安全和农产品供应链可追溯性的相关研究。研究者主要讨论了如何详细描述农产品供应链可追溯生态系统中开发的认证和支持系统（Stringer et al.，2009）。

第二个子主题是农产品供应链的透明性，这是一个新兴的主题。Beulens等（2005）提出了几个重要的问题：采用食物链透明最佳实践的成本和收益是什么？应如何衡量透明度？Deimel等（2008）提出了经验证据，以便更全面地了解德国猪肉和乳制品供应链中不同透明度的决定因素和影响。

第三个子主题是食品安全与农产品供应链协调之间的关系。一些学者发现供应链协调和成功的伙伴关系有助于食品安全和环境可持续性。

（六）集群6：农产品供应链关系/垂直协调/网络

集群6是农产品供应链研究的最大集群。这一集群的相关文章最早出现在1997年，共包含54篇文章，且一直属于研究热点。有关这一主题的文献每年有3—5篇，2009年最多有8篇文章。虽然已经被研究了很多，但是这一集群仍然被认为是农产品供应链的一个有前途的研究方向。本集群中的文章主要关注农产品供应链关系/垂直协调网络。有4个子主题：（1）农产品供应链垂直协调/协作的动力和障碍；（2）从重点公司的角度进行农产品供应链的战略设计；（3）农产品供应链协调在其价值创造中的作用；（4）农产品供应链的风险管理和弹性。

关于第一个子主题，Fearne（1998）确定了供应链协调的动力，包括不断变化的消费者需求、食品安全丑闻和供应链风险。Anastasiadis和Poole（2015）指出，障碍包括不完全的信息共享、由于连接实体的数量而导致的协调困难、利益相关者之间缺乏信任、源自不同战略规划实践的故障、不同的创业心态以及未能理解农业食品行业的机会。

第二个子主题的研究重点是不同类型的农产品供应链策略（即精简、敏捷和混合）。有关精简和敏捷的供应链战略的讨论在英国红肉和英国牛肉连锁店的研究中很常见（Simons & Taylor,2007）。学者们普遍认为,更有效的采购系统、更好的协调（Rademakers & McKnight,1998）和延迟管理（Zylbersztajn & Filho,2003;Ryder & Fearne,2003）可以促进供应链战略的竞争力。

第三个子主题的研究重点是农产品供应链协作在价值创造中的作用,提供解决方案以改进增值方法,降低成本、减少浪费。提高农产品供应链经济绩效的手段包括改善信息共享（Jraisat et al.,2013;Kaipia et al.,2013）和采用有效的消费者响应（ECR）（Fearne & Hughes,1999;Martens & Dooley,2010）。阻碍整个供应链价值创造的一个因素是关于市场需求的过时信息（Wagner & Young,2009）。

第四个子主题的研究集中在农产品供应链风险管理和弹性,文献数量较少。我们发现农产品供应链的风险包括食品安全事件（Dani & Deep,2010）,市场、产品、技术、竞争对手和政府法规的变化（Van Der Vorst & Beulens,2002）,需求的不确定性（Van Der Vorst et al.,2001）,环境的不确定性,信息不对称（Hornibrook & Fearne,2001）。

五、未来的研究方向

根据文献计量学和内容分析的结果,可以确定未来农产品供应链研究的若干方向,这些方向来自单个集群和跨集群的一般类别（见表1-9）。

表 1-9　基于集群和类别的研究差距和未来方向

集群/类别	差距/问题	研究方向
集群 1	主要来自英国和欧盟国家的研究	发展中国家/地区的替代/短缺食品供应链
集群 2	缺乏关于可持续性实践如何在农产品供应链中实施的研究	如何实施可持续发展计划,并在供应商选择和开发中整合可持续发展标准

集群/类别	差距/问题	研究方向
集群3	以供应链中微观层面的风险源建模为主	供应链宏观层面(政策)风险建模
集群4	缺乏详细的全球农产品供应链管理机制;缺乏关于全球农产品供应链对女性影响的研究	审查农业合作社在全球农业服务委员会管理方面的作用,呼吁全球农业服务委员会对妇女和少数群体的影响进行更多的研究
集群5	供应链协调影响农产品供应链可追溯性和透明度的机制尚未得到充分研究	探讨其作用机制是开展食品安全研究的基础
集群6	新主题没有得到足够的重视	关注新主题,如食品供应链中的电子商务、食品供应链中的企业社会责任(CSR)和关系营销
学科	研究是在一个学科竖井中进行的	需要跨学科的方法
研究方法	以个案研究/概念研究/模型方法为主	需要进行定量研究,提供基于调查或二手数据的统计证据
地理区域	主要是发达国家,尤其是欧洲国家	向欧洲以外的发达国家和发展中国家提供援助
单位的分析	关注农产品供应链中的各个参与者	采用多层供应链作为分析单元
纵向/快照	很少有纵向研究	进行更多的纵向研究
基础理论	资源基础理论(Resource-Based View,RBV)和交易成本经济(Transaction Cost Economy,TCE)等理论的应用非常有限	应用或发展不同的农产品供应链研究理论
研究主题	缺乏对新兴问题/实践的关注(例如,农产品供应链中的电子商务)	一般供应链管理的研究课题,例如,农产品供应链的弹性和电子商务在农产品供应链的采用,应该在农产品供应链的背景下进行更密切的研究

（一）未来的研究方向来自单个集群

集群1（短农产品供应链）所包含的文献几乎完全来自英国（例如，Marsden et al.，2000；Ilbery & Maye，2006）与欧盟国家（e. g.，et al.，2003），来自其他发达国家和发展中国家的研究较少。来自英国和欧盟的研究之所以占主导地位，可能是因为短/替代农产品供应链在英国和欧盟以外的其他地区没有那么发达。然而，这并不意味着在发展中国家没有替代的农产品供应链。随着消费需求的变化，发展中国家出现了不同类型的短期资产支持证券，对发展中国家替代农产品供应链的研究可能是该集群未来的研究方向。

集群2（农产品供应链的可持续性）侧重于研究大型食品公司（比如雀巢公司）（Hamprecht et al.，2005；Alvarez et al.，2010）的可持续性供应链建设和基于LCA方法或情景分析的农产品供应链可持续绩效或可持续价值链研究（Soosay et al.，2012；Bourlakis et al.，2014）。然而，这些研究很少有理论基础。唯一的例外是代理理论（Wiese & Toporowski，2013）。

因此，农产品供应链管理可持续发展研究的第一个方向是整合理论，即资源依赖理论、动态能力、代理理论、社会网络理论，组织学习理论，将这些理论应用到现有研究中。例如，威廉姆森等（2016）研究了双机构一级供应商的角色（供应链核心企业），通过对四个食品行业中的核心企业使用的多层次供应链进行研究，将代理理论扩展到多层次的供应链管理。

其次，虽然有文章讨论了可持续食品供应链管理中的认证和标准采用（Manning et al.，2012；Vermeulen & Metselaar，2015），但是缺乏关于如何在农产品供应链中实施可持续倡议的细节，即详细建议如何将可持续标准纳入供应商选择和发展决策，并讨论如何通过认证与企业绩效相联系。在供应链管理的文献中，有两种方法被用来调查认证采用和企业绩效。一种是可持续发展报告的内容分析（Geng et al.，2017），另一种是二次数据分析（Wang et al.，2016）。未来的研究可以采用这两种方法，但应侧重于农业部门，通过使用次级数据分析或内容分析方法，检查采用"公平贸易"或"森林管理委员会认证"对企业绩效的影响。

对于集群3（农产品供应链建模），我们根据发现的研究空白确定了五个未来的研究方向。第一，在进行农产品供应链建模风险优化研究时，需要考虑新风险类型的不确定性。例如，宏观层面的风险，如环境风险、政策风险等，对供应链绩效有着实质性的影响（Diabat et al.，2012）。我们的综述表明，目前的研究更多的是对微观层面的风险进行建模,如需求管理不确定性(Cholette,2009)、供应管理不确定性(Guan & Philpott,2011)、生产管理不确定性(Nielsen et al.,2011)、信息管理风险(Gorton et al.,2006)、食品安全不确定性(Wang et al.,2009)等,而对宏观层面的风险还没有进行充分的探讨。有研究对天气的风险进行了建模研究(Burer et al.,2008;Heumesser et al.,2012),但对政策不确定性进行的建模还不够清楚。因此,该集群的未来方向可能是模拟农民对气候变化的适应,例如在不同天气条件下对生产、销售、采购和储存的农场级别决策,以及在政策不确定性下模拟农业结构变化,特别是在发展中国家,管理农业部门的政策(即补贴和环境保护政策)不断变化。

另一个被忽视的风险是与合作活动相关的内生不确定性(Borodin et al.,2016)。具体来说,不确定性可能来自供应链利益相关者之间合作过程中出现的机会主义行为。例如,在农业食品体系中,发展中国家的农民更有可能因为小规模的以农业为主导的供应结构和波动的市场价格而无法履行合同(Hellin et al.,2009),这使得农业体系比制造业更加复杂。我们发现的唯一相关文章是 Burer、Jones 和 Lowe(2008)撰写的,该文考察了种子行业供应商和零售商之间的合同状况。因此,对不同类型的买卖关系下小农的行为进行建模,研究短期合同、长期合同、战略联盟和纵向一体化下的小农行为将是一个有价值的研究方向,并将有助于合作社/公司/中间人就它们与发展中国家小农建立的关系类型做出决定。

第二,未来的第二个研究方向涉及风险优化中使用的方法/模型。已有研究采用随机规划(Flaten & Lien,2007;Ahumada et al.,2012)和稳健规划(Zhang et al.,2011;Paksoy et al.,2012)来优化不确定性下的农业决策。常用的模型有 TSP 模型、SP 模型和添加模糊要素模型。然而,动态和随机过程很少使用随机动态模型(SDP)或多阶段规划(MSP)同时处理(Guan & Philpott,2011)。因此,未来应采用 SDP、MSP 等模型,进一步放宽模型设计时的假设,假设随机和动态维度的不确定性。例如,在对农户经营决策建模时,可以同时考虑天气变化/产量风险(随机维度)和农户价格波动/动态行为(动态维度),采用 SDP 或 MSP 来优化决策。

第三,我们发现现有文献对相关物流问题提出了单目标模型(Soysal et al.,2012),而企业在物流管理中实际上必须平衡多个目标。然而,这些目标可能相互冲突,例如,利润与可持续性和质量与成本。因此,研究人员需要开发多目标规划模型来处理物流管理中的决策问题。

　　第四，供应链可追溯性(Rong & Grunow，2010；Bilgen & Günther，2010)和供应链管理中的食品浪费(Soysal et al.，2012)的定量建模方法仍然缺乏，尽管有很多问题需要解决，但是这两个领域都需要确定建模方法。例如，农业食品公司如何确定 RFID/IT 技术的最佳投资水平(Grunow & Piramuthu，2013)，以及包装房的设计和操作以增加可追溯性(Bollen et al.，2007)。

　　第五，未来的最后一个研究方向可能是从供应链视角扩展到农业领域的供应链网络视角，利用社会网络分析对制造业供应链进行这种研究(供应链网络建模)(Borgatti & Li，2009；Galaskiewicz，2011；Kim et al.，2011)。供应网络的概念已经在农产品供应链研究中被注意到(Van der Vorst & Van Beek，2005)。然而，很少有基于供应网络视角的建模研究。最近的一篇论文(Li et al.，2016)基于对供应链网络风险演化过程进行建模的易受感染—感染—移除(SIR)模型，建立了农产品供应链风险管理的风险传播模型。有人认为，农产品供应网络有大量相互连接的节点，比供应链复杂得多，对农产品网络的建模比对农产品供应链建模更能抓住现实。因此，可以开展更多的农业食品供应网络风险模型研究。

　　总体来说，集群4(全球农产品供应链)是农产品供应链研究中一个发展良好的研究领域，这意味着现有文献使用各种方法讨论了广泛的内容。食品安全认证的效果方面已经有了广泛的研究。但是，目前还不清楚全球农产品供应链管理的具体机制是什么。未来的研究可以考察农业合作社在全球农业咨询理事会方面的作用(Kirsten & Sartorius，2002；Swinnen，2016；Ji et al.，2017)。由于收集社会可持续性数据的困难，全球农产品供应链对妇女和少数群体的影响仍然缺乏研究(Barrientos et al.，2003；Tallontire et al.，2005；Maertens & Swinnen，2012)。在这方面有必要进行更多的研究。

　　集群5(食物安全/可追溯性)的内容在学术交流委员会的研究中非常重要。但是，这个集群的相关文章很少且一直很稳定。农产品供应链协调影响农产品供应链可追溯性的机制尚不清楚。一些学者(如 Lindgreen，2003)开始关注信任(作为一种协调机制)在形成农产品供应链可追溯性和透明性方面的作用。未来的研究可以探索协调机制、农产品供应链可追溯性与食品安全之间的详细关系。

　　集群6(农产品供应链关系)是农产品供应链研究中持续关注的一个研究领域。然而，我们注意到农产品供应链的弹性还没有得到充分的探索。在农产品供应链中，固有风险来源于一系列且内容多样的因素，包括当前的气候敏感性、生物过程的敏感性,该行业的复杂结构,明显的季节性生产和不利的市场价格的变化,地理生产者和最终用户之间的分离,独特的社会和经济不确定性(Jaffee et al.,2010)。创建更具韧性的企业和供应链可以为管理和减轻企业当前和未来面临的此类风险和挑战提供更好的方法。农产品供应链恢复力包括对未预见突发事件的准备能力,以及比竞争对手更好地应对和从突发事件中恢复的能力(Chopra & Sodhi,2014;Mensah & Merkuryev,2014)。大多数关于农产品供应链弹性的研究都是在非农产品供应链环境下进行的。在今后的研究中,还需要对农产品供应链弹性进行更多的研究。

(二)从一般范畴看未来的研究方向

除了从这六个分类中得出未来研究的方向外,我们还从一般范畴进一步看这188篇文章,了解这些文章对未来研究的影响。

在回顾了188篇文章后,我们发现它们往往属于运营管理/供应链管理(OM/SCM)、农业经济学和食品(AE)、发展研究和运筹学(OR)等学科。这些研究还倾向于使用学科方法(LCA、建模和案例研究),剩下的跨学科研究数量很少(总共只有9篇文章)。需要一个跨学科的方法来结合各个学科的优势。例如,OM 和 OR 方法是互补的,可以用于相同的农产品供应链研究。OM 研究的案例研究方法和 AE 研究的计量经济学方法可以结合起来,获得更稳健的结果和见解。

在研究方法上,农产品供应链研究以案例研究和概念框架开发研究为主。虽然这些研究为农产品供应链实践提供了大量的基于案例的证据,但也需要通过调查或二次数据分析等定量研究方法来提供统计数据进行检验假设。在农产品供应链领域中,建模被广泛采用。在农产品供应链研究中很少发现基于面板数据的研究(总共只有9篇文章使用纵向数据)。我们的文献回顾揭示了农产品供应链发展的动态过程,为采用农产品供应链计划提供了额外的见解。Chris 等(2002)建议基于面板的案例研究可以产生更为深刻的见解(尽管普遍性有限)。因此,利用纵向数据对食品供应链管理的探索将为未来的农产品供应链研究提供新的思路。

在研究的地理区域上,目前的农产品供应链研究主要集中在发达国家,包括欧盟国家(45篇)、英国(42篇)、美国(12篇)、澳大利亚(3篇)、新西兰(2篇)和其他多个发达国家(9篇)。关注发展中国家的文章数量为50篇(21.7%,包括单个国家和多个国家的研究)。53项研究没有提供国家资料。

鉴于发展中国家的数目众多，专门研究发展中国家并在国际期刊上发表的研究的百分比很低。受到最多关注发展中国家在农产品供应链研究（按单一国家的研究计算），包括肯尼亚（5）、南非（4）、印度尼西亚（3）、中国（2）、土耳其（2）、巴西（1）和印度（1）。很明显，对于发展中国家来说，在农业供应链研究的六个集群方面都需要有更深入的探索。

从研究主体来看，农产品供应链的研究往往集中在小农户/生产者（Marsden et al.，2000；Humphrey，2006；Schipmann ＆ Qaim，2011；Hellin et al.，2009；Ilbery ＆ Maye，2005）、大公司（Alvarez et al.，2010）、消费者（Blundel，2002）、机构和政府（Vermeulen ＆ Seuring，2009）。目前缺乏将农产品供应链作为一个整体作为分析单元的研究。在一般供应链管理研究中，多层供应链是一个新的研究课题（Mena et al.，2013），未来的供应链管理研究应更多地采用整条供应链或整个供应网络作为分析单元，以获得对供应链管理主题的全面了解。

农产品供应链研究往往是描述性的，它们为使用案例研究/概念构建/建模的 SCM 研究提供了经验证据（采用案例研究方法的文章往往是描述性的，而不是理论构建驱动的）。因此，企业高层理论[如 RBV、交易成本经济（TCE）和代理理论]在供应链管理中发展中端理论的应用仍然很少（Easterby-Smith et al.，2012）。未来的研究应该将主题/现象与宏观理论联系起来，并努力发展和扩展宏观理论到农产品供应链环境中。

最后，农产品供应链研究中有几个新兴的一般供应链管理主题没有得到充分的研究，但是学界未来可能会有兴趣进行研究，例如，农产品供应链的动态能力和供应网络分析、全球农产品供应链的制度环境、农产品供应链的风险管理和弹性，以及在农产品供应链中采用电子商务等。在中国，电子商务与农产品供应链的结合是一个很好的例子，说明了互联网如何帮助小农户进入全球市场（Zeng et al.，2017）。未来，一些一般供应链管理的研究主题应该在农产品供应链的背景下进行更加详细的分析。

六、本章小结

本章节采用系统的文献综述方法，结合引文和共引分析，深入了解农产品供应链研究的知识结构。通过共被引分析得到了 6 个集群。农产品供应链是一个重要的、有意义的研究领域，具有多学科性质。这方面出版物数量的上升趋势证实了这一判断。本书利用文献计量分析工具对农产品供应链文献进行分析,探究该研究领域的发展现状并讨论新的趋势。此外,我们还进行了内容分析,以便对该领域的每个主题/聚类提供更清晰的见解,并补充共引分析。在此基础上,我们提出了一些可操作的未来研究方向。

这项研究做出了几项重要贡献。第一,这是第一篇系统回顾农产品供应链文献并报告农产品供应链研究知识结构的论文。第二,知识结构揭示了六大主题并展示了它们的演变,突出了成熟领域和新兴领域。在此基础上,提出了今后的研究方向。

虽然本研究具有突出的学术贡献,但是同时也存在局限性。本研究可能的最大局限性在于,选择联合方法的主要原因是为了更客观地分析文献从而降低研究者的偏见,然而,主观性仍然存在,特别是在选择最相关的文章进行最终分析方面。但是我们相信,有超过两名研究人员参与选择过程降低了主观偏见。有关我国农产品供应链的现状将在下一章进行阐述。

参考文献

[1] Agustina, D., Lee, C. K. M., Piplani, R. Vehicle scheduling and routing at a cross docking center for food supply chains. *International Journal of Production Economics*, 2014(152).

[2] Ahi, P., Searcy, C. A comparative literature analysis of definitions for green and sustainable supply chain management. *Journal of Cleaner Production*, 2013(52).

[3] Ahumada, O., Villalobos, J. R. Application of planning models in the agri-food supply chain: A review. *European Journal of Operational Research*, 2009(196).

[4] Ahumada, O., Villalobos, J. R., Mason, N. Tactical planning of the production and distribution of fresh agricultural products under uncertainty. *Agricultural Systems*, 2012(112).

[5] Alvarez, G., Pilbeam, C., Wilding, R. Nestlé nespresso AAA sustainable quality program: An investigation into the governance dynamics in a multi-stakeholder supply chain network. *Supply Chain Management*,

2010(15).

[6] Anastasiadis, F. , Poole, N. Emergent supply chains in the agrifood sector: Insights from a whole chain approach. *Supply Chain Management*, 2015 (20).

[7] Apaiah, R. K. , Hendrix, E. M. T. Design of a supply chain network for pea-based novel protein foods. *Journal of Food Engineering*, 2005(70).

[8] Banks, J. , Bristow, G. Developing quality in agro-food supply chains: A welsh perspective. *International Planning Studies*, 1999(4).

[9] Barrett, C. B. , Bachke, M. E. , Bellemare, M. F. , Michelson, H. C. , Narayanan, S. , Walker, T. F. Smallholder participation in contract farming: Comparative evidence from five countries. *World Development*, 2012 (40).

[10] Barrientos, S. , Dolan, C. , Tallontire, A. A gendered value chain approach to codes of conduct in African horticulture. *World Development*, 2003(31).

[11] Bastian, M. , Heymann, S. , Jacomy, M. Gephi: An open source software for exploring and manipulating networks. *Proceedings of the Third International AAAI Conference on Weblogs and Social Media*, 2009 (8).

[12] Beulens, A. J. M. , Broens, D. F. , Folstar, P. , Hofstede, G. J. Food safety and transparency in food chains and networks. Relationships and challenges. *Food Control*, 2005(16).

[13] Bevilacqua, M. , Ciarapica, F. E. , Giacchetta, G. Business process reengineering of a supply chain and a traceability system: A case study. *Journal of Food Engineering*, 2009(93).

[14] Bilgen, B. , Günther, H. O. Integrated production and distribution planning in the fast moving consumer goods industry: A block planning application. *OR Spectrum*, 2010(32).

[15] Blandon, J. , Henson, S. , Cranfield, J. Small-scale farmer participation in new agri-food supply chains: Case of the supermarket supply chain for fruit and vegetables in Honduras. *Journal of International Development*, 2009 (21).

[16] Blondel, V. D. , Guillaume, J.-L. , Lambiotte, R. , Lefebvre, E. Fast

unfolding of communities in large networks. *Journal of Statistical Mechanics: Theory and Experiment*, 2008.

[17] Bloom, J. D. , Hinrichs, C. C. Moving local food through conventional food system infrastructure: Value chain framework comparisons and insights. *Renewable Agriculture and Food Systems*, 2011(26).

[18] Blundel, R. Network evolution and the growth of artisanal firms: A tale of two regional cheese makers. *Entrepreneurship & Regional Development*, 2002(14).

[19] Bollen, A. F. , Riden, C. P. , Cox, N. R. Agricultural supply system traceability, part I: Role of packing procedures and effects of fruit mixing. *Biosystems Engineering*, 2007(98).

[20] Borgatti, S. P. , Li, X. U. N. On social network analysis in a supply chain context. *Journal of Supply Chain Management*, 2009(45).

[21] Borodin, V. , Bourtembourg, J. , Hnaien, F. , Labadie, N. Handling uncertainty in agricultural supply chain management: A state of the art. *European Journal of Operational Research*, 2016(254).

[22] Bosona, T. , Gebresenbet, G. Food traceability as an integral part of logistics management in food and agricultural supply chain. *Food Control*, 2013(33).

[23] Bosona, T. G. , Gebresenbet, G. Cluster building and logistics network integration of local food supply chain. *Biosystems Engineering*, 2011 (108).

[24] Bourlakis, M. , Maglaras, G. , Gallear, D. , Fotopoulos, C. Examining sustainability performance in the supply chain: The case of the Greek dairy sector. *Industrial Marketing Management*, 2014(43).

[25] Burer, S. , Jones, P. C. , Lowe, T. J. Coordinating the supply chain in the agricultural seed industry. *European Journal of Operational Research*, 2008(185).

[26] Campbell, A. M. , MacRae, R. Local food plus: The connective tissue in local/sustainable supply chain development. *Local Environment*, 2013 (18).

[27] Cassell, C. , Denyer, D. , Tranfield, D. Using qualitative research

synthesis to build an actionable knowledge base. *Management Decision*, 2006(44).

[28] Cholette, S. Mitigating demand uncertainty across a winery's sales channels through postponement. *International Journal of Production Research*, 2009(47).

[29] Chopra, S. , Sodhi, M. S. Reducing the risk of supply chain disruptions. *MIT Sloan Management Review*, 2014(55).

[30] Chris, V. , Nikos, T. , Mark, F. Case research in operations management. *International Journal of Operations & Production Management*, 2002 (22).

[31] Clauset, A. , Newman, M. E. , Moore, C. Finding community structure in very large networks. *Physical Review*, 2004(70).

[32] Dabbene, F. , Gay, P. , Tortia, C. Traceability issues in food supply chain management: A review. *Biosystems Engineering*, 2014(120).

[33] Dani, S. , Deep, A. Fragile food supply chains: Reacting to risks. *International Journal of Logistics Research and Applications*, 2010(13).

[34] David, C. C. The distribution and extent of agrifood chain management research in the public domain. *Supply Chain Management*, 2001(6).

[35] Deimel, M. , Frentrup, M. , Theuvsen, L. Transparency in food supply chains: Empirical results from German pig and dairy production. *Journal on Chain and Network Science*, 2008(8).

[36] Diabat, A. , Govindan, K. , Panicker, V. V. Supply chain risk management and its mitigation in a food industry. *International Journal of Production Research*, 2012(50).

[37] Easterby-Smith, M. , Thorpe, R. , Jackson, P. R. *Management Research*, Sage: Newcastle upon Tyne, UK, 2012.

[38] Elder, S. D. , Lister, J. , Dauvergne, P. Big retail and sustainable coffee: A new development studies research agenda. *Progress in Development Studies*, 2014(14).

[39] Fahimnia, B. , Sarkis, J. , Davarzani, H. Green supply chain management: A review and bibliometric analysis. *International Journal of Production Economics*, 2015(162).

[40] FAO. Definition and Classification of Commodities. Available online: http://www. fao. org/waicent/faoinfo/economic/faodef/faodefe. htm ♯COMG (accessed on 24 July 2017).

[41] Fearne, A. The evolution of partnerships in the meat supply chain: Insights from the British beef industry. *Supply Chain Management*, 1998(3).

[42] Fearne, A. , Hughes, D. Success factors in the fresh produce supply chain:Insights from the UK. *Supply Chain Management*, 1999(4).

[43] Fitter, R. , Kaplinsky, R. Who gains from product rents as the coffee market becomes more differentiated? A value-chain analysis. *IDS Bulletin*, 2001(32).

[44] Flaten, O. , Lien, G. Stochastic utility-efficient programming of organic dairy farms. *European Journal of Operational Research*, 2007(181).

[45] Flint, D. J. , Golicic, S. L. Searching for competitive advantage through sustainability:A qualitative study in the New Zealand wine industry. *International Journal of Physical Distribution & Logistics Management*, 2009(39).

[46] Fold, N. Transnational sourcing practices in Ghana's perennial crop sectors. *Journal of Agrarian Change*, 2008(8).

[47] Fritz, M. , Schiefer, G. Tracking, tracing, and business process interests in food commodities:A multi-level decision complexity. *International Journal of Production Economics*, 2009(117).

[48] Galaskiewicz, J. Studying supply chains from a social network perspective. *Journal of Supply Chain Management*, 2011(47).

[49] Geng, R. , Mansouri, S. A. , Aktas, E. The relationship between green supply chain management and performance: A meta-analysis of empirical evidences in Asian emerging economies. *International Journal of Production Economics*, 2017(183).

[50] Gibbon, P. Value-chain governance, public regulation and entry barriers in the global fresh fruit and vegetable chain into the EU. *Development Policy Review*, 2003(21).

[51] Gorton, M. , Dumitrashko, M. , White, J. Overcoming supply chain failure

in the agri-food sector: A case study from Moldova. *Food Policy*, 2006 (31).

[52] Grunow, M., Piramuthu, S. Rfid in highly perishable food supply chains—Remaining shelf life to supplant expiry date? *International Journal of Production Economics*, 2013(146).

[53] Guan, Z., Philpott, A. B. A multistage stochastic programming model for the New Zealand dairy industry. *International Journal of Production Economics*, 2011(134).

[54] Hamprecht, J., Corsten, D., Noll, M., Meier, E. Controlling the sustainability of food supply chains. *Supply Chain Management*, 2005(10).

[55] Hassini, E., Surti, C., Searcy, C. A literature review and a case study of sustainable supply chains with a focus on metrics. *International Journal of Production Economics*, 2012(140).

[56] Hellin, J., Lundy, M., Meijer, M. Farmer organization, collective action and market access in meso-america. *Food Policy*, 2009(34).

[57] Heumesser, C., Fuss, S., Szolgayová, J., Strauss, F., Schmid, E. Investment in irrigation systems under precipitation uncertainty. *Water Resources Management*, 2012(26).

[58] Hjørland, B. Citation analysis: A social and dynamic approach to knowledge organization. *Information Processing & Management*, 2013(49).

[59] Hobbs, J. E., Young, L. M. Closer vertical co-ordination in agri-food supply chains: A conceptual framework and some preliminary evidence. *Supply Chain Management*, 2000(5).

[60] Hornibrook, S. A., Fearne, A. Managing perceived risk: A multi-tier case study of a UK retail beef supply chain. *Journal on Chain and Network Science*, 2001(1).

[61] Humphrey, J. Policy implications of trends in agribusiness value chains. *The European Journal of Development Research*, 2006(18).

[62] Ilbery, B., Maye, D. Food supply chains and sustainability: Evidence from specialist food producers in the Scottish/English borders. *Land Use Policy*, 2005(22).

[63] Ilbery, B., Maye, D. Retailing local food in the Scottish-English borders: A

supply chain perspective. *Geoforum*,2006(37).

[64] Ilbery,B. ,Maye,D. ,Kneafsey,M. ,Jenkins,T. ,Walkley,C. Forecasting food supply chain developments in lagging rural regions:Evidence from the UK. *Journal of Rural Studies*,2004(20).

[65] Ilbery,B. ,Morris,C. ,Buller,H. ,Maye,D. ,Kneafsey,M. Product, process and place:An examination of food marketing and labelling schemes in Europe and North America. *European Urban and Regional Studies*,2005(12).

[66] Jaffee,S. ,Siegel,P. ,Andrews,C. *Rapid Agricultural Supply Chain Risk Assessment:A Conceptual Framework*,Agriculture and Rural Development Discussion Paper,The World Bank:Washington,DC,USA,2010.

[67] Ji,C. ,Jia,F. ,Trienekens,J. Managing the pork supply chain through a cooperative:The case of Jinzhong Food Co. Ltd. *International Food and Agribusiness Management Review*,2017(20).

[68] Jia,F. ,Lamming,R. ,Sartor,M. ,Orzes,G. ,Nassimbeni,G. Global purchasing strategy and international purchasing offices:Evidence from case studies. *International Journal of Production Economics*,2014(154).

[69] Jones,A. An environmental assessment of food supply chains:A case study on dessert apples. *Environment Management*,2002(30).

[70] Jraisat,L. ,Gotsi,M. ,Bourlakis,M. Drivers of information sharing and export performance in the Jordanian agri-food export supply chain:A qualitative study. *International Marketing Review*,2013(30).

[71] Kaipia,R. ,Dukovska-Popovska,I. ,Loikkanen,L. Creating sustainable fresh food supply chains through waste reduction. *International Journal of Physical Distribution & Logistics Management*,2013(43).

[72] Kim,Y. ,Choi,T. Y. ,Yan,T. ,Dooley,K. Structural investigation of supply networks:A social network analysis approach. *Journal of Operations Management*,2011(29).

[73] Kirsten,J. ,Sartorius,K. Linking agribusiness and small-scale farmers in developing countries:Is there a new role for contract farming? *Development Southern Africa*,2002(19).

[74] Kline,C. S. ,Joyner,L. E. ,Kirchoff,J. F. ,Crawford,A. ,Jilcott Pitts,

S. , Wall-Bassett, E. , Gurganus, C. , Dunning, R. Gaps and barriers along the north carolina agri-food value chain. *British Food Journal*, 2016(118).

[75] Latruffe,L. *Competitiveness,Productivity and Efficiency in the Agricultural and Agri-Food Sectors*, OECD Publishing: Paris, France, 2010.

[76] Leat, P. , Revoredo-Giha, C. Risk and resilience in agri-food supply chains: The case of the ASDA PorkLink supply chain in Scotland. *Supply Chain Management*, 2013(18).

[77] Lehmann, R. J. , Hermansen, J. E. , Fritz, M. , Brinkmann, D. , Trienekens, J. , Schiefer, G. Information services for european pork chains—Closing gaps in information infrastructures. *Computers and Electronics in Agriculture*, 2011(79).

[78] Leydesdorff, L. , Bornmann, L. Percentile ranks and the integrated impact indicator (i3). *arXiv*2011, arXiv:1112. 6281.

[79] Leydesdorff,L. , Vaughan, L. Co-occurrence matrices and their applications in information science: Extending ACA to the web environment. *Journal of the American Society for Information Science and Technology*, 2006 (57).

[80] Li,Y. , Du, Z. P. , Zhang, L. *Agri-Food Supply Chain Network Risk Propagation Research Based on Complex Network*, Atlantis Press: Paris, France, 2016.

[81] Maertens, M. , Swinnen, J. F. M. Gender and modern supply chains in developing countries. *The Journal of Development Studies*, 2012(48).

[82] Manning,S. , Boons, F. , von Hagen, O. , Reinecke, J. National contexts matter: The co-evolution of sustainability standards in global value chains. *Ecological Economics*, 2012(83).

[83] Marsden, T. , Banks, J. , Bristow, G. Food supply chain approaches: Exploring their role in rural development. *Sociologiaruralis*, 2000(40).

[84] Marsden, T. , Murdoch, J. , Morgan, K. Sustainable agriculture, food supply chains and regional development: Editorial introduction. *International Planning Studies*, 1999(4).

[85] Martens, B. J. , Dooley, F. J. Food and grocery supply chains: A reappraisal of

ECR performance. *International Journal of Physical Distribution & Logistics Management*, 2010(40).

[86] Mena, C. , Humphries, A. , Choi, T. Y. Toward a theory of multi-tier supply chain management. *Journal of Supply Chain Management*, 2013(49).

[87] Mensah, P. , Merkuryev, Y. Developing a resilient supply chain. *Procedia- Social and behavioral sciences*, 2014(110).

[88] Mintcheva, V. Indicators for environmental policy integration in the food supply chain (the case of the tomato ketchup supply chain and the integrated product policy). *Journal of Cleaner Production*, 2005(13).

[89] Muller, C. , Vermeulen, W. J. V. , Glasbergen, P. Pushing or sharing as value-driven strategies for societal change in global supply chains: Two case studies in the British-South African fresh fruit supply chain. *Business Strategy and the Environment*, 2012(21).

[90] Nicholson, C. F. , Gómez, M. I. , Gao, O. H. The costs of increased localization for a multiple-product food supply chain: Dairy in the United States. *Food Policy*, 2011(36).

[91] Nielsen, L. R. , Jørgensen, E. , Højsgaard, S. Embedding a state space model into a markov decision process. *Annals of Operations Research*, 2011(190).

[92] OSA. 2015 Journal Citation Reports Data for OSA Journals. Available online: https://www. osapublishing. org/submit/style/journalmetrics. cfm (accessed on 1 March 2018).

[93] Paksoy, T. , Pehlivan, N. Y. , Özceylan, E. Application of fuzzy optimization to a supply chain network design: A case study of an edible vegetable oils manufacturer. *Applied Mathematical Modelling*, 2012(36).

[94] Pampel, F. Exploratory data analysis. In *Encyclopedia of Social Science Research Methods*, SAGE Publications Inc. : Thousand Oaks, CA, USA, 2004.

[95] Penker, M. Mapping and measuring the ecological embeddedness of food supply chains. *Geoforum*, 2006(37).

[96] Persson, O. , Danell, R. , Schneider, J. W. How to use bibexcel for various

types of bibliometric analysis. *Celebrating Scholarly Communication Studies*, 2009(5).

[97] Pilkington, A., Meredith, J. The evolution of the intellectual structure of operations management—1980—2006: A citation/co-citation analysis. *Journal of Operations Management*, 2009(27).

[98] Piramuthu, S., Farahani, P., Grunow, M. Rfid-generated traceability for contaminated product recall in perishable food supply networks. *European Journal of Operational Research*, 2013(225).

[99] Ponte, S. Governing through quality: Conventions and supply relations in the value chain for South African wine. *Sociologiaruralis*, 2009(49).

[100] Rademakers, M. F. L., McKnight, P. J. Concentration and inter-firm co-operation within the Dutch potato supply chain. *Supply Chain Management*, 1998(3).

[101] Radicchi, F., Castellano, C., Cecconi, F., Loreto, V., Parisi, D. Defining and identifying communities in networks. *Proceedings of the National Academy of Sciences of the United States of America*, 2004 (101).

[102] Reardon, T. The hidden middle: The quiet revolution in the midstream of agrifood value chains in developing countries. *Oxford Review of Economic Policy*, 2015(31).

[103] Renting, H., Marsden, T. K., Banks, J. Understanding alternative food networks: Exploring the role of short food supply chains in rural development. *Environment and Planning A: Economy and Space*, 2003(35).

[104] Rong, A., Akkerman, R., Grunow, M. An optimization approach for managing fresh food quality throughout the supply chain. *International Journal of Production Economics*, 2011(131).

[105] Rong, A., Grunow, M. A methodology for controlling dispersion in food production and distribution. *OR Spectrum*, 2010(32).

[106] Ryder, R., Fearne, A. Procurement best practice in the food industry: Supplier clustering as a source of strategic competitive advantage. *Supply Chain Management*, 2003(8).

[107] Salin, V. Information technology in agri-food supply chains. *The International Food and Agribusiness Management Review*, 1998(1).

[108] Schiele, H., Veldman, J., Huttinger, L., Hüttinger, L. Supplier innovativeness and supplier pricing: The role of preferred customer status. *International Journal of Innovation Management*, 2011(15).

[109] Schipmann, C., Qaim, M. Supply chain differentiation, contract agriculture, and farmers' marketing preferences: The case of sweet pepper in Thailand. *Food Policy*, 2011(36).

[110] Schuster, M., Maertens, M. Do private standards create exclusive supply chains? New evidence from the Peruvian asparagus export sector. *Food Policy*, 2013(43).

[111] Seuring, S., Gold, S. Conducting content-analysis based literature reviews in supply chain management. *Supply Chain Management*, 2012(17).

[112] Seuring, S., Müller, M. From a literature review to a conceptual framework for sustainable supply chain management. *Journal of Cleaner Production*, 2008(16).

[113] Simons, D., Taylor, D. Lean thinking in the UK red meat industry: A systems and contingency approach. *International Journal of Production Economics*, 2007(106).

[114] Sonesson, U., Berlin, J. Environmental impact of future milk supply chains in Sweden: A scenario study. *Journal of Cleaner Production*, 2003(11).

[115] Soosay, C., Fearne, A., Dent, B. Sustainable value chain analysis—A case study of oxford landing from "vine to dine". *Supply Chain Management*, 2012(17).

[116] Soysal, M., Bloemhof-Ruwaard, J. M., Meuwissen, M. P., van der Vorst, J. G. A. J. A review on quantitative models for sustainable food logistics management. *Journal on Food System Dynamics*, 2012(3).

[117] Stringer, R., Sang, N., Croppenstedt, A. Producers, processors, and procurement decisions: The case of vegetable supply chains in China. *World Development*, 2009(37).

[118] Sugimoto, C. R. , Pratt, J. A. , Hauser, K. Using field cocitation analysis to assess reciprocal and shared impact of lis/mis fields. *Journal of the American Society for Information Science and Technology*, 2008 (59).

[119] Swinnen, J. Economics and politics of food standards, trade, and development. *Agricultural Economics*, 2016(47).

[120] Tallontire, A. , Dolan, C. , Smith, S. , Barrientos, S. Reaching the marginalised? Gender value chains and ethical trade in African horticulture. *Development in Practice*, 2005(15).

[121] Tan, B. , Çömden, N. Agricultural planning of annual plants under demand, maturation, harvest, and yield risk. *European Journal of Operational Research*, 2012(220).

[122] Taylor, D. H. , Fearne, A. Towards a framework for improvement in the management of demand in agri-food supply chains. *Supply Chain Management*, 2006(11).

[123] Tranfield, D. , Denyer, D. , Smart, P. Towards a methodology for developing evidence-informed management knowledge by means of systematic review. *British Journal of Management*, 2003(14).

[124] Tsolakis, N. K. , Keramydas, C. A. , Toka, A. K. , Aidonis, D. A. , Iakovou, E. T. Agrifood supply chain management: A comprehensive hierarchical decision-making framework and a critical taxonomy. *Biosystems Engineering*, 2014(120).

[125] Validi, S. , Bhattacharya, A. , Byrne, P. J. A case analysis of a sustainable food supply chain distribution system—A multi-objective approach. *International Journal of Production Economics*, 2014(152).

[126] Van der Vorst, J. B. A. , Van Beek, P. Innovations in logistics and ict in food supply chain networks. *Innovation in Agri-Food systems*, 2005 (245).

[127] Van der Vorst, J. G. *Effective Food Supply Chains, Generating, Modelling and Evaluating Supply Chain Scenarios*. Wageningen Publisher: Wageningen, The Netherlands, 2000.

[128] Van der Vorst, J. G. , Da Silva, C. , Trienekens, J. H. *Agro-Industrial*

Supply Chain Management：Concepts and Applications，FAO：Rome，Italy，2007.

[129] Van Der Vorst，J. G. A. J. Product traceability in food-supply chains. *Accreditation and Quality Assurance*，2006(11).

[130] Van Der Vorst，J. G. A. J.，Beulens，A. J. M. Identifying sources of uncertainty to generate supply chain redesign strategies. *International Journal of Physical Distribution & Logistics Management*，2002 (32).

[131] Van Der Vorst，J. G. A. J.，Van Dijk，S. J.，Beulens，A. J. M. Supply chain design in the food industry. *The International Journal of Logistics Management*，2001(12).

[132] Vermeulen，W. J. V. Sustainable supply chain governance systems：Conditions for effective market based governance in global trade. *Progress in Industrial Ecology*，2010(7).

[133] Vermeulen，W. J. V.，Metselaar，J. A. Improving sustainability in global supply chains with private certification standards：Testing an approach for assessing their performance and impact potential. *International Journal of Business and Globalisation*，2015(14).

[134] Vermeulen，W. J. V.，Seuring，S. Sustainability through the market—The impacts of sustainable supply chain management：Introduction. *Sustainable Development*，2009(17).

[135] Vlajic，J. V.，Van Der Vorst，J. G. A. J.，Haijema，R. A framework for designing robust food supply chains. *International Journal of Production Economics*，2012(137).

[136] Wagner，B. A.，Young，J. A. Seabass and seabream farmed in the mediterranean：Swimming against the tide of market orientation. *Supply Chain Management*，2009(14).

[137] Wang，X.，Li，D. A dynamic product quality evaluation based pricing model for perishable food supply chains. *Omega*，2012(40).

[138] Wang，X.，Li，D.，O'Brien，C. Optimisation of traceability and operations planning：An integrated model for perishable food production. *International Journal of Production Research*，2009(47).

[139] Wang,X. ,Lin,H. ,Weber,O. Does adoption of management standards deliver efficiency gain in firms' pursuit of sustainability performance? An empirical investigation of Chinese manufacturing firms. *Sustainability*, 2016(8).

[140] Wiese,A. , Toporowski, W. Csr failures in food supply chains—An agency perspective. *British Food Journal*,2013(115).

[141] Yakovleva, N. , Sarkis, J. , Sloan, T. Sustainable benchmarking of supply chains：The case of the food industry. *International Journal of Production Research*,2012(50).

[142] Yu, M. , Nagurney, A. Competitive food supply chain networks with application to fresh produce. *European Journal of Operational Research*, 2013(224).

[143] Zeng, Y. ,Jia,F. ,Wan,L. ,Guo, H. E-commerce in agri-food sector：A systematic literature review. *International Food and Agribusiness Management Review*,2017(20).

[144] Zhang,K. ,Chai,Y. , Yang,S. X. ,Weng,D. Pre-warning analysis and application in traceability systems for food production supply chains. *Expert Systems with Applications*,2011(38).

[145] Zylbersztajn,D. ,Filho,C. A. P. M. Competitiveness of meat agri-food chain in Brazil. *Supply Chain Management*,2003(8).

第二章 中国农产品供应链研究的现状

一、农产品供应链研究概况

图 2-1 描述了国内农产品供应链研究的发展过程。1997 年,国内学术界出现了零星的农产品供应链管理研究,1997 年到 2005 年间,国内农产品供应链研究一直没有起色。2005 年是该领域研究发展的转折点,研究数量显著增长,除了 2009 年、2015 年和 2016 年文献数有较为明显的下降外,其余时间内的研究数量呈现出稳中略增的趋势,其中,2013 年的文献数达到顶峰(65篇)。这表明,农产品供应链领域逐渐引起了相关学者的关注,研究力度不断加大。

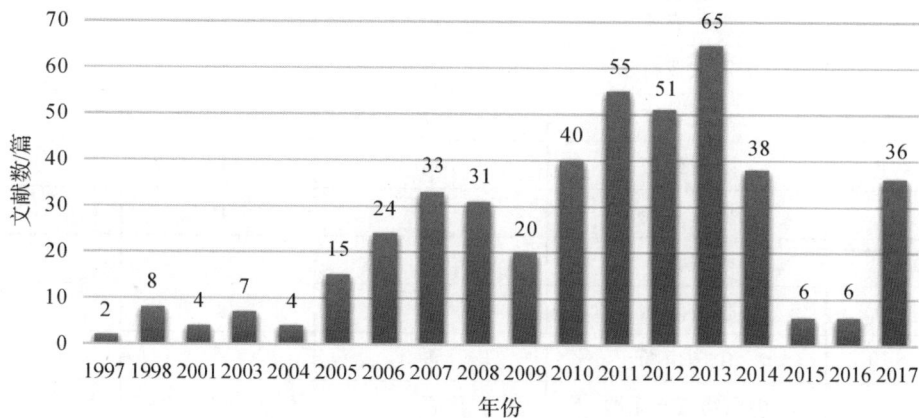

图 2-1 国内农产品供应链研究发表量趋势

二、主要期刊分析

表 2-1 统计了发表农产品供应链管理论文数最多的 15 本期刊,这 15 本期刊的发表量占该领域文献总数的 37%,因此它们是关注农产品供应链管理问题的主要期刊。发表文章数量最多的期刊前三位是《中国农垦》《农业经济问题》和《世界农业》,发表量都达到 10 篇以上。这意味着它们是关注研究农产品供应链领域最多的三本中文期刊。从期刊的影响力看,15 本期刊入选中文社会科学引文索引 CSSCI(2017—2018)的期刊仅 3 本,且发表文章数量前三位的都不是 CSSCI 来源期刊,这意味着农产品供应链的研究尚未成为管理学或农业经济与管理领域的主流分支,相关研究的质量也有待提高。从 15 本期刊涉及的领域来看,农产品供应链研究主要发表在农业经济与管理相关的期刊上(10 本),较少地发表在管理学相关的杂志上(5 本)。这表明相关研究更多的是集中在涉农经济管理的范畴内,而在管理学界引起的关注仍然较低,对管理学领域的贡献也更小。

表 2-1　发表农产品供应链研究文章最多的期刊(前 15 名)

序号	期刊名称	CSSCI 来源期刊	发文数量/篇	占比/%
1	中国农垦	否	20	4
2	农业经济问题	是	18	4
3	世界农业	否	14	3
4	安徽农业科学	否	14	3
5	农业经济	否	12	3
6	农村经济	是	12	3
7	新疆农垦经济	否	10	2
8	现代商业	否	10	2
9	南方农村	否	8	2
10	中国市场	否	8	2
11	中国物流与采购	否	8	2
12	商场现代化	否	8	2
13	上海农村经济	否	8	2

序号	期刊名称	CSSCI 来源期刊	发文数量/篇	占比/%
14	中国流通经济	是	7	2
15	中国农学通报	否	6	1

三、重要研究机构分析

表 2-2 统计了发表农产品供应链相关研究的重要学术机构。从地域分布看,除了西北农林科技大学,东部和中部的发达省份是从事该领域研究的主力。从文献数量来看,排名前 5 的高校发表的农产品供应链的文献约占国内文献总数的 8%,每个高校的发文数量不超过 10 篇,这表明我国农产品供应链研究机构较为分散,没有形成研究集群。从研究机构类型看,有 3 所高校都是农业类高校,这表明农产品供应链研究主要集中在农业类的大学以及研究机构。

表 2-2　主要发文机构(前 5 名)

序号	机构	所在地区	篇数	占比/%
1	华南农业大学	广东省	7	2
2	华中农业大学	湖北省	7	2
3	中国人民大学	北京市	7	2
4	德州学院	山东省	4	1
5	西北农林科技大学	陕西省	4	1

四、高产作者分析

表 2-3 根据论文数量统计了从事农产品供应链研究较为重要的十位研究人员。其中最为高产的作者是王凯(6 篇),其次是张利库、张喜才、周德翼和陈志贵(各 3 篇)。尽管如此,这几位作者在该领域发表文章的绝对数量都不高,这表明相关作者的研究领域也并未仅仅专注农产品供应链管理。这十位作者均来自东部省份的农业院校和研究机构。

表 2-3　发文量排名前 10 的作者

序号	作者	所在高校	篇数	占比/%
1	王凯	南京农业大学	6	1.20
2	张利庠	中国人民大学	3	0.60
3	张喜才	北京商业管理干部学院	3	0.60
4	周德翼	华中农业大学	3	0.60
5	陈志贵	光明食品集团上海五四总公司	3	0.60
6	李春艳	华中农业大学	2	0.40
7	胡定寰	中国农业科学院农业经济与发展研究所	2	0.40
8	田志宏	中国农业大学	2	0.40
9	吕志轩	德州学院	2	0.40
10	方志权	上海市农业委员会	2	0.40

五、高被引文献分析

表 2-4 列举了农产品供应链研究领域的 20 篇高被引文献。从研究内容来看，它们涵盖了农产品供应链管理的各个方面，包括食品安全与农产品供应链的关系、农产品供应链组织模式、价值链分析、农产品供应链追溯体系、供应链风险、供应链金融、农超对接、物流、农业产业化等，这表明国内对农产品供应链的研究涉及了该领域研究的不同分支。从发表的期刊来看，这 20 篇文献无一例外地发表在农业经济与管理和管理学的高质量期刊上，其中《农业经济问题》8 篇，《管理世界》3 篇，《中国农村经济》2 篇，排名前 3 的期刊引用量在 100 次以上，胡定寰发表在《中国农村经济》期刊上的《农产品"二元结构"论——论超市发展对农业和食品安全的影响》被引达到 155 次，说明农产品供应链在不同分支领域都不乏高质量的研究。高被引文献的作者重复率非常低，这说明农产品供应链管理研究的作者大多专注于该领域的不同分支。

表 2-4 引用次数最高的 20 篇文章

序号	篇名	作者	刊名	发表时间	被引
1	农产品"二元结构"论——论超市发展对农业和食品安全的影响	胡定寰	中国农村经济	2005	155
2	农产品供应链的组织模式与食品安全	汪普庆、周德翼、吕志轩	农业经济问题	2009	140
3	外部冲击对我国农产品价格波动的影响研究——基于农业产业链视角	张利痒、张喜才	管理世界	2011	133
4	我国农业产业链中价格波动的传导与调控机制研究	张利痒、张喜才	经济理论与经济管理	2011	68
5	我国大豆产业发展战略研究	东北大豆产业发展能力和国际竞争力研究课题组	管理世界	2003	63
6	中国玉米产业链研究——以吉林省为例	张越杰	农业经济问题	2007	46
7	超市农产品供应链流通成本分析——以沈阳市蔬菜市场为例	杨志宏、翟印礼	农业经济问题	2011	45
8	供应链可追溯性对食品安全和上下游企业利润的影响	龚强、陈丰	南开经济研究	2012	43
9	大中城市蔬菜产业链发展的现状、问题及对策	方志权、顾海英	农业经济问题	2003	37
10	生鲜农产品供应链安全可追溯的研究与应用	李慧良、文晓巍	科技管理研究	2011	35
11	农产品(食品)供应链风险管理文献综述	叶成利、蒙少东	农业经济问题	2007	34
12	河南小麦产业链各环节成本收益研究	秦富、李先德、吕新业、卢向虎	农业经济问题	2008	33

续表

序号	篇名	作者	刊名	发表时间	被引
13	封闭供应链环境的绿色农产品共同物流模式研究	黄福华、周敏	管理世界	2009	30
14	中美农产品物流的分类比较	陶君成、初叶萍	经济社会体制比较	2010	27
15	基于 Shapley 值法的蔬菜可追溯系统利益分配研究——以北京市 T 公司为例	陈红华、田志宏、周洁	农业技术经济	2011	25
16	肉鸡产品价格形成、产业链成本构成及利润分配调查研究	翟雪玲、韩一军	农业经济问题	2008	25
17	荷兰以家庭农场为基础发展现代奶业	刘玉满、李静	中国农村经济	2005	24
18	市场经济中的小农农业和村庄:微观实践与理论意义	高原	开放时代	2011	23
19	农业供应链金融模式创新——以马王堆蔬菜批发大市场为例	邵娴	农业经济问题	2013	21
20	可追溯系统在食品供应链中的作用与研究	李春艳、周德翼	生态经济	2009	21

六、高频关键词分析

表 2-5 统计了该领域出现的高频关键词,其中"食品安全"和"质量安全"分别出现了 16 次和 6 次,说明食品安全在我国的农产品供应链研究中受关注度非常高。"农业产业化"(11 次)和"全产业链"(11 次)出现的频率较高,说明供应链管理的运营方面也受到了较多的关注。此外,"生鲜产品"(10 次)、"蔬菜"(8 次)和"蔬菜供应链"(5 次)也是高频关键词,说明生鲜产品和蔬菜是农产品供应链研究中较多关注的农产品品类。"超市"和"批发市场"各出现了 4 次,"物联网"出现了 8 次,显示了"农超对接"和"农业+物联网"是我国农产品供应链研究中的一些特色主题。同时,"农村经济"也出现在高频词

中,这说明农产品供应链对农村经济发展的影响也是学者关注的热点。这些高频关键词都在一定程度上反映了该领域研究的热点和焦点。

表 2-5　高频关键词统计

序号	关键词	频次	序号	关键词	频次
1	供应链	33	11	食品供应链	9
2	农产品	22	12	物联网	8
3	产业链	19	13	蔬菜	8
4	食品安全	16	14	质量安全	6
5	农业产业链	15	15	光明食品集团	5
6	农产品供应链	13	16	蔬菜供应链	5
7	农业产业化	11	17	产品价值链	4
8	全产业链	11	18	超市	4
9	供应链管理	10	19	批发市场	4
10	生鲜农产品	10	20	农村经济	4

七、关注的主要领域

笔者通过手动对 501 篇文献进行了分类,并整理了目前农产品供应链管理重点关注的领域前 15 名,如表 2-6 所示。其中,农业产业化经营的相关文献数量达到 121 篇,为关注的领域之首,这些论文研究了供应链管理的运营管理方向,重点探索了供应链管理对供应链主体以及农业整体产业化发展的作用。而食品安全是我国农产品供应链管理的重点关注方向,文献着重探讨了供应链管理在食品安全与质量控制中的作用。可持续供应链也进入了关注领域的前三位,相关文献为供应链管理从环境保护方面提出了新的研究视角。而"供应链物流"、"价值链分析"、"供应链＋互联网/物联网"、"供应链追溯体系"和"供应链协调"的相关研究都达到 20 篇以上,它们也是国内农产品供应链研究关注度的重中之重。此外,国内学者还对"国外供应链管理经验介绍""供应链金融""农超对接""供应链优化""食品短链""供应链绩效"以及"供应链与电子商务"的方向给予了关注,虽然文献的绝对数量不多,但这些研究领域都有着较为重要的现实意义,在将来有可能成长为新的研究增长点。

表 2-6　国内农产品供应链管理研究关注的重点领域(前 15 名)

排序	主题细分	文献数	文献占比/%
1	农业产业化经营	121	24.2
2	食品安全	57	11.4
3	可持续供应链	35	7.0
4	供应链物流	29	5.8
5	价值链分析	28	5.6
6	供应链＋互联网/物联网	26	5.2
7	供应链追溯体系	21	4.2
8	供应链协调	20	4.0
9	国外供应链管理经验介绍	14	2.8
10	供应链金融	12	2.4
11	农超对接	10	2.0
12	供应链优化	6	1.2
13	食品短链	6	1.2
14	供应链绩效	4	0.8
15	供应链与电子商务	3	0.6

八、国内外农产品供应链管理研究的比较分析

在具体分析国外和国内关于农产品供应链管理文献计量的基础上,从研究氛围(发展趋势和学术期刊)和研究实践(研究视角、研究主题、研究学者与研究机构)两个方面对国内外农产品供应链研究的异同进行分析。通过对国内外农产品供应链的对比分析,我们可以更好地理解国内外研究的差距,从而更好地把握国内农产品供应链研究未来的方向,为以后的研究提供经验。

表 2-7　国内外农产品供应链研究特征的比较分析

		国外	国内
研究氛围异同	发展趋势	研究文献逐年上升,除个别年份出现较为明显的下滑外,农产品供应链的研究可能得到主流学术界的认可	研究数量不断上升,逐步引起了关注。但是发表仍然集中在农经管理学科领域,也没有为主流学术界认可
	学术期刊	发表在多个领域的主要期刊上,期刊总体质量较高。"BFJ"、"SCMIJ"和"IFAMAR"每年都发表大量的相关研究。"JCNS"是一本专门针对农产品供应链管理的期刊	更多地发表在农业经济与管理的杂志上,较少地发表在运营管理/供应链管理的杂志上。缺乏专门针对该领域的中文期刊,期刊质量较低
研究实践异同	研究视角	以管理学和商学为主要研究视角,同时兼具跨农业领域的视角	以农业经济与管理为主要研究视角,对管理学和商学的把握较弱
	研究主题	国外的研究涵盖较多的关注主题,最主要的是"供应链治理"、"供应链优化"和"全球供应链"。在每个研究主题下存在着一系列的研究分支	国内研究关注的主要议题基本涵盖在国外研究的主题范围内。如食品安全、追溯、供应链协调等。国内关注的全球供应链研究和供应链建模较少。但是关注了一些近些年有我国特色的"供应链+互联网/物联网"以及"供应链与电子商务"
	研究学者	高产作者集中在欧洲,出现了几位代表性研究学者,并且农产品供应链管理是他们专注的研究方向	出现了几位较为高产的作者,但是文献绝对数量不高,且农产品供应链管理只是他们研究领域的一个分支
	研究机构	欧洲和美国的研究机构是该领域研究的核心。除了大学,科研院所,政府部门也都参与了研究中	以国内的几所农业院校为主,科研院所和政府基本没有参与研究

从表 2-7 的结果来看,国内农产品供应链管理的研究亟须在研究氛围和研究实践上都有所改善。从研究氛围来看,首先,该领域的研究缺乏有针对性的主流期刊,也缺乏质量较高的期刊的关注。没有主流期刊和高质量期刊的关注,该领域研究的发展将是非常困难的。反观国外的期刊,不仅传统的供应链/运营管理杂志上对该领域有较多的关注(如 SCMIJ 和 IJOPE),农业

经济与管理类的杂志也大量发表该领域的论文（如 BFJ 和 IFAMAR）。因此，农产品供应链管理的蓬勃发展需要高质量主流期刊更多、更密切的关注。同时，业界对该领域研究的支持也非常重要。欧美等经济发达地区有较多的涉农企业/合作社，一些世界知名的涉农或食品企业（如：雀巢、联合利华、四大粮仓 ABCD 公司、孟山都、泰森食品等）与学校以及科研院所有较为紧密的联系，并为这些机构的研究人员提供大量的案例调研和写作资源。而我国的涉农/食品企业虽然发展迅速，也有一部分较为知名的品牌，但是他们对与学校和科研机构的合作态度保守，未能建立起良好的信任和合作关系，为该领域学者对数据的采集带来了不小的困难。因此，如果农产品供应链上的企业主体能够更好地参与到该领域的研究中来，将为该领域研究的发展带来更丰富的资源，同时研究人员对企业面临问题提出的建议也可以更好地帮助企业解决问题，这无疑是研究和实践的双赢。

　　从研究实践来看，第一，国外农产品供应链管理的研究视角更多的是基于管理学学科，将管理学学科的理论和方法应用于农产品供应链的实践中，以实证研究为主，研究结论对管理学科的理论和实践有着较多的贡献，也因此能够发表在运营管理类的杂志上。而国内农产品供应链管理的学者大多来自农业经济与管理领域，缺乏深厚的管理学理论、实践基础和系统训练。纵观国内相关领域的研究，虽然学者们能够较为敏锐和准确地提炼出农产品供应链中出现的热点问题，但是研究大都停留在对问题的简单描述和分析的层面，以规范研究为主，甚少应用管理学方法对这些问题进行剖析、解释和总结，这也是为什么相关研究很难在质量较高的管理学期刊上发表的原因之一。因此，农产品供应链领域的学者需要更多地学习和熟悉运营管理/供应链管理学科的理论和方法，并与这些领域的学者加强合作，才有机会将该领域的研究做出新的高度。第二，国内外对供应链管理主题关注的侧重点有所不同。一是外文文献对供应链治理/关系/纵向整合的关注度较高，而国内文献对这个领域的关注度不足。供应链治理研究涉及交易成本经济学、新制度经济学、代理理论、资源基础理论、战略管理和网络理论等理论基础，国内文献基于这些文献对农产品供应链治理的研究还很缺乏。二是外文文献对国际/全球供应链的不同子主题予以了关注，而国内对于全球/跨境供应链的研究只是零星的一些，刚刚起步。三是国内农产品供应链管理的研究在供应链优化建模的领域几乎处在空白状态，运营研究（Operational Research）方向的国内学者缺乏对农产品领域的关注。四是由于食品质量安全在我国是一个引起政府、业界和消费者广泛关注的议题,国内的农产品供应链管理较多地关注了食品质量安全问题。另外,由于近几年电子商务和互联网/物联网的兴起,国内学者更多关注了供应链与电商相融合的领域。因此,国内农产品供应链领域的学者可以更多地将研究领域拓展到目前尚未深入的领域,如供应链治理、全球供应链以及供应链优化建模等,而在已有的领域上深耕,继续探索更规范的研究方法,做出更多有价值的研究,同时,将带有我国经济发展特色的农产品供应链更多地介绍给国际读者。从研究学者和研究机构来看,国外的研究学者和研究机构主要集中在欧洲,形成了一定的集聚效应,而国内的学者和其相应的研究机构还相对分散,并未形成一定的研究集群。

九、本章小结

农产品供应链管理是一个新兴的交叉学科领域,它的发展对于构建现代农业体系以及拓展主流理论的适用范围都有相当的重要性。然而,有悖于其重要性,该领域的研究起步较晚、学术准备明显不足,制约了相关政策的设计和该领域未来的发展。

鉴于此,本书基于 Scopus 和中国知网(CNKI)系统中手工整理获得的1604 篇外文文献和 501 篇中文核心期刊文献为研究对象,采用文献计量方法,首次对国内外农产品供应链管理的发展脉络和特征进行了较为系统的研究。研究发现,在研究主题方面,尽管食品安全问题得到了国内外学者的共同关注,但国内研究在关键的供应链治理方面和全球(跨境)供应链管理方面的国内研究仍然相对匮乏,特别是在供应链的建模与优化方面,国内研究尚处在空白状态。在此基础上,我们提出,该领域的国内学者未来可以关注的研究方向有:

(1)对农产品供应链的治理模式进行进一步的总结,对我国农产品供应链治理模式产生、发展和演变的背后动因进行探索,并提出适应我国农业产业发展的供应链治理模式优化的方案。

(2)对在农产品国际贸易过程中形成的跨境农产品供应链进行研究,具体包括:对跨境农产品供应链管理的价值链分析,农户参与对发展中国家经济发展的影响,以及在参与农产品出口生产过程中出现的就业歧视问题。

(3)对我国农产品供应链的仓储物流、信息交换进行建模和优化,并提出优化我国农产品供应链发展的物流和信息交换模式。

　　本书可能存在两个研究局限：第一，本书研究了发表在学术期刊上的文献，并没有将学术专著、会议论文、工作论文以及研究报告等纳入研究的范围；第二，本书主要基于手动的描述性分析和引文分析方法对农产品供应链进行分析，并未使用更为复杂的文献计量方法（如共引分析和共词分析等），因此不能进一步深层次地揭示这些文献的内在联系。即便如此，笔者寄希望于通过本书的研究，国内外的相关学者能够给予这个领域应有的关注和专注，将该领域的研究推向一个新的发展时期和发展高度。在下一章中，本书将介绍农产品供应链中一个组织模式选择的典型案例。

参考文献

[1] 常冉.国内关于农产品供应链稳定性研究的文献综述.经济视角,2013(7).

[2] 陈维军.文献计量法与内容分析法的比较研究.情报科学,2001(9).

[3] 程子涛、赵达薇.农产品供应链风险评估文献综述.科技与管理,2015(6).

[4] 韩国明、朱凯、赵军义.国内农民合作社研究的热点主题与演化路径——基于2000—2015年CSSCI来源期刊相关论文的文献计量分析.中国农村观察,2016(5).

[5] 姜天瑞、张一豪、刘永悦,等.农产品供应链中农民合作社的助农增收效应——以黑龙江省240个农户为例.江苏农业科学,2017(45).

[6] 罗峦、欧雪辉.农产品质量安全与供应链治理研究文献综述.经济论坛,2013(4).

[7] 宋铁波、陈燕、吴小节,等.中国企业转型升级研究热点与前沿——CSSCI文献计量分析.科技进步与对策,2016(21).

[8] 王海.我国农业电商研究文献计量分析.情报工程,2016(3).

[9] 王凯.中国农产品供应链管理的理论与实践研究.中国农业出版社,2004.

[10] 吴孟霖.国内外农产品供应链管理的研究综述及展望.中国商贸,2015(8).

[11] 颜廷武、张童朝、贺孟业,等.农产品供应链对农户减贫增收的关联效应分析——基于滇、桂、苏、闽四省（区）的实证.农业现代化研究,2015(6).

[12] 杨芳.生鲜农产品供应链管理研究综述及展望.物流工程与管理,2011(7).

[13] 叶成利、蒙少东. 农产品(食品)供应链风险管理文献综述. 农业经济问题,2007(1).

[14] 张露、张越、张俊彪. 农业经济管理学科领域的研究发展:历史与前沿. 华中农业大学学报(社会科学版),2016(3).

[15] Ahumada,O. ,Villalobos,J. R. Application of planning models in the agri-food supply chain:A review. *European Journal of Operational Research*,2009(1).

[16] Apaiah,R. K. ,Hendrix,E. M. T. G. Meerdink,A. R. Linnemann. Qualitative methodology for efficient food chain design,*Trends in Food Science & Technology*,2005(5).

[17] Aramyan,L. H. ,Lansink,A. G. J. M. O. ,Van Der Vorst,J. G. V. O. Kooten. Performance measurement in agri-food supply chains:A case study. *Supply Chain Management:An International Journal*,2007.

[18] Aramyan,L. ,Ondersteijn,C. Kooten,O. V. and Lansink,A. O. Performance indicators in agri-food production chains. In:*Quantifying the Agri-Food Supply Chain*. Springer,Netherlands,2006.

[19] Bailey,A. P. ,Garforth,C. An industry viewpoint on the role of farm assurance in delivering food safety to the consumer:The case of the dairy sector of England and Wales. *Food Policy*,2014.

[20] Bijman,W. J. J. Essays on agricultural co-operatives:governance structure in fruit and vegetable chains,2002. Available at http://www. lei. wageningen-ur. nl/publicaties/PDF/2002/PS_xxx/ PS_02_02. pdf.

[21] Borodin,V. ,Bourtembourg,J. Hnaien,F. Labadie,N. Handling uncertainty in agricultural supply chain management:A state of the art. *European Journal of Operational Research*,2016(2).

[22] Beulens,A. J. M. ,Beers,G. Trienekens,J. H. Integral chain management and global reference information models for intelligent chain services. 1995. A available at paperuri:(16acbdbb454b0b36fc306f2a49d7270a).

[23] Christopher,M. Logistics and supply chain management,*Financial Time*,1992(3).

[24] Chopra,S. ,Meindl,P. *Supply Chain Management:Strategy,Planning and Operations*. Prentice Hall College Div,2004.

[25] Dabbene,F. ,P. Gay,Tortia,C. Traceability issues in food supply chain management：A review. *Biosystems Engineering* ,2014.

[26] Feng,Y. , Zhu, Q. , Lai, K. Corporate social responsibility for supply chain management： A literature review and bibliometric analysis. *Journal of Cleaner Production* ,2017.

[27] Frandsen, T. F. Journal interaction. A bibliometric analysis of economics journals. *Journal of Documentation* ,2005(3).

[28] Hammoudi,A. ,R. Hoffmann,Y. Surry. Food safety standards and agri-food supply chains：an introductory overview. *European Review of Agricultural Economics* ,2009(4).

[29] Henson,S. , Reardon, T. Private agri-food standards：Implications for food policy and the agri-food system. *Food Policy* ,2005(3).

[30] Huang,C. Y. , Ho, Y. S. Historical research on corporate governance：A bibliometric analysis. *African Journal of Business Management* , 2011 (2).

[31] Ma,W. ,Abdulai,A. 2016-CAER,available at https：//www. researchgate. net/ publication/305619824_2016-CAER-Ma_and_Abdulai.

[32] Markelova, H. , Meinzen-Dick, D. Hellin, J. Dohrn, S. Collective action for smallholder market access. *Food Policy* ,2009(1).

[33] Marsden, T. , Banks, J. Bristow, G. Food Supply Chain Approaches： Exploring their Role in Rural Development. *Sociologia Ruralis* , 2000 (4).

[34] Meijs,C. ,Trienekens,J. H. The alignment of information architectures in the food supply chain, 1996. Available at paperuri：(34629a6267ba 00fb8d113a9aabd57c2f).

[35] Mishra,D. , A. Gunasekaran, T. Papadopoulos, B. Hazen. Green supply chain performance measures：A review and bibliometric analysis. *Sustainable Production and Consumption* ,2017.

[36] Persson,O. ,Danell, R. Schneider, J. W. How to use Bibexcel for various types of bibliometric analysis. In Celebrating Scholarly Communication Studies：A Festschrift for Olle Persson at his 60th Birthday, 2009. available at http：//portal. research. lu. se/ws/files/5902071/1458992.

pdf.

[37] Salin,V. Information technology in agri-food supply chains. *The International Food and Agribusiness Management Review*,1998(3).

[38] Tan,K. C. A Structural Equation Model of New Product Design and Development. *Decision Sciences*,2001(2).

[39] Trienekens,J. ,P. Zuurbier. Quality and safety standards in the food industry, developments, challenges. *International Journal of Production Economics*,2008(1).

[40] Van der Vorst,J. G. A. J. Effective food supply chains:Generating, modelling and evaluating supply chain scenarios. Proefschrift Wageningen, 2000. Available at http://www. library. wur. nl/wda/dissertations/ dis2841. pdf.

第三章　农产品供应链组织模式选择的典型案例

一、引言

食品质量安全和供应链稳定是当前食品公司和社会关注的主要问题。为了解决这些问题,金忠食品有限公司(下文简称金忠)在 2005 年着手建立和整合生猪生产合作社,是首批组建合作社的中国肉类企业之一。近十几年来,金忠通过与生猪生产者(农民)建立良好关系成功组织建立了合作社,稳定和提高了公司的生猪供应质量,并在此过程中取得了卓越的财务业绩。这种由公司主导的合作社是中国情境下供应链治理机制的一种创新。然而,面对猪肉行业日新月异的新形势,金忠高层管理团队正面临是否继续这种合作社方式的抉择。

金忠位于四川省成都市邛崃市,是我国西南地区猪肉生产加工公司中的龙头企业。

2005 年 6 月一个炎热的早晨,邛崃市畜牧局副局长苟明军赶到金忠总裁刘翔的办公室说:"老刘你知道吗? 在离我们不远的地方有一些生猪流行性疾病正在蔓延,我担心这些病很快会传到我们县。我们得共同努力才能预防这些疾病啊,你看我们应该怎么办?"刘翔回答说:"首先,政府需要鼓励农民使用疫苗,这样他们的农场就不会受到影响。其次,我们可以创建一个组织,让偏远的农民组织起来,这样我们就可以更好地了解他们的生猪生产过程,同时我们可以组织大规模的面向农户的培训,降低农场在未来发生疾病的概率。"刘翔接着补充道:"建立一个这样的组织对我们公司也是有好处的,因为我们可以同农民签订合同,让他们把生猪卖给我们。这样我们会获得更稳定、更优质的猪肉供应。""那么,我们要建立一个什么样的组织,怎么去建立呢?"两人都因苟副局长的话陷入深思……

这次会面后,苟明军又跟刘翔进行了几轮讨论。苟明军发现水果蔬菜行业有合作社,认为建立由金忠主导的合作社是个好主意。刘翔也觉得这个想法很棒,于是2005年8月,在金忠公司,邛崃市政府和当地小农户的支持下,他们决定组建一个名为"金利"的合作社,这是我国猪肉行业的第一个合作社。2005—2015年,金忠和当地养猪户都因金利合作社而获益。金利合作社为小规模的养猪户提供指导和培训,帮助他们提高生产能力。通过与当地农民签约,金忠的生猪来源更稳定,生猪的质量也得到了保障。

然而,在同金利合作社协作的过程中,金忠也遇到了一些问题。由于我国猪肉市场价格波动巨大,合作社里的小规模养猪户违反合作协议的情况时有发生。除此之外,因为金忠不能监督农民的整个生产过程,所以金忠不可能完全控制小规模农户的养猪质量,这给公司带来了潜在的质量风险。对于刘翔来说,保障食品质量安全和优质、稳定的猪肉来源是他议程上的首要任务。本案例将说明金忠如何通过金利合作社管理自身的供应链,并介绍金利合作社成立近十年带来的利益和发现的问题,从而引导读者帮助刘翔做出决定:在金忠未来的发展中,是否要将合作社这种运营方式边缘化甚至逐步摆脱合作社这种运营方式呢?

二、中国的猪肉供应链

猪肉供应链中有许多参与者,包括饲料供应商、生猪养殖户、屠宰企业、猪肉加工企业、各种猪肉经销商和猪肉消费者等(见图3-1)。猪肉供应链中生猪繁育企业繁育良种,售卖仔猪。为了生产优质的仔猪,他们选择具有最佳繁殖特性和生物特性的品种。国内三大著名优质品种为长白、太湖和荣昌,分别产于我国东北、扬子地区和重庆。在过去的30年中,中国进口了许多外国品种,如杜洛克和约克夏(大白猪),用于与我国的猪种杂交。

饲料供应商是为牲畜和(或)水产养殖业生产饲料的公司。由于过度生产情况的存在,我国的饲料行业市场几乎接近饱和状态,因此竞争集中在价格上。生猪养殖户育肥仔猪,并将其卖给屠宰企业。屠宰企业是屠宰活猪,并将其加工为肉制品的公司。在中国,想要涉足猪肉屠宰业的公司必须拿到

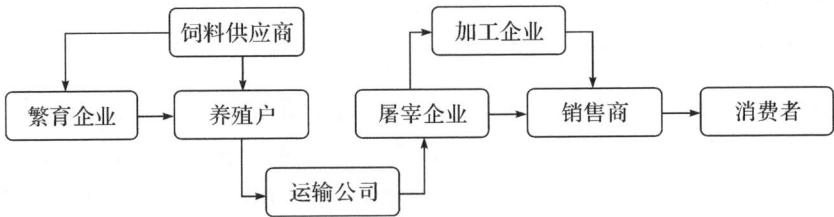

图 3-1　一种典型的猪肉供应链

来源:Trienekens 等(2009)。

很难获得的屠宰许可证。加工企业将肉转化成最终产品,如香肠和培根。屠宰企业和加工业是我国猪肉供应链中的中心企业(在供应链中发挥核心作用),一方面他们与供应链上游的养殖户合作,确保生猪的供应和安全,另一方面,他们还要同供应链下游的零售商合作,开展品牌建设和营销活动。中国是世界范围内的猪肉消费大国。

　　在农村,生猪运输的情况仍然普遍存在,运输条件的不卫生使得健康的猪可能在运输过程中从病猪处染上猪病,这也被认为是猪病传播的一个原因。新鲜猪肉通常由配备专业冷藏车的屠宰、加工企业或物流公司负责运输。

　　如图 3-2 所示,我国猪肉供应链的中心企业(加工企业和屠宰企业)和农民之间主要的治理结构可以分为五种类型,从左到右,一家公司可以从现货市场直接购入生猪,这样在市场中进行买卖不需要签订合同(例如在牲畜交易市场中进行交易);从那些从散户那里收购生猪的猪贩子处购入生猪(中间商);与农民签订生产或销售合同;从合作社购买;整合猪农以实现生猪自给。从左到右,治理结构中的垂直协作的程度越来越高,现货市场是最为松散的类型,整合猪农是集成程度最高的类型。中心企业可能同时采用多种治理结构来处理与农户之间的关系。一般来说,由于可追溯性和质量问题,中心企业往往不会从现货市场购买。

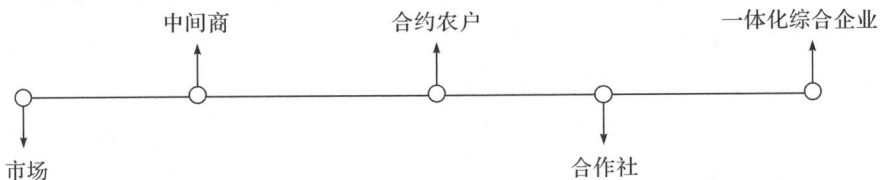

图 3-2　中国生猪养殖户与屠宰企业之间组织关系的演进

信息来源:案例访谈。

三、中国养猪业面临的挑战

中国的养猪行业面临诸多挑战，如食品质量安全问题，生猪、猪肉价格波动，环境压力和生猪养殖多为零散经营的现状。食品质量安全问题是首要问题。流行性猪病对于养猪场来说一直是风险，近年来，几种流行性猪病已经影响到四川地区的养猪业[①]，造成养殖户重大的经济损失，引起了公众的广泛关注。与规模较大的养殖户相比，受到资金方面的限制，小农户抵御风险的能力较弱，遭遇风险时损失也更惨重。除此之外，生猪价格波动对四川的养殖户造成了严重危害，在 2000—2015 年间尤为显著（见图 3-3）。图 3-3 的横轴表示年份，纵轴代表育肥猪的单价（元/千克）。图 3-4 显示了 2014 年的价

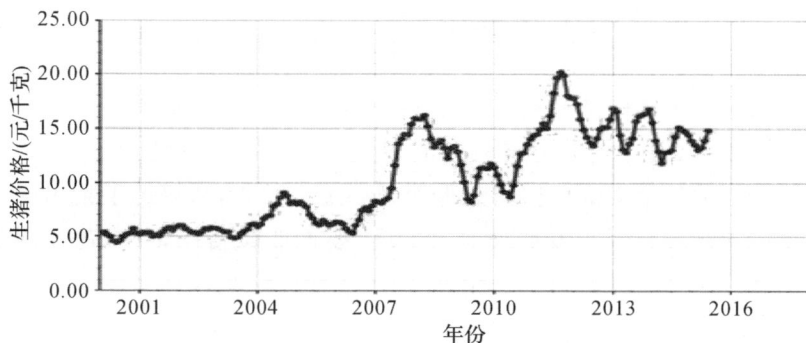

图 3-3　2000—2015 年四川省生猪平均价格

信息来源：中国农业部、中国畜牧业协会。

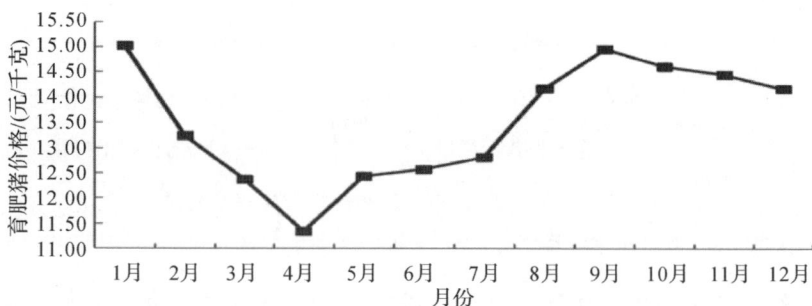

图 3-4　2014 年 1—12 月四川省育肥猪平均价格

信息来源：四川省农业厅。

---

①　四川地区频繁发生的流行性猪病为蓝耳病和猪链球菌病。

格波动。在 2015 年上半年,中等规模农场的平均损失为每头猪 300 元,而其下半年的平均净利润为每头猪 200 元。

最后,养猪业造成的环境污染引起了中央和地方政府的关注。传统养猪场将废水直接排入河流造成严重的水污染。浙江省政府开始关闭靠近河流的农场,然而,长远来看,这种做法并不能真正解决环境问题,同时这会减少生猪的供应量。四川省政府则利用政策杠杆激励大规模养殖户的发展,同时停止了对中小农场的补贴,这为小规模养殖户带来了新的问题——是改而生产其他产品(这意味着养猪将不再是这些农户的主要经济来源)还是成为大规模农场的雇工呢? 目前,养殖户和政府都没有找到解决水污染问题的有效途径。

四、四川邛崃的生猪养殖业

四川省位于中国西南部,其生猪出栏量居全国第一,占我国生猪总出栏量的 15% 以上(见图 3-5)。邛崃是该省重要的生猪生产基地,其生产的生猪不仅供应四川的省会成都也供应其他地区。过去十年,邛崃的生猪出栏量一直在上升。邛崃市以农业发展而闻名,其主要产业包括养猪业、葡萄酒业和乳制品行业。

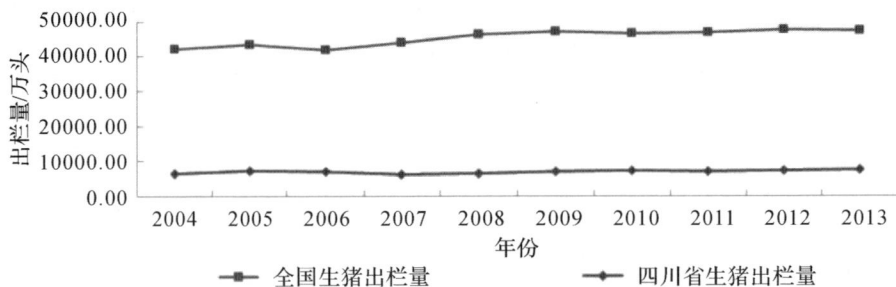

图 3-5　2004—2013 年全国和四川省生猪出栏量

信息来源:中国统计年鉴。

邛崃市的生猪生产状况充分地反映了中国的生猪生产现状,绝大多数的养猪从业者仍是小规模的养殖户或者是散户。在养猪行业中,存栏量小于 50 头育肥猪的养猪场称为散户农场,50 至 99 头的称为小型农场,100 至 499 头的称为中型农场,存栏量大于等于 500 头的则被认为是大型农场。

　　如表 3-1 所示,从 2014 年到 2015 年,邛崃市养猪散户的生猪出栏量和散户出栏量占该县总出栏量的百分比都呈上升状态,这主要是因为散户的进入壁垒较低。随着生猪价格在 2014 年下半年的大涨,这些散户也在积极地试图扩大他们的养殖规模。

　　2015 年,小规模和中等规模的养猪场不论是农场数量,生猪出栏量还是出栏量占总量的百分比,和上年相比都有所减少。因为地方政府已经不再向中小型农场提供经济支持,转而通过经济激励鼓励大型农场的发展①,所以那些存栏量在 100－499 头的,从散户发展起来的农场没办法建立标准化和现代化的农场设施。因此,虽然与 2014 年相比,2015 年生猪出栏量有所增长,但大型农场的数量保持不变,不过其平均生产能力呈现大幅提高的态势。

表 3-1　邛崃市 2014—2015 年养猪场数量及出栏量

规模	农场数量		生猪出栏量		占总量百分比(%)	
	2014 年	2015 年	2014 年	2015 年	2014 年	2015 年
散户 (存栏＜50 头)	无数据	无数据	354438	416873	47.25	59.55
小型农场 (存栏 50～99 头)	2069	393	134973	64062	18.00	9.15
中型农场 (存栏 100～499 头)	1038	651	181413	112556	24.19	16.08
大型农场 (存栏≥500 头)	61	62	79176	106509	10.56	15.22
总量	无数据	无数据	750000	700000	100.00	100.00

来源:邛崃市畜牧局。

① 大型农场可以从政府获得许多好处,如基础设施扩建补贴、引进优良品种补贴、处理粪便补贴、污染防治补贴、低息贷款等。

2012 年至 2014 年四川省不同规模的养猪场数量如表 3-2 所示,可以看出四川省绝大多数从事养猪业的农户为散户。

表 3-2　2012—2014 年四川省不同规模养猪场数量

年份	1～49	50～99	100～499	500～999	1000～2999	3000～4999	5000～9999	10000～49999	50000以上
2014	7373861	224432	57832	11651	3583	715	371	259	4
2013	7645726	221391	55825	10753	3626	720	370	256	4
2012	9433336	287920	64481	12401	4063	810	457	290	6

来源:中国统计年鉴 2015。

五、金忠公司

金忠成立于 1994 年,前身是一家小型屠宰加工厂(原名为金利),由陈乃忠先生一手创立并逐渐发展成为一个家族企业,20 多年来一直发展迅速。1999 年,陈先生将金利屠宰厂改造为一家注册公司,并将公司的名字改为金忠。金忠的现任总裁是陈先生的女婿刘翔。

金忠公司位于邛崃市工业园区,这里聚集了许多品牌食品的加工企业,如伊利集团(中国乳业巨头之一)、金六福有限公司(中国十大白葡萄酒品牌)、文君(四川省最佳茶叶品牌)等。金忠现在拥有一条从 MPS①(肉类加工系统)进口的屠宰线,每年的屠宰量达到 20 万头。同时,金忠拥有超过 2 万吨的国家储备冷冻猪肉。金忠的产品分为不同的系列(级别)(见图 3-6),分别通过不同的渠道出售(见表 3-3)。

① MPS 集团是一家在国际上生产和销售"冷鲜肉(0—4℃鲜肉)"的肉类屠宰加工生产线(机械)的荷兰公司。它是该行业的领先公司,通过提供精确的肉类加工技术来确保肉类安全。

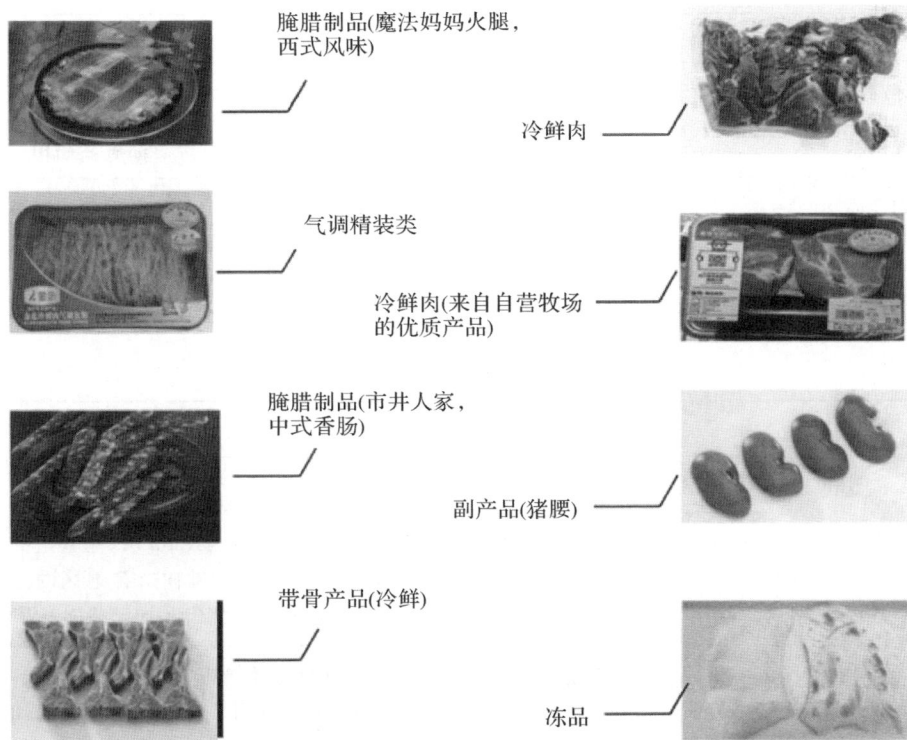

腌腊制品(魔法妈妈火腿，西式风味)

冷鲜肉

气调精装类

冷鲜肉(来自自营牧场的优质产品)

腌腊制品(市井人家，中式香肠)

副产品(猪腰)

带骨产品(冷鲜)

冻品

图 3-6　金忠系列产品及范例图片

来源：金忠公司网站 http://group.jzfoods.cn/。

表 3-3　金忠产品种类、范例和分销渠道

品类	品牌名称	范例产品	分销渠道
冷鲜肉	金忠	五花肉、猪腿肉和猪颈肉等	金忠品牌店
冷鲜肉(来自自营牧场的优质产品)	金忠；伊藤洋华堂	五花肉、猪腿肉和猪颈肉等	伊藤洋华堂超市
欧尚超市骨类(冷冻产品)	金忠	各种部位的带骨肉	金忠品牌店
腌腊制品(中式风味)	市井人家	香肠、猪尾、猪嘴等	金忠品牌店；超市
烟熏制品(西式风味)	魔法妈妈	培根、香肠、肉饼等	金忠品牌店；超市

续表

品类	品牌名称	范例产品	分销渠道
冻品	金忠	脂肪含量较高的肉	金忠品牌店
气调精装类	金忠	切好的盒装肉	金忠品牌店超市
副产品	金忠	内脏和猪脚等	金忠品牌店

来源：金忠公司网站 http://group.jzfoods.cn/

金忠公司的关键发展阶段如表 3-4 所示。

表 3-4　金忠公司的发展历程

时期	公司发展的里程碑
1994	凭借屠宰和加工业务起家（时名"金利"）
1999—2004	金利有限公司扩大生猪生产规模，建立了存栏量为 1000 头（能繁殖的母猪）的农场，将屠宰线产能扩大至 100 万头。主动向成都地区的品牌专卖店（特许经营或自营店）出售冷鲜肉、冷冻猪肉和加工猪肉产品
2005—2009	集团改名为金忠。金利合作社成立，其自主生产基地年出栏量为 10 万头。从荷兰引进 MPS 屠宰线，年屠宰量达到 200 万头。扩大对加工环节的投入，开发多品类肉产品，进行多元化生产
2010—2012	金莱饲料有限公司成立为金忠集团的子公司，该公司具有年产 10 万吨饲料的生产能力。2012 年，金忠在成都的品牌店数量增长到 200 家
2012—2016	渗透高端猪肉市场。抓住成都政府建设"天府（天堂）现代农业区"项目的机遇，通过投资增设新的加工食品生产线，与日本高端零售商伊藤洋华堂合作，纵向整合猪肉供应链

来源：金忠公司。

金忠的 MPS 屠宰加工生产线是金忠的核心竞争力之一，这种运用现代先进的加工技术进行作业的体系，能够在整个屠宰过程中严格控制温度。[①]

金忠是我国猪肉行业的龙头企业[②]，在就业和扶贫方面对当地经济和可

———————

① 温度控制对肉类安全至关重要。当猪被屠宰时，其在屠宰线上的最高温度可达 40℃，如果没有有效的冷却系统，微生物可能会快速繁殖，这会对肉类的安全和品质产生不利影响。

② 金忠被列入中国农业产业龙头企业榜单。

持续发展有着重大影响。其业务包括饲料生产、育种、生猪育肥、屠宰加工、冷链物流（金忠拥有自营物流货运车队）和零售业务。如图 3-7 所示，2015 年金忠的生猪供应主要来自四个渠道。

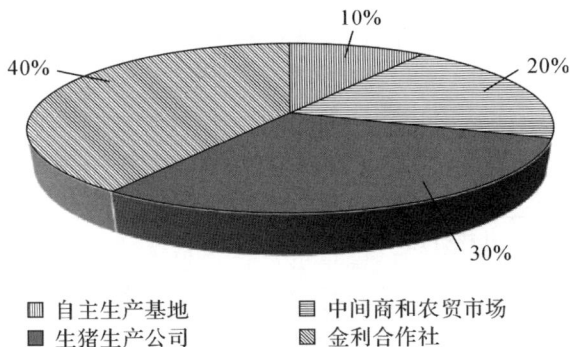

图 3-7　2015 年金忠公司生猪来源

2014 年，金忠开始与伊藤洋华堂超市合作，出售其旗下高端猪肉产品。同时，继续利用集团自有的分销渠道（金忠自营品牌店）分销高端猪肉产品。从 2015 年起，在接下来的五年，金忠计划进一步将供应链整合延伸到下游。

六、金利合作社

（一）创立由公司主导的合作社的动机和资源

2005 年以前金忠主要的供应来源是中间商和生猪散户，农户按照市场价把育肥猪卖给金忠。那时候，金忠不得不从所有可能的来源采购生猪，这些来源包括散户、中间商（这些中间商手中的生猪也是从散户处收购而来）、中小型养猪场和大型养猪场（见表 3-5）。2005 年四川省资阳、简阳、乐至等地区大面积爆发传染性猪链球菌感染①，引起了政府、行业和广大公众对食品质量安全的关注。在这种情况下，甚至连农村地区的消费者也不再从农贸市场购买猪肉，转而购买超市销售的品牌猪肉产品，以确保产品的安全和质量。超市会对其销售的产品进行质量监控，同时，店内销售的猪肉产品被保存在冷

---

　　①　猪链球菌感染是由一种细菌引起的感染，它可能影响猪脑膜和呼吸道传播从而导致猪败血病和快速死亡。

柜中，而在农贸市场，猪肉产品没有固定的质量标准，也不是所有的卖家都有冷柜。

表 3-5   2005 年和 2015 年金利合作社不同规模成员农户百分比

年份	大型成员农户 （存栏≥500 头）（％）	中小型成员农户 （存栏 50～499 头）（％）	散户成员农户 （存栏＜50 头）（％）
2005	10	30	60
2015	20	50	30

数据来源：金利合作社执行经理田碧珊女士。

为了应对市场波动，金忠不仅要考虑如何稳定生猪的供应，还要考虑如何确保收购到的生猪的质量。但是，由于前身是屠宰场和猪肉加工企业，金忠没有什么生猪养殖的经验。与专业养猪企业（如温氏①）相比，金忠在进行大规模生猪养殖方面没有优势。

2005 年，邛崃市畜牧局副局长苟明军与那时的金忠总经理就关于建立由公司主导的合作社的想法进行了探讨。很快，当地政府、金忠和农户决定共同投资 100 万元来组建合作社。根据各自的生产规模，邛崃市政府投资 40 万元，金利集团投资 40 万元，农户共投资 20 万元（小股东每人 1 元），总共筹集了人民币 100 万元，这些钱被用来开办一个保险基金以补偿农民因流行性猪病而造成的损失，金忠负责承担合作社的经营费用。由于当时没有关于成立合作社的相关法律法规（2007 年中国才颁布《农民专业合作社法》），金利合作社被登记为民间团体。

包括兼任金忠总经理的金利合作社的主任在内，金利合作社一共有六名工作人员，六位员工分别负责管理合作社成员、收集养猪业信息、提供和组织养猪培训课程、金融服务、协调物流和活猪的运输。金利合作社与金忠公司不同部门的合作，包括金莱饲料、金忠加工公司和金忠物流企业（见图 3-8）。金利合作社购买金莱饲料厂生产的饲料，向金忠加工公司出售生猪，生猪由

---

①   温氏食品有限公司是深圳交易所上市公司（股票代码 300498）。其业务包括家禽养殖、养猪业、养鸭业、养牛业以及饲料和兽药生产。它在中国的 23 个省份以"与当地农民合作"的模式养猪。它利用技术和服务帮助当地农民建设养猪设施，培养养猪技能，收购农民养成的猪，卖给像金忠这样的屠宰、加工企业或者其他的中间商。其优势在于养殖的专业性。

金忠物流负责运输。金利合作社的运营费用是一种交易费用,通常体现为员工所付出的时间和精力,包括选择供应商所需的成本、以金忠的名义同农民签约的成本、为农民提供培训的成本、解决合同履行中产生的纠纷的成本、协调农户和其他部门之间关系的成本。

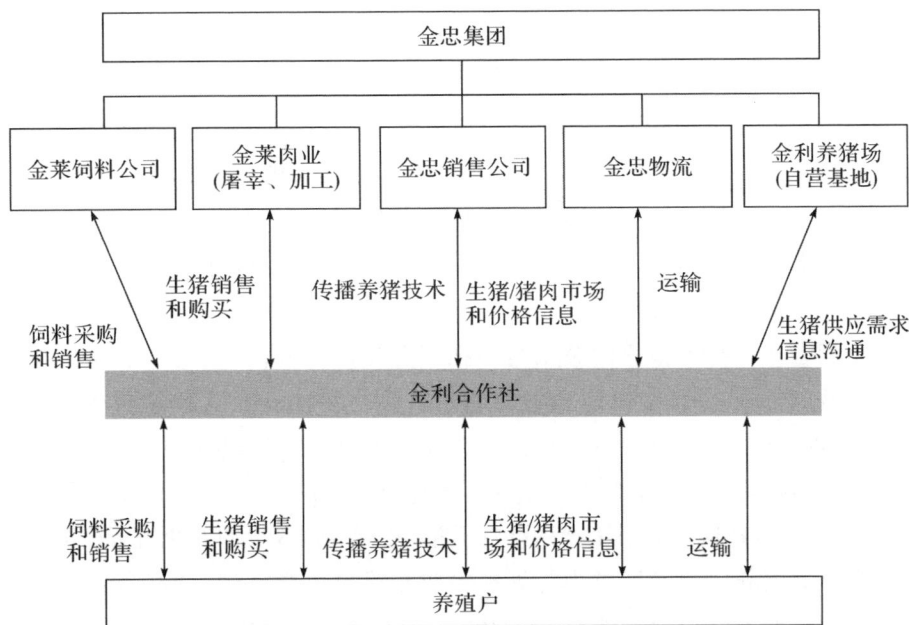

图 3-8　金利合作社的职能及其同金忠公司其他部门之间的关系
来源:作者根据访谈数据整理。

(二)金利合作社的治理结构与成员关系

金利合作社成员人数在逐年下降,2007 年有 6000 人,2012 年降为 4000 人,到 2015 年已降为 2000 人。一开始,金利合作社与不同规模的农民合作,主要是散户。后来金利合作社发现许多散户具有机会主义行为倾向(不按要求养猪,不愿意按照约定将育肥的猪卖给金利合作社),所以金利合作社转而寻求同中等规模或者较大规模的养猪户合作。合作社的农场主要分布在邛崃市及周边地区的五个镇。2005 年和 2015 年金利合作社不同规模成员农户百分比如表 3-6 所示,与 2005 年相比,2015 年为金利合作社提供生猪的大型农场数量翻了一番(从 10% 增加到 20%),而散户减少一半(从 60% 减少到30%),中小型农场数量则由 30% 上升到 50%。

表 3-6   2005 年和 2015 年金利合作社不同规模成员农户百分比

年份	大型成员农户 （存栏≥500 头）（%）	中小型成员农户 （存栏 50～499 头）（%）	散户成员农户 （存栏＜50 头）
2005	10	30	60
2015	20	50	30

数据来源：金利合作社执行经理田碧珊女士。

为了更好地进行管理，金利合作社成立了委员会、董事会和监事会。决策不采取"一人一票"的原则，决策权集中在金忠的高级管理层[①]，农户成员没有真正的民主决策权。在提前通知合作社的情况下，农户有权随时退出金利合作社。但是，如果在合作中出现了不良信誉记录，金利合作社也有权中止同农户的合作关系。

金利合作社与养猪户的关系是一把双刃剑。一方面，公司和农民实现了预期效益，另一方面，存在违约等问题。虽然合作社已经减少了同散户的合作，却仍然维持着同小规模农户成员的合作关系，只是密切监督他们的行为，并帮助这些小规模的农户不断发展以满足金忠公司的需求，金忠不断地与他们沟通，每到年底检查这些农户生产的猪的质量，并对生猪数量的变化进行监测。

当小规模养猪户发展成为中等规模或甚至更大规模时，金利将转而采用能够实现长期合作的交易方式，和订单农业相比，与金利合作社合作意味着公司和农民都不必太担心违约问题，双方的交易成本（监督成本）也会降低。

金利合作社的会员可以预支饲料。农民在购买金莱公司的饲料时，可以选择等到出售生猪的时候，再从金忠公司支付的生猪款项中将饲料的钱支付给金利合作社而不必当场以现金支付。这也意味着，如果金忠不履行合同（在市场不景气的情况下拒绝购买农户的猪），农民将不必偿还饲料成本，而金忠公司将承担这些损失。

另一方面，农民需要为每头猪支付人民币 4 元作为担保。如果他们最终按照合同规定向金忠出售生猪，这笔款项将会返还给农民，否则将作为罚金被没收。

---

①   根据国际合作社联盟的定义，金利合作社并不是一个真正的合作社，因为它不遵循"一人一票"原则。

（三）金利合作社的角色

金忠公关部经理郭宏祥对于金利合作社作用的观点是："金忠将优质、安全作为其品牌价值。这也是客户忠于品牌的原因。金利合作社是确保产品安全和质量的手段之一。"

金利合作社执行经理田碧珊女士提出了类似的观点："金利合作社是公司与农民之间的桥梁。合作社帮助邛崃地区的农民从养猪业中获得更多的收益，同时，也教会了农民如何用安全、科学的方式养猪。"

金利合作社的目的不是从与农民的交易中获利。相反，它是连接金忠和养猪户的桥梁，同时，金利合作社也帮助协调金忠各部门同农户之间的关系。金利从农民那里购买生猪的价格比市场价格高。

总之，金利合作社在为金忠公司和成员农户创造收益的过程中扮演着多重角色：

（1）向农民提供信息和培训，包括生猪养殖的经验，如疾病预防和治疗。教授农民使用相关信息技术实现现代化生猪养殖（例如利用耳标记录生猪的生产信息）。

（2）作为金忠公司和农民之间的信息渠道。例如，通过金利，农民的问题和要求可以有效地传递给金忠。

（3）在帮助金忠和农民建立长期关系过程中发挥重要作用，使双方共同致力于实现互利共赢。

（4）提供低价的疫苗接种和兽医服务。金利合作社有一个兽医站，为成员农民提供免费的专业兽医咨询服务，只收取农民使用的药物或疫苗的费用。

（5）通过金忠物流，为农民提供免费运输服务。

（6）以优惠的价格提供金莱猪饲料，该饲料配方较好，价格比市场上同等品质的饲料便宜。当然，农民可以选择使用其他品牌饲料（如通威）。为了鼓励养猪户使用金莱饲料，金利合作社最近允许没有会员资格（非正式农户会员）的中型养殖户（存栏 100～499 头）联合正式会员，享受金莱饲料的优惠（见图 3-9）。

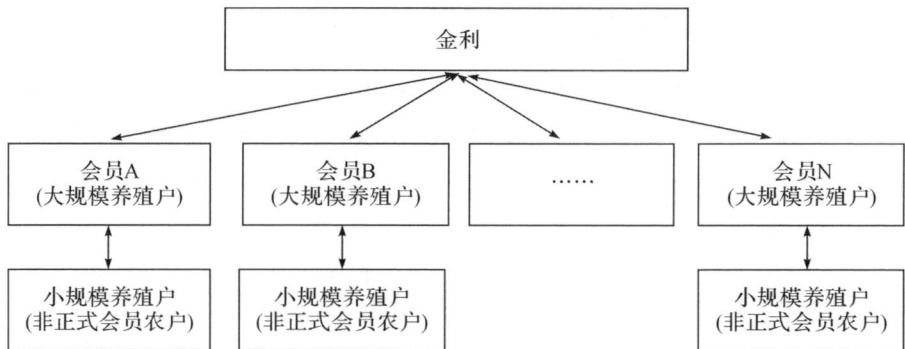

图 3-9   金利合作社联合模式

来源:对金利合作社会员农户的访谈。

(7) 金利有权代表会员同金忠公司协商达成协议收购价,为会员谋求更多利润。基于市场价格,成员农户与金利合作社签订了固定的保护价。当市场价格①低于合约价格时,以合约价收购,否则以市场价收购。在这种情况下,金利以每千克高于市场价 0.1~0.5 元的价格从农民那里收购生猪。这保障了农民的收益,他们也不会选择将猪卖到农贸市场。金利合作社有两种为成员农户提供回报的方式:一是以保护价收购农民的猪;另一个是向合作社出售生猪的农民给予每头 5 元的奖金。年出栏量超过 1000 头的农民将获得额外的 0.5 元/头,超过 2000 头的农民将获得额外的 1 元/头的奖金。金忠通过金利合作社支付农民应得的全部回报。

七、金利合作社为金忠公司带来的收益

如图 3-10 所示,从 2005 年到 2015 年,金忠公司生猪来源中金利合作社供给所占的比例从 10% 上升到 40%。过去 10 年中,金利合作社与会员建立了稳定的关系,会员习惯于与金利合作,向金忠出售生猪,这确保了金忠的生猪的供应。与 2005 年相比,金忠通过市场购买的生猪数量减少了,这意味着供应链不稳定和供应商机会主义行为对金忠的影响降低了。同时,金忠扩张了自己的生猪生产基地规模(从 2004 年的 1 万头到 2014 年的 10 万头),并进

---

①   市场价格指农民与合作社交易时间点邛崃市的活猪平均价格。合作社每天向农民通报畜牧局发布的市场平均价格。

行了更好的质量控制以保证食品安全。

　　这又有助于生猪供应链的稳定。除此之外,凭借自身生产基地的经验和合作生产量的上升,金忠更加了解生猪生产过程,能够更好地控制食品安全。金忠猪肉供应链从未发生重大食品安全事件。金忠一贯以来的质量控制和不断进步的品牌管理使其品牌形象成功地同高品质且安全的产品联系在一起,从而提高了客户忠诚度。

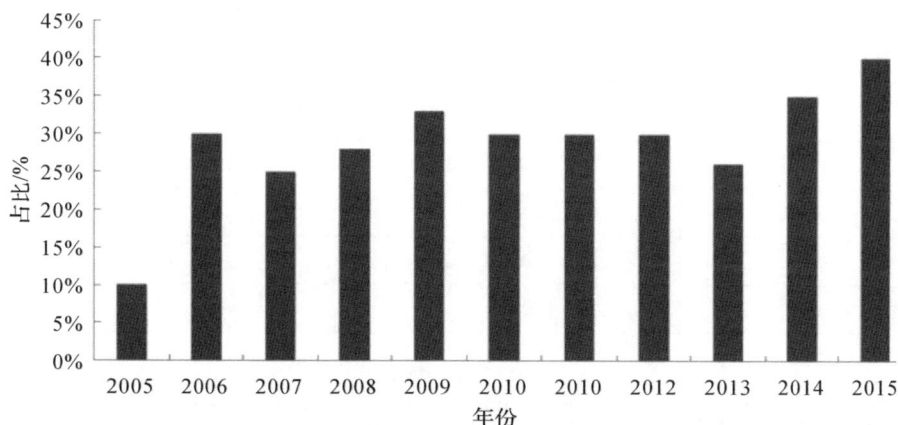

图 3-10　2005—2015 年金忠公司生猪来源中金利合作社供给所占的比例
来源:金忠公司文件。

　　金忠的销售收入在 2007 年至 2014 年间稳步上涨,但税后利润自 2007 年以来波动不断(见表 3-7)。金忠的销售经理杨女士解释说,税后利润变动与猪肉市场的不稳定有关。近年来,许多猪肉加工企业受到影响,其中一些猪肉加工企业由于受到资金限制,在市场萧条时不得已选择退出这个行业。

表 3-7　2007—2014 年金忠销售收入　　　　　　　　(单位:万元)

年份	销售收入	税后利润
2007	31025.00	432.00
2008	41209.00	440.00
2009	38640.00	41383.00
2010	832.90	136.50
2011	50853.30	342.30
2012	50538.00	5.80

续表

年份	销售收入	税后利润
2013	63480.00	3149.00
2014	57178.37	2357.00

来源:金忠公司网站 http://group.jzfoods.cn/。

在冷冻肉市场中,金忠品牌店数量在 2008—2011 年间稳步上升,2012 年以后稳定在 200 家;2014 年连锁店的销售收入比 2008 年翻了一番(见表 3-8)。

表 3-8　金忠在成都的品牌店数量及其销售额　　　　(单位:亿元)

年份	成都品牌店数量	成都品牌店销售额
2008	110.00	1.03
2009	130.00	1.19
2010	160.00	1.05
2011	180.00	1.80
2012	200.00	1.84
2013	200.00	2.46
2014	200.00	2.16

来源:金忠公司网站 http://group.jzfoods.cn/。

如表 3-9 所示,金忠市场份额(成都)自 2008 年以来已从 3% 上升至 5%。金忠无法垄断市场,这意味着四川猪肉市场饱和,竞争激烈。

表 3-9　金忠自 2008 年以来在成都猪肉市场的份额

年份	2008	2009	2010	2011	2012	2013	2014
市场份额	3%	3%	3%	4%	4%	5%	5%

来源:金忠公司网站 http://group.jzfoods.cn/。

八、金忠公司的未来展望

正如金利合作社的负责人田碧珊女士所言:"虽然金利合作社有助于稳定生猪来源,但农民没有向金忠出售育肥猪的义务。生猪收购价非常不稳定。当生猪市场行情好（例如 2015 年下半年）时，农民倾向于向中间商出售生猪，因为价格可能比金忠高。目前，对于金忠来说，从温氏这样的养猪企业采购生猪更容易，因为这些交易是简单而轻松的。所以我们不知道是否应该和金利合作社的成员制定一个新的合作机制，还是说，转而寻求其他的渠道来保障生猪供给。"

这对于金忠的管理层来说是一个关键性的决策：是继续维持同合作社的合作还是转向其他的供应模式呢？

九、本章小结

随着市场条件、政策环境的不断的变化，金忠公司、金利合作社与其签约农户之间交易模式也随之产生了变化。本章描述了金忠肉食、金利合作社和农户之间形成的供应链组织模式的选择、变化和转型的过程，提供了一个供应链组织模式的选择和转型的典型案例。从金忠公司的案例中我们可以看到，供应链组织模式的选择从本质上来说是一种交易方式的选择，组织模式的建立和演化是对交易成本的一种降低和内化。通过实施"公司＋合作社＋农户"的组织模式，公司与农户的交易成本得到了降低，同时两方也都通过该模式获得利益上的改善。在该模式下，当公司发现与小农户的交易成本太高时，他们又选择对现有的组织模式进行改造，形成了新的组织模式。在下一章中，我们将实证研究供应链中组织模式的选择，通过实证证据，探究供应链组织模式形成和选择的原因。

第四章 农产品供应链组织模式选择的实证研究

一、引言

中国是一个发展中的大国,经济快速增长,产业结构正在发生巨大变化。养猪是中国最重要的畜牧业,中国人消费了世界上 50％ 以上的猪肉。中国的猪肉供应链正在发生多方面的变化。小规模(后院)养猪在我国的生产方式中仍占主导地位,但专业化、商业化生产越来越受到重视。屠宰加工行业也出现了类似的情况。屠宰加工业企业是中国猪肉产业链中的核心,他们通过各种治理结构形式与下游的连锁代理商进行整合。小型屠宰场继续与生猪生产商以现货市场关系进行交易,而大型猪肉屠宰加工企业(称为龙头企业)则在积极探索和推进不同形式的整合。他们与生猪生产商合作,使用的机制包括长期合同、"公司—合作社—养猪户"和纵向一体化。

此外,大力鼓励屠宰加工业与生猪生产企业融合,这是中国商务部发布的《全国屠宰加工业发展规划(2010—2015)》中提出的。另外,本书还讨论了建立良好品牌以及确保猪肉安全和质量的问题。因此,本研究旨在回答以下问题:

第一,为什么中国猪肉供应链中会存在不同的治理结构形式? 为什么大型屠宰加工业会推动供应链的整合?

第二,生猪生产商、屠宰场、加工商和政策制定者应如何推进中国猪肉供应链的整合?

交易成本经济学(TCE)一直处于政府管理相关问题发展的前沿。它提供了一套选择替代治理安排的规范性规则(Masten,1993),即组织交易涉及成本(Ménard,2001),治理结构影响交易成本节约结果(Williamson,1998)。

它的"辨别方式"允许对组织形式的假设进行制定和测试(Masten,1993)。

然而,许多观点从不同的角度对 TCE 进行了批评,主要集中在理论、方法和实证研究上。其中,交易价值分析(TVA)从营销战略的角度提供了逻辑上的见解,该方法指出在治理选择研究中,不分析交易所合作伙伴之间在追求共同价值时的相互依赖性,而采用单一方成本最小化是不够的(Zajac & Olsen,1993)。研究发现,交易价值是指交易中合作伙伴所获得的"协同优势",因此,本研究在实证部分采用"协同优势"来表达交易价值。

本书利用结构方程模型(SEM)和 350 家屠宰(加工)企业的数据,推导出交易成本、协同优势和集成度之间的关系。探讨了影响交易成本和协同优势的因素。研究发现,在中国猪肉供应链中,"协同优势"对核心企业与其下游合作伙伴的整合选择具有积极的影响。研究还发现,合作意愿和能力是影响"协同优势"的因素。

基于以上研究结果,本研究期望能探讨一些管理上的启示,并为供应链经营者和管理者提供建议。本研究建议大型屠宰加工企业充分利用资金、技术、口碑等资源,采取多种方式与生猪生产企业整合。猪肉供应链经营中的管理者,一方面要确保政策能够保持猪肉市场的稳定,减少环境的不确定性;另一方面必须在政策、金融、技术、物流、信息和创新等方面支持大型加工业,以促进它们的发展,并鼓励推进一体化。

二、理论背景与研究假设

(一)交易成本经济学理论

交易成本的概念起源于科斯 1937 年发表的著名论文《企业的性质》,并被用来解释企业的性质和限制。交易成本理论由威廉森(1975、1985)重新提出和发展,他指出"内部采购和市场采购之间的所有成本差异最终取决于交易成本考虑"(威廉森 1996,68)。他还于 1975 年提出了"新制度经济学"一词。相关研究主要集中在治理模式、执行机制、层级结构和讨价还价能力等方面。

新制度经济学引入了治理结构的概念。网络治理被定义为在给定的战略网络中封装多阶段业务安排配置的机构矩阵(Sauvée,2002)。Hesterley 等(1990)定义这些治理机制包括任何有助于影响交换过程的制度安排。Hendrikse(2003)还指出,治理结构由一系列规则/机构/约束组成,这些规则/

机构/约束构成了不同利益相关者之间的交易。

交易成本经济学是新制度经济学中的一个重要流派，它有可能为在发达经济体和发展中经济体粮食和农业产业的各个领域工作的农业经济学家提供有价值的见解（Dorward，1999）。根据交易成本经济学，在一个没有交易成本的世界里，所有的活动都将作为单位之间的交换来进行，正是由于市场或交换竞技场的失败，许多交换在没有过高治理成本的情况下得以存在（Williamson，1985，1991）。换句话说，等级制组织被认为是对市场失灵的一种反映。交易成本经济学不仅关注组织管理交易成本的产生，还关注组织形式的选择如何根据所涉及的具体交易活动类型而有所不同。

TCE 的两个重要假设，即有限理性（Cyert & March，1963；March & Simon，1958；Nelson & Winter，1982）和机会主义，表明事先确定不可信的个人成本是很高的（Williamson，1996），并进一步表明所有的交易成本都是很高的。威廉姆森（1975）和克莱恩等（1978）提出的理论指出，交易被视为不同的市场契约低效，而低效源于小数量的谈判情况，而小数量的谈判情况可能存在于事前。因此，TCE 提供了这样一种见解：经济行为体之间的交换协议的治理成本高昂，治理形式根据交易环境中的属性而不同，它们促进交换的能力也不同（Leiblein，2003）。

交易成本经济学一直是分析企业间关系、渠道结构、国外市场进入等问题的主流范式。核心理念是，治理结构旨在以节约交易成本的方式减轻合作伙伴之间发现的所有形式的合同风险（Williamson，1996）。在 Coase 和 Williamson 建立的框架中，组织标准是生产和交易成本最小化（Williamson，1979）。组织治理形式的选择被视为管理层影响监督和管理成本，或者更具体地说，影响谈判和起草合同以及监督、执行合同的中心手段（Williamson，1975）。

TCE 的绝大多数实证文献都考察了影响治理形式选择的因素。Coles & Hesterly（1998）指出，交易成本——无论是源于资产专用性、不确定性还是测量困难——是理解垂直整合的核心，但不应孤立地考察这些因素的影响。

Shelanski & Klein（1995）提供的重要经验证据支持垂直整合与交易成本之间的关系，其中包括对资产专用性和不确定性的解释。弗兰克和亨德森（1992）对美国食品行业的实证研究也支持交易成本通过非市场安排形成纵向协调的主要动机这一观点。影响交易成本的因素主要与不确定性、投入——供应商集中度、资产专用性和规模经济有关。克莱恩等（1990），

Leblebici 和 Gerald(1981)认为,环境的不确定性削弱了组织预测未来结果的能力。当情况发生变化时,合作伙伴可能会机会主义地采取行动,这可能导致组织承担与沟通、谈判和协调有关的成本(Klein et al. ,1990;Rindfleisch & Heide 1997;Williamson,1975,1991)。当环境不确定性很高时,组织应当使用内部治理结构节省这种交易成本(Klein et al. ,1990;Williamson,1985)。

(二)交易价值分析(TVA)

尽管 TCE 已经成为分析企业间关系、渠道结构等领域问题的主流范式(Ghosh & John,1999),但有几种观点从不同的角度对 TCE 进行了批评,现综述如下:

第一种批评来自战略导向的文献和交易价值分析(TVA)。在这一学派中,来自 Zajac & Olsen(1993)以及 Ghosh & John(1999)的代表性观点认为,TCE 在市场战略文献中进展甚微,强调单一方成本最小化,而没有分析交易所合作伙伴在追求共同价值时的相互依赖性。

第二种观点认为,TCE 的研究仍然是静态的和结构性的,忽略了治理形式选择实际上是一个动态的和过程的问题(Zajac & Olsen,1993)。

第三种,主流经济学家批评缺乏数学模型来支持推理并促成可检验的预测,鉴于新制度经济学中已有的一系列显著的实证检验和分析,这种批评是不可信的(梅纳德,2001)。并指出现有的 NIE 理论存在两大缺陷:(1)如何将交易成本分析与动态创新联系起来;(2)制度环境与治理结构之间的相互作用。

交易价值分析认为,TCE 专注于成本最小化,对创造和主张价值的交易合作伙伴所进行的战略营销选择几乎没有深入了解。TVA 还指出,"虽然有些人可能认为,交易成本分析并没有忽视组织间共同价值战略的问题,而只是'保持不变',但我们认为,即使是这种解释也可能有问题"(Zajac & Olsen,1993)。他们提出,如果一个因素必须保持不变以关注更关键的因素,那么保持交易成本而不是交易价值不变可能更为合适。基于这一点,TVA 提出了另一个分析组织间战略的重点,即要求两个(或多个)交换伙伴的联合价值最大化。

Zajac & Olsen(1993,138)还强调了交易成本和交易价值对治理结构选择的共同影响,提出当追求交易价值需要更高的交易成本,预期的共同收益大于交易成本考虑时,具有更大联合价值的组织间战略通常需要使用效率较低（从交易成本角度）的治理结构。

首先，它强化了交易成本和交易价值都是可变变量的观点；交易成本和交易价值都不是常数。其次，指出交易价值对公司治理结构选择的重要性。结构不仅取决于成本，还取决于预期实现的共同价值。最后，在交易成本与交易价值共同作用的基础上，与低交易和低共同价值矩阵相比，交易双方可以选择高交易和高共同价值的结构矩阵，因为预期的高共同价值压倒了高交易成本。根据交易成本经济学，这种结构由于交易成本高而效率不高，但由于其压倒性的联合交易价值而被选择。

然而，现有理论上对交易价值的定义并不明确，实证研究也不具体。通过对交易价值分析的概述，发现交易价值是指交易所合作伙伴共同实现的改进。为了使这一概念清晰易懂，本研究将交易价值解释为协同优势。协同优势是指在供应链中，通过代理人之间的交易（相互活动）而获得的联合优势。这些优势形成了物流系统、现金反应、信息交流、技术创新和质量管理等方面的相互改进。需要指出，由于交易成本与生产成本不同，本研究中的协同优势不包括交易合伙人共同取得的企业利润。

三、研究假设

根据前面所述的理论综述，提出了几个假设，并对其进行了如下解释。

在对交易成本经济学理论回顾的基础上，得出结论：在选择治理模式时，组织试图将交易成本最小化。当交易成本较低时，首选市场治理模式。由于规模经济和范围经济，TCE 假定市场永远是某些商品或服务的最低成本生产者。或者，当交易成本较高时，首选内部治理模式。这里需要注意的是，交易成本本身就是一个负值。交易费用的价值是指交易费用的绝对价值。当交易成本的绝对值较高时，交易所合作伙伴倾向于采用更为密集和稳定的治理结构来降低交易成本。

市场的生产成本优势被高交易成本所压倒。然后，假设较高的交易成本会鼓励供应链企业提高整合水平，本研究的第一个假设是：

假设 1：交易成本与整合程度呈正相关。

交易成本与所有三个独立结构、资产专用性和不确定性（行为和环境）直接相关（Grover & Malhotra 2003）。不确定性是指交易周围环境的意外变化。这种不确定性可能会妨碍事前订立合同和/或事后核实遵守情况的能力。前者(环境不确定性)可以反映在环境、技术、需求量和变化的不可预测性等结构上。后者(行为不确定性)包括绩效评估和信息不对称问题。如前所述,有限理性约束的影响因不确定性条件而更加突出(Grover & Malhotra 2003)。

不确定性概念一直是许多组织和战略理论的核心组成部分。March 和 Simon(1958)认为不确定性是解释组织行为的关键变量。汤普森(1967)提出,组织的首要任务是应对环境的不确定性突发事件,特别是任务环境的突发事件。Pfeffer 和 Salancik(1978)的资源依赖理论认为,组织的外部关系结构是为了应对环境要素依赖所带来的不确定性。

行为不确定性给绩效评估带来了问题。交换合作伙伴可以利用自己的诡计,通过低效和无效的执行来创建隐藏成本(Rindfleisch & Heide 1997;Williamson,1985)。必须增加监测和执法费用(Williamson,1975)。试图将行为不确定性导致的交易成本最小化的组织可能会选择内部治理结构(Anderson,1985;Gatignon & Anderson,1988;John & Weitz,1988;Williamson,1985)。

环境不确定性削弱了组织预测未来结果的能力(Klein et al.,1990;Leblebici & Gerald,1981)。因此,在多变的环境下,组织在市场契约的书写上有更大的困难。因此,当情况发生变化时,合作伙伴可能会机会主义地采取行动,导致组织承担与沟通、谈判和协调有关的成本(Klein et al.,1990;Rindfleisch & Heide 1997;Williamson,1975,1991)。为了节省此类交易成本,当环境不确定性很高时,组织使用内部治理结构(Klein et al.,1990;Williamson 1985)。

因此,本研究将行为不确定性和环境不确定性引入不确定性变量的测量中,得出第二个假设。

假设 2:不确定性与交易成本正相关,即不确定性越高,交易成本越高。

资产专用性是指支持特定交易资产的可转让性。"特定"资产在特定交易所中的价值明显高于在另类交易所中的价值,并导致"锁定"效应,从而导致套牢问题(Barney,1999;Williamson,1975)。高资产特定投资(也称为关系特定投资)是指在交易关系之外几乎没有价值或没有价值的成本。没有高专用性资产支持的交易不容易出现延迟问题。因此,组织选择市场上可用的租赁式治理模式(Barney,1999;Williamson,1975、1979、1985、1994)。组织试图通过使用内部治理结构来防止出现问题（Rindfleisch & Heide 1997；Walker & Weber，1984；Williamson，1975、1979、1994）。

这些费用主要以人的特殊性（例如培训销售人员，特别是为某个合作伙伴）或物质的特殊性（例如供应商为满足制造商的特殊需要而对设备、工具、夹具和固定装置进行的投资）的形式支付。对信息系统的投资，主要服务于一个独特的客户的需求，而不能在其他外部各方之间加以利用，也将是另一种特定于资产的投资形式。因此，我们产生了第三个假设。

假设3：资产专用性与交易成本正相关。

基于战略管理和交易价值分析理论，提出当期望的"协同优势"较高时，交换伙伴倾向于运用更为密集和稳定的治理结构来维持或增加"协同优势"。

假设4：协同优势与整合水平呈正相关。

至于如何衡量协同优势，将在以下部分进行说明。协同优势的产生和主张取决于从交易价值和基于资源的观点中提取的两个因素，即合作意愿和合作能力。Zajac & Olsen（1993）强调了交易所合伙人对交易价值最大化的关注。这种关注被解释为：（1）知道合伙人的偏好和关注是交换和互惠的基础；（2）发现可以利用相似性或共同利益来最大化双方累积的合作共同价值的方法。因此，我们将这种相互了解、相互合作的关系定义为合作意愿，这是影响"协同优势"主张的因素之一，他们的合作意愿越高，期望的协同优势就越大。

假设5：合作意愿与协同优势正相关。

Barney（1991）认为，企业通过开发有价值的资源和能力来实现和保持竞争优势。公司内部化并在内部维持那些其优越的能力能够实现高效生产的活动（Poppo & Zenger 1998）。

Hsiao等（2009）的研究对本研究中的能力概念进行了深入研究。他们在关于后勤资源的要点中说明了这一点，其中包括有形资产（如卡车或仓库）和无形资产（如知识或技能，即能力）。Olavarieta & Ellinger（1997）将能力定义为一组复杂的个人技能和积累的知识，这些技能和知识通过一个组织过程得以运用，使企业能够协调活动并利用其资源。他们提出，物流活动是由员工的能力执行或转化的，最重要的是，现有的能力也会影响决策或购买决策。例如，Argyres（1996）提出，企业垂直地被整合到那些比潜在供应商具有更丰富的生产经验和/或组织技能（能力）的活动中，并将其能力较低的活动外包出去。他们断言,企业内部化某一物流活动,在这一活动中,它们拥有为自己获得协同优势的优越能力。

因此,在本研究中,链式合作伙伴的合作能力被定义为使链式代理能够合作和利用资源的技能和知识。合作能力不仅包括物流,还包括技术、资本和无形能力,如声誉和公众吸引力。它是交换合作伙伴创造和主张共同优势的能力或力量。每一个链代理都有其独特的协作能力,这种能力影响着联合优势,从而影响着决策或购买决策。因此,拥有强大"能力"的交易所合作伙伴将有助于双方实现更多的共同竞争优势。

假设6:协作能力与协同优势正相关

最后,提出了环境的不确定性会影响交换双方的协同优势,最后一个假设是:

假设7:不确定性对协同优势有负面影响

在7个假设的基础上,提出如下的概念模型(见图4-1)。

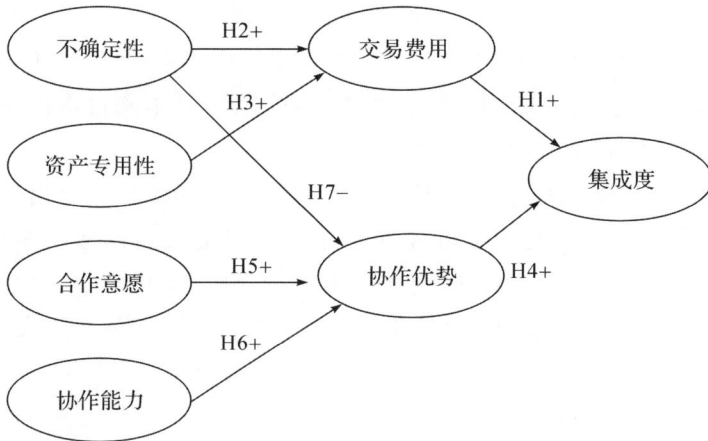

图 4-1　概念模型

四、研究方法

(一)变量的解释与度量

为了验证这些假设并得出结论,本书通过对变量的测量和对 SEM 模型的描述，推导出了一种合适的方法。

1.交易费用

交易成本很难定义，一旦定义，就很难观察和量化（Dorward 1999）。科斯（1960）在他著名的文章《社会成本问题》中描述了他所关心的交易成本：为了进行市场交易，有必要发现自己想处理的是谁，进行谈判，达成交易，起草合同，进行必要的检查确保合同条款得到遵守，以此类推。更简单地说，交易成本是：搜索和信息成本、谈判和决策成本以及警务和执法成本。这是交易成本的原始范围，本研究将其作为衡量交易成本的基础。

直接计量交易成本的实证工作比较不成熟，大多是在概念层面而不是计量层面上进行的。Pilling 等（1994）将交易成本归类为发展和建立交易关系的事前成本，以及监测业绩和处理机会主义行为的事后成本（Rindfleisch & Heide 1997）。

Grover & Malhotra（2003）通过分析与供应商联系的难度、监控供应商绩效的难度来衡量交易成本，难以解决与供应商关系中可能出现的问题，以及供应商利用其与被约谈公司的关系的可能性。Dierderen（2004）列出了市场交易、等级制度和社会网络的成本。市场交易包括搜索成本、讨价还价成本、执行成本；层级包括监控成本、激励调整成本、联结成本和自重损失；社交网络成本包括网络成本、合作成本和报复成本。

这些都表明，交易成本的计量可以从交易成本的原始概念出发，也就是说，交易成本可以通过交易双方在交易过程中可能发生的成本来计量。因此，本书研究的交易成本主要体现在五个方面，即搜索成本、信息成本、谈判成本、合同制定成本和监控成本。这是本研究中用来衡量交易成本的五个指标。

2.集成度

如前文所述，当交易成本较高时，首选内部治理模式。Cooper & Ellram（1993）描述了不同类型的治理结构，从现货市场、短期合同、长期合同、合资企业到战略联盟和垂直整合。威廉森（1975）描述了两种极端的治理模式：完全竞争的市场和垂直整合的等级制度。现货市场可以看作是内部治理模式的一个极端，其整合程度为零。Zigger & Trieekens（1999）指出，当组织结构趋向于更加密集和稳定时，组织的工作效率会更高。特别是当链上的成员遇到紧急情况时，密集的组织结构表现出更好的响应。威廉森（1987、2000）认为，当企业投资更多的资产专用性和交易更频繁时，机会主义会减少,结构会更为激烈。因此,本研究将用强度和稳定性的程度来衡量整合程度。

3.不确定性

不确定性有两种形式:行为不确定性和环境不确定性(Rindfleisch & Heide,1997;Simon,1957;Slater & Spencer,2000;Williamson,1985)。不确定性是指交易周围环境的意外变化。这种不确定性可能会妨碍事先订立合同和/或核实合规性风险的能力。环境的不确定性体现在环境、技术、需求量和变化的不可预测性等方面。行为不确定性包括绩效评估和信息不对称问题。因此,不确定性可以通过两个指标来衡量:环境不确定性和行为不确定性。

4.资产专用性

Williamson(1985)将场地、实物、人力和专用资产的特殊性确定为不同类型的特定交易投资。总的来说,它被视为人类资产专用性背景下的一种潜在结构。其他类型的资产专用性(如实物资产专用性或品牌资本)由于其计量和操作的困难而不易获得。Buvik(2002)将资产专用性定义为:买方对实物资产、生产设施、工具和知识的投资和/或调整的程度,以适应关系。本研究资产专用性的衡量是借鉴了 Anderson(1985),Heide & John(1990),Klein 等(1989),Sriram 等(1992),等等。本书用实物资产专用性和关系资产专用性来衡量。

5.协同优势

本研究中的协同优势概念来源于 Zajac 和 Olsen(1993)的交易价值研究。如前所述,交易价值在现有理论中没有很好的定义。它是交换伙伴在交易过程中获得的预期共同价值。随着时间的推移,随着共同利益的出现,通过加强信息的获取和交换,链代理将从其交换过程中获得的共同利益得到承认和实现。前半部分还指出,由于"协同优势"更适合于实证研究,因此本研究将其用于交易价值的替代。

Simatupang 等(2002)发现将通过业务联系和组织联系,连锁代理商之间的协调创造共同利益,相互改进的方面是后勤同步、信息共享、激励一致和集体学习,其中,集体学习意味着合作的技术利益、创新利益等,这与本节中提到的主张是一致的。它指出协同优势的关键是"联合"。因此,它来自物流、现金响应、信息交流、技术协调、创新合作、共同质量安全改进体系建立等供应链成员间的所有相互活动所创造的优势。它包括交易所合作伙伴共同实现的利益。"协同优势"与交易成本一样,是一个集体概念。

　　直接衡量协同优势的实证研究处在起步阶段并存在较多局限,本研究将根据物流系统、现金反应、信息交换、技术交换、创新合作和共同质量安全改进体系建立等六个维度的定义来衡量协同优势、创新体系和质量安全管理体系。

　　6.合作意愿

　　合作意愿是影响协同优势的因素之一,它来源于交易价值理论框架。Zajac 和 Olsen(1993)认为,交易所合伙人相互了解的意愿和共同努力的意愿对交易价值有影响。因此,这两个维度将用于衡量合作意愿。

　　7.协作能力

　　一方面,提出了交换伙伴应该具有协作意愿;另一方面,供应链代理需要具有协作能力才能创造协同优势。

　　合作能力的变化来源于 RBV 理论。对 RBV 感兴趣的研究人员和从业人员使用了各种不同的术语来谈论公司的资源,包括能力(Prahalad & Hamel 1990)、技能(Grant 1991)、战略资产(Amit & Schoemaker 1993)和股票(Capron & Hulland 1999)。Wade 和 Hulland(2004)将资源定义为可用于发现和应对市场机会或威胁的资产和能力(Sanchez et al.,2004;Christensen & Overdorf,2000)。能力被定义为在使用资产创建、生产和/或向市场提供产品时可重复的行为模式(Sanchez et al.,1996 年)。能力将投入转化为更高价值的产出(Amit & Schoemaker 1993;Capron & Hulland 1999;Sanchez 等 1996;Schoemaker & Amit 1994)。能力可以包括技能,如技术或管理能力,或过程,如系统开发或集成。

　　如上所述,在本研究中,供应链伙伴的协作能力被定义为使供应链代理能够协作和利用资源的技能和知识。它被认为是企业具有竞争力的有形和无形资源(能力),可以用来实现供应链代理之间的协作,以最大化协同优势。有形能力是指提供商品和服务的能力,如资本、技术、物流系统;无形能力是指将投入转化为更高价值的产出的能力,如商业信誉、公众吸引力和管理技能。因此,协作能力是由有形和无形的协作能力来衡量的。

　　表 4-1 列出了每个潜在变量的所有可测量变量。

表 4-1 潜在变量与可测变量

潜在变量	可测变量
交易费用	1.搜索成本(SRC) 2.信息成本(INC) 3.议价成本(BAC) 4.决策成本(DEC) 5.监测费用(MOC)
集成度	1.治理的稳定性水平(SGG) 2.治理的强度水平(IGG)
不确定性	1.环境不确定性(ENU) 2.行为不确定性(BHU)
资产专用性	1.实物资产专用性(PAS) 2.关系资产专用性(RAS)
协同优势	1.物流优势(LGA) 2.现金反应优势(CRA) 3.信息使用和交换优势(IEA) 4.技术优势(TEA) 5.创新优势(INA) 6.质量管理优势(QMA)
合作意愿	1.了解合作伙伴的意愿(WTK) 2.共同努力的意愿(WTE)
协作能力	1.有形协作能力(TCC) 2.无形的协作能力(ITCC)

(二)结构方程模型描述

供应链管理研究通常涉及对抽象概念之间关系的分析。对于这类分析，结构方程模型(SEM)是一种非常强大的技术,因为它结合了测量模型(验证性因素分析)和结构模型(回归分析)。其有效性在于它能够将难以甚至不可能用其他分析方法评估的假设检验进行统计检验(Gimenez et al.,2005)。因此,SEM 是本研究检验假设和探索影响因素的合适方法。采用 SPSS 17.0 和 AMOS 17.0 软件对数据进行分析,并对模型结果进行检验。

本研究使用可测变数来测量两个概念模型中的七个潜在变数。Likert 量表法被广泛应用于心理学、管理学等研究领域。Likert 型量表通常采用 4—6 点量表作为测量水平，其中 5 点量表具有较好的内在一致性。然后，采用从"强烈不同意"到"强烈同意"的五点式 Likert 量表进行测量。

五、经验证据

在研究方法上，本研究利用中国猪肉供应链案例的数据来检验假设。

（一）数据收集

在中国的猪肉供应链企业中，屠宰（屠宰加工）公司是供应链企业的核心代理人，因为它们是推动供应链企业治理结构发展的主要组织。因此，本书选择屠宰（屠宰加工）企业与其上游的养猪户供应链代理企业之间的治理结构作为研究领域。

在进行正式调查之前，我们于 2010 年 9 月开始了试验性访谈，并根据试验性访谈的结果对最终问卷进行了修订。正式调查于 2010 年 10 月至 12 月进行，为期 3 个月。选取了中国三大生猪生产和猪肉加工省份江苏省、河南省和山东省的 350 家屠宰（屠宰加工）公司作为样本。这三个省份的人口数量都很大：2008 年底分别为 7600 万、9300 万和 9920 万。

江苏省地处长三角经济区，是我国三大经济区之一。这些地区拥有丰富的自然资源、人力资源和高新技术，开放的经济政策和相当成熟的外资。近十年来，山东省发展尤为迅速，主要得益于畜牧业和港口相关业务的大发展。中国政府正投入巨资在黄河下游建立一个新的经济区，并将山东纳入其中。河南省是中东部地区重要的经济组成部分，养猪业是河南省最重要的经济支柱之一。

在猪肉方面，这三个省都是生猪生产和加工大省。据中国肉类组织统计，2005 年，山东 19 家企业、河南 9 家企业、江苏 4 家企业被评为中国最具竞争力的 50 家肉类生产企业，占中国最具竞争力的 50 家肉类生产企业的 64%。而在 2005 年屠宰 20 多万头生猪的 44 家企业中，江苏、山东、河南等地的企业有 17 家。最大的三家公司双汇、金锣和雨润分别来自河南、山东和江苏。2008 年，山东省共有 434 家猪肉屠宰加工企业，其中 98 家企业年屠宰生猪 20 万头。据悉，猪肉生产企业主要集中在这些地区，由于问卷调查对象是猪肉屠宰（加工）行业，因此适合进行调查。

在这三个省共进行了 350 份问卷调查，形式包括个人调查、个人投递和电子投递。总回收率为 93.1%，其中 6.9% 的问卷无效（见表 4-2）。

表 4-2　问卷信息

省份	总计	面对面	亲自或通过电子邮件	有效返还	回收率/%
江苏	100	60	40	92	92
山东	150	50	100	139	92.7
河南	100	40	60	95	95
总计	350	150	200	326	93.1

最后，有效收集问卷 326 份。根据中国商务部的数据，一家每年屠宰超过 20 万头猪的公司符合猪肉行业大型企业的资格。从表 4-3 可以看出，大型企业在我国猪肉产业中所占的比重仍然较小。326 家屠宰（屠宰加工）公司的规模、核心业务和治理结构有所不同，见表 4-4。

表 4-3　326 家公司规模

规模	数量	比例/%
大规模	60	18.4
中小规模	266	81.6
总计	326	100

表 4-4　326 家公司的核心业务

核心业务	数量	比例/%
仅屠宰	262	80.4
屠宰和加工	64	19.6
总计	326	100

在 326 家企业中，80.98% 的企业仍在与上游养猪户进行现货市场交易，其余 19.02% 的企业采用合同、合作社和一体化等治理结构。"公司＋生产基地＋养猪户"是一种长期承包生产的治理结构，"公司＋合作社＋养猪户"是一种更为一体化的联盟治理结构（见表 4-5）。

表 4-5   326 家公司的治理结构

治理结构	数量	比例/%
现货市场	264	80.98
公司—生产基地—养猪户	27	8.29
公司—合作社—养猪户	24	7.36
综合型	11	3.37
总计	326	100

本研究所使用的数据来源于实证模型中七个变量的测量调查。问卷的设计考虑了相关研究和本研究的需要,根据测量项目的说明进行设计。

首先测试数据的可靠性,结果表明,所有数据的 Cronbach's α 值均大于 0.7,说明所有数据都是可靠的,可供进一步分析。

(二)模型结果和解释

根据结构方程分析程序,首先对模型拟合优度进行检验,确定模型是否建立良好。Bagozzi 和 Yi(1988)指出,结构方程拟合的优度应该从初步拟合准则、模型内部结构拟合和整体模型拟合三个方面进行评价。

本研究利用整体模型拟合优度来评估模型与观测资料的拟合程度。总体模型有三种类型,即绝对拟合测度、增量拟合测度和简约拟合测度。绝对拟合度量用于确定整个模型如何预测协方差矩阵或相关矩阵。主要指标包括 Chisquare 统计量值、拟合优度指数(GFI)、平均残差平方根(RMSR)、近似误差平方根(RMSEA)等,其中当 GFI 值大于 0.8,RMSR 和 RMSEA 值小于 0.1 时,说明模型拟合良好。增量拟合包括调整拟合优度指数(AGFI)、标准拟合指数(NFI)、比较拟合指数(CFI)等指标,当 AGFI 和 NFI 值大于 0.9 时,说明模型拟合良好。简约拟合度指标包括简约规范拟合度指标(PNFI)、简约拟合度指标(PGFI)等,通常 PNFI、PGFI 值高于 0.9 为理想。然而,Doll 等人(1994)认为 GFI 和 NFI 应大于 0.9 的标准过于保守,并且当 GFI 和 NFI 大于 0.8 时,该模型非常适合。

基于这些指标,运用统计软件 AMOS 17.0 和 SPSS 17.0 进行了 SEM 模型检验,模型拟合结果见表 4-6。

表 4-6　模型拟合指标

模型拟合指标	实际值	理想值	说明
CMIN/DF	2.24	——	——
GFI	0.911	>0.9	理想
RMR	0.035	<0.05	理想
RMSEA	0.081	<0.05	可接受
NFI	0.965	>0.9	理想
TLI	0.946	>0.9	理想

从表 4-6 可以看出,观测数据与模型吻合较好,说明所收集的数据和模型能够很好地反映实际情况。变量之间的路径参数如图 4-2 所示。

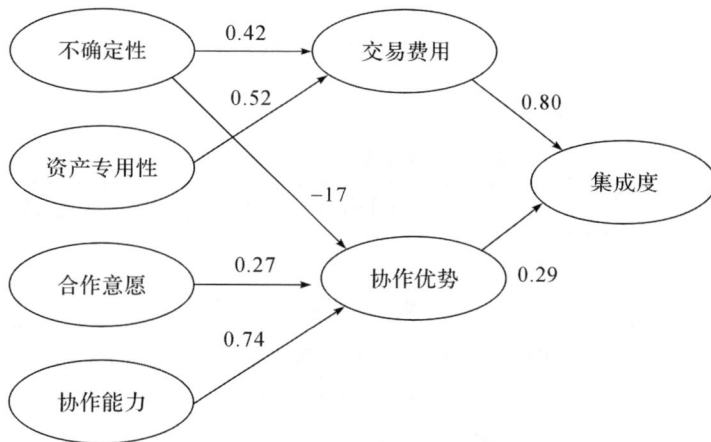

图 4-2　SEM 模型的路径和参数

参数及其回归权重见表 4-7。

可以看出,本研究提出的所有假设都是以中国猪肉供应链为例,通过模型得到了验证。交易成本和"协同优势"都会影响企业的整合水平。交易成本理论是供应链管理研究中最重要的理论参考之一。在我国猪肉供应链企业的治理结构中,交易成本是影响核心猪肉供应链企业经营者选择的最重要因素。在供应链治理结构的变迁和演进过程中,交易成本一直是一个关键原因。

表 4-7 回归权重

路径	估计值	标准差
交易成本←不确定性	0.422	0.014 ***
交易成本←资产专用性	0.522	0.022 ***
协同优势←协作能力	0.741	0.026 ***
协同优势←合作意愿	0.269	0.015 ***
协同优势←不确定性	−0.171	0.014 ***
集成度←交易成本	0.805	0.033 ***
集成度←协同优势	0.292	0.016 ***

注:参数为估计非标准化值;S. E. :回归权重标准差;*** :在 0.1%水平上,回归权重显著水平。

从结果可以看出,所有的路径都通过了回归测试。结合本研究提出的假设,最终假设检验结果如表 4-8 所示。

表 4-8 根据模型进行的假设检验

假设代码	假设内容	模型结果
H1	交易成本与整合程度呈正相关关系	接受
H2	不确定性与交易成本呈正相关关系	接受
H3	资产专用性与交易成本呈正相关关系	接受
H4	协同优势与集成水平呈正相关关系	接受
H5	协作意愿与协同优势呈正相关	接受
H6	协作能力与协同优势呈正相关	接受
H7	不确定性对协同优势有负面影响	接受

然而,尽管交易成本的影响比"协同优势"对整合水平的影响更大,但"协同优势"对屠宰加工企业的整合选择起着重要的作用。在面对较高的交易成本和良好的协同优势时,合作伙伴倾向于选择更密集、更稳定的治理结构,以最小化交易成本,最大化协同优势。这也意味着合作伙伴选择更密集、更稳定的治理结构,不仅是为了降低交易成本,也是为了增加"协同优势"。

交易成本与一体化水平的关系与威廉姆森关于交易成本与纵向一体化关系的观点是一致的。"协同优势"被证明是影响治理结构选择的另一个因素。

在交易成本理论的基础上,确定了不确定性和资产专用性对交易成本的影响。环境的极大不确定性和交易伙伴之间行为的不确定性增加了交易成本。专用性强的公司也会产生较高的交易成本。交易成本理论中的这些结论也在中国的猪肉供应链找到了证据。

研究还发现,企业的协作能力对协同优势的影响大于合作意愿对"协同优势"的影响,这意味着增强企业的能力有助于改善共同宣称的"协同优势"。同时,合作意愿也很重要,因为它与"协同优势"也有积极的关系。

最后,不确定性与"协同优势"之间存在轻微的负相关关系。这意味着不确定性是同时影响交易成本和"协同优势"的一个因素。交换伙伴之间的环境和行为越不确定,协作伙伴获得的协同优势就越少。

六、本章小结

在整体分析的基础上,本研究得出了几点结论,并提出了一些有待进一步讨论的问题。

在我国猪肉供应链中,交易成本并不是影响屠宰加工业治理模式决策的唯一因素,"协同优势"对治理结构的选择起着重要作用。总而言之,也是为了回答导言中提出的第一个问题,中国猪肉供应链中存在不同程度的整合模式,因为屠宰加工业正在经历转型,不同的公司选择采用不同的整合模式,既考虑了交易成本,也考虑了"协同优势"。

大型屠宰和加工业选择与小规模生猪生产者进行更紧密和稳定的交易,以降低小规模生猪生产者的拖延行为所造成的交易成本。他们还旨在通过合作提高互利优势。这些优势包括在物流、现金响应、质量管理和技术创新方面的改进,其中物流和质量管理是重点。这回答了为什么大型屠宰和加工公司正在推动与生猪生产商的整合。

在众多的后院生猪养殖户和小型家庭屠宰场中,现货市场关系占据主导地位,因为它们之间通过熟人关系联系在一起,而交易成本又很低。他们的关系是可靠的,因为他们在附近相识。因此,现货市场关系适合于他们的交换。

本研究对实证知识和理论知识的贡献主要体现在两个方面。第一,对于供应链参与者和政策制定者来说,为了推动中国猪肉供应链的一体化,应该促进供应链成员之间"协同优势"的提升。对于大型屠宰和加工企业来说，通过物流系统、信息交换、技术和质量管理方面的合作获得的共同优势是迫使它们整合的动机。一方面要增强与生猪生产者合作的意愿，另一方面要充分利用自身能力进行合作。

对于政策制定者来说，他们应该大力鼓励商品化生猪生产和大规模屠宰加工。同时，政策制定者应给予先进的屠宰和加工行业足够的资金、技术和专业支持，提高它们对中国猪肉供应链整合的能力。这些回答了本研究开始时提出的第二个问题。

第二，本研究为 TVA 理论在供应链治理结构研究中的应用提供了实证证据。来自中国猪肉供应链的实证结果表明，TVA 在治理结构研究中是对 TCE 的补充。TVA 和 TCE 并不矛盾，它们共同为现有的治理结构研究提供了一个更完整的视角。

然而，这项研究提出了一些观点，供今后的研究讨论。首先，与传统的供应链管理治理结构选择研究相比，本研究运用交易成本经济学理论，综合运用了交易成本经济学理论和交易价值分析理论。此外，还从我国猪肉供应链案例中获得了实证证据。但是，这一框架需要来自农业部门和其他发展中国家或发达国家的其他经验案例的更多证据来巩固。从其他案件中会得到同样的证据吗？

其次，对本研究中的治理结构选择过程进行了静态推导。事实上，治理模式的选择是一个需要长期调整的动态过程。链条参与者初始化治理模式选择，然后创建规范，遇到管理冲突，并在他们的关系中建立信任，他们将评估治理绩效差距，从而细化治理结构。随后，他们启动了新一轮治理模式选择。那么如何描述这个动态的过程呢？应该采用什么方法呢？这有待进一步探索。在下一章中，我们将探讨供应链组织绩效的评价。

参考文献

[1] Amit, R., Schoemaker, P. J. H. Strategic Assets and Organizational Rent. *Strategic Management Journal*, 1993(14).

[2] Anderson, E. The salesperson as outside agent or employee: A transaction cost analysis. *Marketing Science*, 1985(3).

〔3〕 Argyres, N. Evidence on the Role of Firm Capabilities in Vertical Integration Decisions. *Strategic Management Journal*, 1996(2).

〔4〕 Bagozzi, R. P. , Y. Yi. On the evaluation of structural equation models. *Journal of the Academy of Marketing Science*, 1988(1).

〔5〕 Barney, J. Firm resources and sustained competitive advantage. *Journal of Management*, 1991(1).

〔6〕 Barney, J. B. How a firm's capabilities affect boundary decisions. *Sloan Management Review*, 1999(3).

〔7〕 Buvik, A. Hybrid governance and governance performance in industrial purchasing relationship sd. *Scandinavian Journal of Management*, 2002 (18).

〔8〕 Capron, L. , Hulland, J. Redeployment of brands, sales forces, and general marketing management expertise following horizontal acquisitions: A resource-based view. *Journal of Marketing*, 1999(63).

〔9〕 Christensen, C. M. , Overdorf, M. Meeting the challenge of disruptive change. *Harvard Business Review*, 2000(2).

〔10〕 Coase, R. H. The nature of the firm. *Economica, New Series*, 1937(16).

〔11〕 Coles, J. , Hesterly, W. The impact of firm-specific assets and the interaction of uncertainty: An examination of make or buy decisions in public and private hospitals. *Journal of Economic Behavior and Organization*, 1998(3).

〔12〕 Cooper, M. C. , Ellram, L. M. Characteristics of supply chain management and the implication for purchasing and logistics strategy. *The International Journal of Logistics Management*, 1993(2).

〔13〕 Cyert, Richad M. , James G. March. *A Behavioral Theory of the Firm*. New Jersey: Prentice-Hall Inc. , 1963.

〔14〕 Dorward, A. A risk programming approach for analyzing contractual choice in the presence of transaction costs. *European Review of Agricultural Economics*, 1999(4).

〔15〕 Dosi, G. , Teece D. , Winter, S. *Toward A theory of Corporate Coherence: Preliminary Remarks*. Working paper, University of California, Berkeley, 1990.

[16] Frank, S. D., Henderson, D. R. Transaction costs as determinants of vertical coordination in the U. S. food industries. *American Journal of Agricultural Economics*, 1992(4).

[17] Gatignon, H., Anderson, E. The multinational corporation's degree of control over foreign subsidiaries: An empirical test of transaction cost explanation. *Journal of Law, Economics and Organization*, 1988(2).

[18] Ghosh M., John, G. Governance value analysis and marketing strategy. *The Journal of Marketing*, 1999.

[19] Gimenez, C., Ventura, E. Logistics-production, logistics-marketing and external integration: Their impact on performance. *International Journal of Operations & Management*, 2003(1).

[20] Grant, R. M. The resource-based theory of competitive advantage: Implications for strategy formulation. *California Management Review*, 1991 (1).

[21] Grover, V. Malhotra, M. K. Transaction cost framework in operations and supply chain management research: theory and measurement. *Journal of Operations Management*, 2003(21).

[22] Heide, J. B., John, G. Alliances in industrial purchasing: The determinants of joint action in buyer-supplier relationships. *Journal of Marketing Research*, 1990(1).

[23] Hendrikse, G. W. J. *Economics and Management of Organizations: Coordination, Motivation and Strategy*. McGraw-Hill, 2003.

[24] Hesterly, W. S., J. Liebeskind, T. R. Zenger. Organizational economics: an impending revolution in organization theory? *Academy of Management Review*, 1990(3).

[25] Hsiao, H. I., Kemp, R. G. M. van der Vorst, J. G. A. J., et al. Make-or-buy decisions and levels of logistics outsourcing: an empirical analysis in the food manufacturing industry. *Journal on Chain and Network Science*, 2009(2).

[26] John, G., Weitz, A. B. Forward integration into distribution: An empirical test of transaction cost analysis. *Journal of Law, Economics and Organization*, 1988(2).

[27] Klein, B. , Crawford, R. G. , Alchian, A. A. Vertical integration, appropriable rents, and the competitive contracting process. *Journal of Law and Economics*, 1978(21).

[28] Klein, S. , Frazier, G. L. , Roth, V. A transaction cost analysis model of channel integration in international markets. *Journal of Marketing Research*, 1989(17).

[29] Leblebici, H. , Gerald, S. Effects of environmental uncertainty on information and decision process in bank. *Administrative Science Quarterly*, 1981(4).

[30] Leiblein, M. J. The choice of organizational governance form and performance: Predictions form transaction cost, resource-based and real options theories. *Journal of Management*, 2003(6).

[31] March, J. G. , Simon, H. A. *Organizations*. New York: John Wiley, 1958.

[32] Ménard, C. Methodological issues in new institutional economics. *Journal of Economic Methodology*, 2001(1).

[33] Nelson, R. , Winter, S. *An Evolutionary Theory of Economic Change*. Cambridge, M. A: Belknap Press, 1982.

[34] Olavarrieta, S. , Ellinger, A. E. Resource-based theory and strategic logistics research. *International Journal of Physical Distribution & Logistics Management*, 1997(10).

[35] Pfeffer, J. , Salancik, G. R. *The External Control of Organizations: A Resource Dependence Perspective*. New York: Harper & Row. Pilling, B. K. , L. A, 1978.

[36] Poppo, L. , Zenger, T. Testing alternative theories of the firm: Transaction cost, knowledge-based, and measurement explanations for make-or-buy decisions in information services. *Strategic Management Journal*, 1998(9).

[37] Prahalad, C. K. , Hamel, G. The Core Competence of the Corporation. *Harvard Business Review*, 1990(3).

[38] Rindfleisch, A. , Heide, J. B. Transaction cost analysis: Past, present, and future applications. *Journal of Marketing*, 1997(4).

[39] Sanchez, R. , Heene A. , Thomas, H. *Towards the Theory and Practice of*

Competence Based Competition. Oxford：Pergamon Press，1996.

[40] Sauvée，L. C. *Efficiency，Effectiveness and the Design of Network Governance*. 5th International Conference on Chain Management in Agribusiness and the Food Industry，Noordwijk an Zee，The Netherlands，June 7-8，2002.

[41] Schoemaker，P. J. H. ，Amit，R. *Investment in Strategic Assets：Industry and Firm-Level Perspectives. Advances in Strategic Management*. P. Shrivastava，A. Huff and J. Dutton，(Eds). JAI Press，1994.

[42] Shelanski，H. A. ，Klein，P. G. Empirical research in transaction cost economics：A review and assessment. *Journal of Law，Economics，and Organization*，1995(2).

[43] Simatupang，T. M. ，Sridharan，R. The Collaborative Supply Chain. *International Journal of Logistics Management*，2002(1)：15-30.

[44] Simon，H. A. *Models of man，social and rational：mathematical essays on rational human behavior in social settings*. New York：John Wiley. 1957.

[45] Slater，G. ，Spencer，A. D. The uncertainty foundation of transaction costs economics. *Journal of Economic Issues*，2000 (1).

[46] Sriram，V. ，Krapfel R. ，Spekman，R. E. Antecedents to buyer-seller collaboration：An analysis from the buyer's perspective. *Journal of Business Research*，1992(4).

[47] Thompson，J. D. *Organizations in Action*. New York：McGraw-Hill，1967.

[48] Wade，M. ，Hulland，J. The Resource-Based View and Information Systems Research：Review，Extension，and Suggestions for Future Research. *MIS Quarterly*，2004(1).

[49] Walker，G. ，Weber，D. Supplier competition，uncertainty，and make-or-buy decisions. *Academy of Management Journal*，1987(3).

[50] Williamson，O. E. Transaction cost economics：the comparative contracting perspective. *Journal of Economic Behavior & Organization*，1987(4).

[51] Williamson，O. E. *Markets and Hierarchies，Analysis and Antitrust Implications：A Study in the Economics of Internal Organization*.

New York：Free Press，1975.

[52] Williamson, O. E. Transaction Cost Economics：The Governance of Contractual Relations. *Journal of Law and Economics*，1979(22).

[53] Williamson,O. E. *The governance of contractual relations*，*in the Economic Institutions of Capitalism*：*Firms*，*Markets*，*Relational Contracting*. New York：Free Press，1985.

[54] Williamson, O. E. Comparative economic organization：The analysis of discrete structural alternatives. *Administrative Science Quarterly*，1991(2).

[55] Williamson,O. E. *Transaction Cost Economics and Rrganization Theory*. N. J. Smelser and R. Swedberg (Eds.). *The Handbook of Economic Sociology*. Princeton：Princeton University Press，1994.

[56] Williamson,O. E. *The Mechanism of Governance*. New York：Oxford University Press，1996.

[57] Williamson,O. E. The institutions of governance. *American Economic Review*，1998(88).

[58] Williamson, O. E. The new institutional economics：Taking stock, looking ahead. *Journal of Economic Literature* 2000(3).

[59] Zajac,E. J. , Olsen, C. P. From transaction cost to transaction value analysis：implications for the study of inter-organizational strategies. *Journal of Management Studies* 1993(1).

[60] Zigger,G. W. ,Trienekens,J. H. Quality assurance in food and agribusiness supply chains：Developing successful partnerships. *International Journal of Production Economics*，1999.

第五章 农产品供应链组织形式对农户安全生产行为影响的绩效评价

一、引言

随着大型农场、农业集团和现代营销公司的兴起,发展中国家的小规模农场生产在获取现代农业投入、技术和市场方面日益受到挑战(Dorward et al.,2004;Markelova et al.,2009)。为了应对这些挑战,许多发展中国家的政府已采取措施来推动小型农户组成集体行动小组,帮助改善其生产状况和销售绩效(Fischer & Qaim,2012;Abebaw & Haile,2013)。农业合作社被普遍认为是一种帮助农户以低价获得投入、增强市场联系和议价能力、增强生产技能、提高农产品安全性与质量标准、防范风险的有效手段(Barton,1989;Fulton,1995;Hellin et al.,2009;Nilsson 1998;Xu et al.,2013)。

相应地,在发展中国家,特别是在过去的十年,关于农民合作社的决定因素和影响的研究数量激增。现有的关于农民合作社影响的研究主要集中在农民合作社对于农场收入、生产率、价格、家庭福利(Ma & Abdulai,2016;Chagwiza et al.,2016;Ma & Abdulai,2017;Mojo et al.,2017;Verhofstadt & Maertens,2015)以及农民采用技术的行为(Abebaw and Haile,2013;Wossenet al.,2017)和农场投入(Ma et al.,2018)的影响上。尽管在发展中国家中关注食品安全越来越重要,并且关于农民合作社对食品安全和质量的潜在影响的讨论也越来越多(Moustier et al.,2010;Naziri et al.,2014;Liuet al,2009;Ji et al.,2018),但是关于农民合作社对食品安全和质量的影响的基于证据的严谨研究很少。

在有限的将农民合作社与食品安全问题联系在一起的文献中,过去的研究集中于农民合作社在以下方面的作用:(1)农户是否采用食品安全标准的决策研究(Kirezieva et al.,2016;Zhou et al.,2015);(2)农户的生产规模(Zhong et al.,2016;Wang et al.,2011);(3)农户的社会经济和人口特征(Zhang & Fu,2016a,2016b;Tong et al.,2011);(4)政府的管制政策(Huang et al.,2016;Liet al.,2015)。但是,很少有人会研究合作社成员资格对农民安全生产行为的潜在影响。而试图将农民合作社与农民的安全生产行为联系起来的少数研究往往会遇到方法论和数据问题(Wang,2009;Moustier et al.,2010;Wang & Wang 2012;Yuan et al.,2018)。这些研究通常只估计了简单的 Logit/Probit 模型或线性 OLS 模型,而没有解决自我选择偏差问题,而且这些研究的样本规模也很小。

本章旨在通过使用 810 个养猪户(540 个合作社农户和 270 个非合作社农户)的数据,严谨地研究农民合作社成员资格与养猪户安全生产行为的因果关系,为农民合作社对个体农户的安全生产行为的影响有关的研究做出贡献。我们试图通过解决一些相关问题来填补这一研究空白。首先,我们调查养猪户参与农民合作社是否以及在多大程度上影响其安全生产行为。其次,我们将探讨合作社对于跨生产规模、不同类型的合作社以及其他不同农场水平特征(即教育水平、非农工作经验、养猪经验、生猪生产的专业化程度)的养猪户生产行为的潜在异质性影响。

为了解决合作社成员的养猪户可能与非合作社成员养猪户不同的问题,我们采用倾向得分匹配(PSM)方法,这是一种用于解决可观察对象的自我选择偏差的常用匹配方法,我们的 PSM 分析突显了一些重要发现:(1)合作社成员资格对农民的安全生产行为具有重要而积极的影响。(2)合作社成员资格的影响随着生产规模和个体农户的许多其他属性的不同而变化。具体来说,对于小型农户、生产经验少的农户和教育程度低的农户,合作社对其安全生产行为的积极影响更大。(3)由 IOF 发起的农业合作社可以更有效地影响农民成员的安全生产行为,而合作社成员的异质性越高,合作社对农户安全生产行为的影响往往越大。(4)敏感性分析证实,在农户的饲料使用行为和育苗行为方面,PSM 结果对不可观测因素不敏感。而在农户的疫苗使用行为、药物使用行为和废物处理行为方面,PSM 结果对不可观测的因素较为敏感,应该更加谨慎地解释后三种生产行为的结果。

二、背景介绍

（一）中国的生猪养殖业

生猪养殖业在中国畜牧业中起着主导作用。中国是世界上最大的生猪生产国，到 2016 年底，猪肉年产量达到 5299 万吨（《中国畜牧年鉴》，2017年）。同时，中国居民消费的猪肉比其他任何种类的肉都要多，其消费量占肉类总消费的 60％以上（国家统计局，2015）。在过去十年中，猪肉安全事件（包括几起引人注目的丑闻①）屡屡发生，猪肉安全仍然是中国消费者关注的主要问题（Ortega et al.，2011）。生猪生产是一个涉及多种生产行为的综合过程，例如饲料使用、育苗使用、疫苗接种、药物使用和废物处理，每种生产行为都可能带来猪肉安全隐患。尽管大型生猪生产者的数量迅速增加，但在中国生猪生产中，小型生猪生产者仍然占主导地位。如何确保众多的小型养猪场生产优质安全的猪肉是中国政府关注的政策重点。

（二）中国的农民合作社

中国政府积极鼓励农民合作社的发展，并于 2007 年颁布了《农民专业合作社法》，到 2014 年底，中国农民合作社总数已有 130 万（中国农村地区工业经营管理年鉴，2015）。中国农民合作社的迅速发展也引起了学者们研究这种农民组织的极大兴趣。根据近期有关中国农民合作社的两篇评论文章（Xu et al.，2013；Dong，2014），有关中国农民合作社的论文数量庞大且还在不断增长。尽管有关中国农民合作社的决定因素及其影响的文献不断涌现，但对于农民合作社对农民安全生产行为的影响尚无严谨研究。据我们所知，这是首次使用 PSM 方法以及来自中国具有地域代表性的省份的大量合作社和非合作社养猪场的数据，严谨分析合作社成员资格对养猪户安全生产行为的影响的研究。

---

① 一些引人注目的猪肉安全丑闻包括：在品牌猪肉产品中检出了盐酸克伦特罗（Yurun 2009；Shineway 2011；Jinluo 2015）；在卖给消费者的市场上发现病死的猪肉（山东省，湖南省）；病死的猪被直接排入河流（浙江省，上海市，2013）。

(三)合作社成员资格与农民安全生产行为

我们可以假设农民的合作社成员资格会通过多种渠道影响农民的安全生产行为。第一,有人认为农民的集体行动主要是因为推动了培训资源的获取,这在提高质量方面起着重要作用(Moustier et al.,2010),推动着农民以更安全的方式进行生猪生产(Wang,2009)。Fischer 和 Qaim (2012)发现,肯尼亚的农民组织采取的集体行动可以增加农民获得农业资产和信贷的机会,增加农民的收入,提高技术采用率。Naziri et al.(2014)认为集体行动可以提高小农进入高要求市场①的机会,而途径主要是通过提高农民进行联合投资的能力,向农民提供信息、技术援助和适当投入,使纵向整合或合同农业方式成为可能,并为建立公私伙伴关系创造有利的条件。

第二,Wu et al.(2015)发现农民不愿意使用更可靠来源的高质量饲料的主要原因是价格过高。因此,由于规模经济与团购相关,合作社成员的大宗采购会帮助农民以相对较低的价格获得高质量的饲料产品(Fischer & Qaim,2012)。同样,同一合作社成员批量购买种猪将激励个体成员以更能负担得起的价格购买优质种猪。

第三,对于农民进入市场来说,合作社的营销服务至关重要 (Hellin et al.,2009;Mojo et al.,2017),它可以帮助农民实现更稳定的销售,并可能以更好的价格出售。当以合同形式经由合作社出售产品时,农民不仅会减少生产中的机会主义行为 (Staatz,1987;Ji et al.,2012),也会因为追求更高的销售收入而更愿意遵守合作社要求的最佳行为准则。一项使用越南数据的研究发现,蔬菜合作社没能帮助农民合理使用农药,其主要是因为合作社没有通过高安全标准的市场渠道来帮助其成员销售产品(Van Hoi et al.2009)。因此,合作社是否提供营销服务可能会影响农民的安全生产行为,因为这种服务会减少农民的投机行为,更安全的生产实践也会保证更好的销售收入。

不同类型的合作社可能通过不同渠道影响农民的生产行为。例如,农户领办的合作社的目标主要是通过批量购买饲料和种猪来降低生产成本,并通过更多的销售渠道来出售生猪(Ji et al.,2018)。对于投资者所有公司(IOF)

---

①　这里主要是对食品安全的高要求。

领办的合作社，其目标可能与农民领办的合作社的目标不同。更具体地说，由 IOF 领办的合作社有三个具体目标（Ji et al.，2017）。第一个目标是确保猪肉的质量和安全。为了实现这一目标，IOF 严格规范了农民的生产行为，包括饲料使用、疫苗接种、药物使用和废物处理。第二个目标是确保稳定的生猪供应。第三个目标是帮助贫穷的养猪户脱贫。尽管这三个目标都有暗示安全生产行为，但第一个目标与农民的安全生产行为更加直接相关。

　　虽然我们希望在分析中确定每种机制的存在（或缺失），但受到了数据的限制。但是，对合作社影响的可能机制的讨论，为我们了解合作社成员资格对养猪户采用安全生产行为的影响的预期方向提供了基础。因此，我们将通过所有可能的机制来将估计的影响阐释为最终结果。

三、评估问题和匹配方法

（一）评估问题

　　假设养猪农民 i 是一个农民合作社的成员，其安全生产行为为 Y_i^M（实验组）。设同一农民 i 在没有参加农民合作社的情况下，其安全生产行为为 Y_i^{NM}（对照组）。根据 Rosenbaum 和 Rubin（1983）所述，作为合作社成员的实验效果可以被定义为

$$T_i = Y_i^M - Y_i^{NM} \tag{1}$$

　　在估算方程式（1）时出现了一个问题，因为我们可以观察到 Y_i^M 或者 Y_i^{NM}，但对于每一个个体农民 i 而言，无法同时观察到两者。这是一个经典的影响评估问题，也称为缺失数据（反事实）问题。为了解决这种缺失数据问题，我们开发出了倾向得分匹配（PSM）在内的各种经验影响评估方法。在实践中，使用实验组（一组合作社成员）和对照组（一组非合作社成员）的观察数据进行评估。例如，现在拥有合作社成员（$D=1$）和非合作社成员（$D=0$）两者的数据，就可以计算 $E(Y_i^M | D=1) - E(Y_i^{NM} | D=0)$，此式通过加减相同项 $E(Y_i^{NM} | D=1)$ 可以很容易地分解成 $E[(Y_i^M - Y_i^{NM}) | D=1]$ 和 $[E(Y_i^{NM} | D=1) - E(Y_i^{NM} | D=0)]$。$E[(Y_i^M - Y_i^{NM}) | D=1]$ 项是实验组的平均干预效果（ATT），这正是我们所需要的。另一项 $[E(Y_i^{NM} | D=1) - E(Y_i^{NM} | D=0)]$ 是成员农户和非成员农户之间先前已存在的差异，通常称为选择偏差。

除了随机分配成员和非成员的情况外,选择偏差不太可能为零。已经有许多不同的评估方法可以用来消除或者最小化选择偏差。

(二)倾向得分匹配法

匹配作为一种普遍的评估方法,其基本思想是找到一大批在所有预实验相关特征 X[①]上与成员农户相似的非成员农户。问题在于,当 X 中的特征数量很大时,成员农户与非成员农户的匹配的管理会变得困难。Rosenbaum 和 Rubin(1983)指出,在特定假设下,PSM 可以克服这个匹配问题。具体而言,PSM 方法将每个受试者的预实验特征汇总到单个指标变量中,然后根据估计的指标(即倾向得分)将成员与非成员进行匹配。根据预实验变量实验条件的分配概率,PSM 由下式给出:

$$p(X)=Pr[D=1|X] \tag{2}$$

其中 X 是预处理特征的向量。一旦估算了倾向得分,就可以按以下方式估计 ATT:

$$\begin{aligned}
\text{ATT} &= E(Y_i^M|D=1)-E(Y_i^{NM}|D=1)\\
&= E(Y_i^M|D=1)-E\{E(Y_i^{NM}|D=0,P(D=1|X))|D=1\}\\
&= E\{[E(Y_i^M|D=1,P(D=1|X))-E(Y_i^{NM}\\
&\quad|D=0,P(D=1|X))]|D=1\}
\end{aligned} \tag{3}$$

PSM 的关键假设是条件独立性假设(CIA)或者是无混淆的条件,这意味着在对所有相关协变量(X)进行条件调整后,如果参与者没有参加该实验,他将会有与非参与者相同的潜在结果。为了确保不违反 CIA 假设,我们将尽可能多地放入控制变量。对于某些变量来说还包括线性和二次方项。[②]

有几种方法可以匹配相似的成员农户和非成员农户。最常用的方法是最近邻匹配(NNM)和基于内核的匹配(KBM)方法。最近邻匹配方法指将每个实验个体与具有最接近倾向得分的对照个体进行匹配,通常在对照个体中

---

①　理想情况下,我们希望通过基线调查收集有关预实验变量的数据。但基线调查尚未实施,因此我们不得不依靠现有的调查。虽然这并不是理想情况,但我们幸运地收集了一系列家庭特征变量(户主的年龄、户主的性别、家庭规模、生产经验、受教育程度、加入合作社时的生产规模)的数据。这些变量不随时间而变,或者可以让我们找到可能影响农民参与农业合作社和/或其生产行为的预实验变量。

②　Logit 模型的最终规范考虑了许多指标,包括 CIA 假设、实验组和对照组之间倾向得分的重叠范围以及匹配后实验组和比较组之间协变量的平衡。

进行替换，尤其是在对照组的观察次数相对较少的情况下。接下来计算每对匹配个体的差异，最后求出所有这些差异的平均值，也就是 ATT。基于内核的方法则是使用与实验组与对照组倾向得分之间的差距成反比的权重，将所有实验者与所有对照者的加权平均值进行匹配。本研究采用这两种方法来估计 ATT 的影响。匹配估计的可靠性在很大程度上取决于匹配的质量（例如，匹配后实验组和对照组之间的预实验变量的平衡和重叠区域）。我们的研究会对这两个标准进行检验。

四、数据和描述性统计

（一）样本和数据

我们分析中使用的数据来自四个省（浙江、安徽、四川、山东）的养猪户，每个省是从四个主要生猪生产区——沿海地区、中部地区、西南地区以及新兴的西北地区（农业部，2009 年）之一随机抽取的。四个主要的养猪产区养猪总产量达到了中国总产量的 90%（《中国牲畜年鉴》，2017 年）。我们从四个样本省中的每个省随机选择了两个生猪养殖县，在每个县中随机选择了 3～4 个合作社。从每个选定的合作社中随机选择了 20 名合作社的养猪农户①。然后，对来自 27 个合作社的 540 个合作社农户进行了采访，他们就是研究样本中的实验组。根据方法部分的讨论，我们的分析还需要来自作为对照组的非合作社农民的数据。根据对照组应尽可能与实验组具有可比性的原则，我们首先选取了与抽取合作社成员农户所在村人均收入水平类似的村庄，再从这些村庄中随机抽取 270 个非合作社农民。这些非合作社的成员所在的村庄本身就不存在合作社，而且这些村庄与合作社成员所在的村庄毗邻。

---

① 我们联系了这些县的地方畜牧局，并获得了已注册养猪合作社的清单，剔除了没有任何功能的合作社。尽管我们的数据不具有全国范围代表性，但是由于随机选择过程，合作社农户代表了四个重要生猪生产地区的所有合作社农户。然而非合作农户并不是随机抽取的。相反，选取他们是为了最小化合作社和非合作社农户之间的差异。在样本选择中，需要在内部有效性与外部有效性之间进行权衡取舍，这在任何的影响评估中都是很常见的（Duflo et al.，2007）。

从 2015 年 9 月至 2016 年 6 月,两个研究小组同时进行了数据收集。合肥(4)、滁州(2)、衢州(3)、金华(4)、潍坊(4)、日照(3)、成都(4)、遂宁(3)。在 27 个养猪合作社中,有 22 个由养猪户领导,两个由垂直整合猪肉饲料公司领导,一个由饲料生产公司领导,另一个由猪肉屠宰公司领导。

(二)变量描述

根据对相关文献的回顾以及对动物科学领域专家的采访,我们使用五个指标来衡量农民的安全生产行为,包括农民在饲料使用、品种使用、疫苗接种、药物使用、生产废物处理中的行为(Plumed et al. 2009;Missotten et al. ,2015;Nicholsen et al. ,2007;Prapaspongsa et al. ,2010;McGlone,2001;Liu et al. ,2009)。对于每个指标,安全级别都会受到两个方面的影响:(1)投入的来源渠道是否符合安全质量标准;(2)养猪场是否严格遵循建议的生产方法。但是,对于给定的指标,一个方面可能比另一个方面更重要,或者一个方面的信息可能比另一个方面更容易收集。因此,在实地调查中收集哪些具体信息取决于两个方面中的哪一个可以更好地反映农民的安全生产行为。我们根据动物科学领域专家的意见以及从对一组养猪户的调查前访谈中所了解的信息,最终决定了在调查中收集的信息类别。在饲料使用行为和育种使用行为方面,我们着重于收集有关投入来源渠道声誉的信息。在疫苗接种、药物使用和生产废物处理方面,我们着重于收集有关生产方法的信息。表 5-1 的第 2 列提供了所有关键变量(包括五个行为变量)的确切定义。①

---

①　可惜的是调查中没有收集有关盈利能力、体重增加、意外疾病爆发以及投入产出价格的信息。这些额外的信息是必要的,可以表明采用安全的生产行为是否会为农民带来更好的经济成果,或者是否采用这些行为是因为合作社成功地对产出和投入的价格进行了议价,使得成员可以对安全生产实践进行更多的投资。虽然没有额外数据就无法确定成员与非成员之间安全生产行为差异的确切渠道,但我们断定至少存在一个渠道(较低的投入价格、更好的信贷可及性、IOF 要求的标准、集体行动等),请参见第二(三)部分。在未来的研究中,我们希望可以收集这些额外的信息,以能够更好地确定渠道。

表 5-1　关键变量的描述数据

变量	描述	总体	成员	非成员	(2)—(3)的差异	检验差异＝0
		（1）	（2）	（3）	（4）	（5）
性别	户主为男性：1；为女性：0	0.89	0.90	0.88	0.02	
年龄	户主的年龄（年）	47.32	47.58	46.79	0.79	
教育	成员户主的最大教育水平（年）	8.95	9.16	8.53	0.63	＊＊＊
家庭劳动力	能够在农场工作的成员户主数量（年）	2.59	2.74	2.29	0.45	＊＊＊
非农工作经验	农民有非农工作经验：1；没有：0	0.16	0.20	0.09	0.11	＊＊＊
村干部	户主是村干部：1；不是：0	0.28	0.34	0.15	0.19	＊＊＊
生产经验	农民已经从事生猪生产的年份	11.96	12.07	11.72	0.35	
农作物生产	农民有农作物生产：1；没有：0	0.48	0.48	0.47	0.01	
生产规模	生产年末育肥的猪	382.35	381.70	383.63	—2.07	
饲料使用	饲料是国内/本地知名品牌：1；不是：0	0.52	0.62	0.32	0.30	＊＊＊
品种使用	品种来自具有工商登记的育种公司或来自其自己的农场：1；不是：0	0.50	0.57	0.37	0.20	＊＊＊
疫苗接种	农民根据其农场的流行病环境进行疫苗接种：1；不是：0	0.56	0.61	0.46	0.15	＊＊＊
药物使用	农民严格按照处方说明使用药物：1；不是：0	0.58	0.63	0.47	0.15	＊＊＊

变量	描述	总体	成员	非成员	(2)－(3)的差异	检验差异＝0
		(1)	(2)	(3)	(4)	(5)
废物处理	农民将生产废料处理为甲烷/有机肥料:1;不是:0	0.50	0.56	0.39	0.17	＊＊＊

数据来源:作者基于自己调查数据进行的计算 ＊＊＊、＊＊、＊ 分别代表 1％、5％ 和 10％ 的显著水平

(三)描述性证据

表 5-1 列出了在我们的分析中根据成员数据使用的关键变量的基本统计信息。描述性证据表明,在我们的研究样本中,一个平均水平的养猪户,其户主是平均受教育水平在 8—9 年的中年男性,拥有三名以上的劳动力,养猪经验超过 11 年,并且生产规模为每年 300—400 头,这在中国是中等规模的生猪生产者。总体而言,超过 45％ 的养猪农民也从事了农作物(即玉米、小麦、大米等)的生产。

通过合作社成员的数据对关键变量进行简单的交叉制表,就可以比较合作社农户和非合作社农户的家庭特征和行为结果。以下是值得强调的有意义的发现:第一,我们注意到虽然差距很小,但合作社农户户主的教育水平明显高于非合作社农户(9.16 年对比 8.53 年)。第二,合作社农户(相对于非合作社农户)拥有更多的家庭劳动力。第三,合作社农户(相对于非合作社农户)有更高的可能性从事非农工作和成为村领导。我们发现在合作社和非合作社农户之间的家庭特征变量子集中存在显著差异,这倾向于支持以下事实:参加农民合作社是自愿和自我选择的过程,这进一步表明我们需要使用一种考虑到了选择的方法来评估合作社成员资格对安全生产行为的影响。

关于五个生产行为变量,我们的描述性分析表明,从事安全生产行为的农户比例仅略高于一半(从品种使用和废物处理的 50％ 到用于药物使用的 58％),显示出了巨大的发展潜力。同时,我们的数据表明,在所有五个行为变量中,合作社农户和非合作社农户采用安全生产做法的农户比例在统计上都具有显著性差异。例如,虽然有 62％ 的合作社农户使用了国家和当地知名品牌的饲料,但只有 32％ 的非合作社农户使用了相同饲料。同样,就育种的

使用而言,合作社农户使用可靠来源饲料的比例为 57%,而非合作社农户为 37%。在成员农户中(相对于非合作社农民),从事安全生产行为的家庭所占比例在疫苗接种使用(61% 比 46%)、药物使用(63% 比 47%)和生产废物处理(56% 比 39%)方面要高得多。成员农户与非成员农户之间存在相似的农场特征,但在所有生产行为上始终存在着巨大的差距(从 17% 到 30%),这表明合作社成员资格对农民的生产行为可能产生巨大影响。为了严谨地验证这种可能的因果关系,我们将进行匹配分析,其结果在以下部分中介绍。

表 5-2 比较了合作社农民和非合作社农民以及三个生产规模类别中从事安全生产行为的农民比例。我们将生产规模分为小型(≤100 头)、中型(101~500 头)和大型(> 500 头)。总体而言,在所有规模类别和五个行为变量中,合作社农户中从事安全生产行为的农户比例要大于非合作社农户。在整个生产规模上,差异的大小也存在相当大的差别。例如,有明显证据表明,在所有五个行为中,规模较小的农户之间的差异最为明显,而规模较大的农户之间的差异最不明显。实际上,尽管在所有五个指标中,小型农户之间都有 1% 的显著差异,但饲料用量是唯一的大型农户之间差异显著的生产行为。

表 5-2　不同生产规模群体的合作社成员农户与非成员农户的安全生产行为差异

生产行为	规模类别[a]	成员	非成员	(1)—(2)差异	检验差异=0
		(1)	(2)	(3)	(4)
饲料使用	小型 (≤100 头)	0.55	0.15	0.40	***
	中型 (101~500 头)	0.60	0.27	0.33	***
	大型 (>500 头)	0.73	0.53	0.20	***
品种使用	小型 (≤100 头)	0.45	0.18	0.27	***
	中型 (101~500 头)	0.52	0.33	0.19	***
	大型 (>500 头)	0.75	0.61	0.14	
疫苗接种	小型 (≤100 头)	0.53	0.29	0.24	***
	中型 (101~500 头)	0.53	0.41	0.12	
	大型 (>500 头)	0.79	0.68	0.11	

生产行为	规模类别^a	成员	非成员	(1)—(2)差异	检验差异=0
		(1)	(2)	(3)	(4)
药物使用	小型（≤100 头）	0.58	0.29	0.29	***
	中型（101～500 头）	0.53	0.40	0.13	
	大型（>500 头）	0.80	0.72	0.08	
废物处置	小型（≤100 头）	0.41	0.10	0.31	***
	中型（101～500 头）	0.52	0.32	0.20	***
	大型（>500 头）	0.78	0.74	0.04	

ᵃ 小型、中型和大型农户群体的成员农户数量分别为 193、176 和 171；非成员农户的相应数量为 94、82 和 94。

***、**、* 分别代表 1%、5% 和 10% 的显著水平。

在表 5-3 中，我们将农民合作社按组织方式进一步分为三类。具体来说，我们把由生产规模相同的农户组成的合作社划分为第一类，^①由混合的生产规模的农户组成的合作社划分为第二类，由投资者所有公司（IOF）组织的合作社定义为第三类。最后一类的合作农户是由 IOF 组织的中小型生猪生产者。在 27 个研究的合作社中，有 14 个属于第一类合作社，其中 6 个由小型农户组织，8 个由大型农户组建；8 个属于第二类合作社，5 个属于第三类合作社。从表 5-3 可以明显看出，不同类别合作社的安全生猪生产行为是不同的，其中第三类合作社的表现要好于其他两类的合作社。

表 5-3　不同类型合作社的农民安全生产行为的差异

安全生产行为	第一类合作社	第二类合作社	第三类合作社
饲料使用	0.56	0.64	0.78
品种使用	0.57	0.50	0.68

---

①　生产规模已在描述性分析部分中进行了定义。生产规模分为三类：小型、中型和大型。因此，每个第一类合作社都是由具有相同生产规模（小型、中型或大型）的养猪户组成的。

续表

安全生产行为	第一类合作社	第二类合作社	第三类合作社
疫苗接种	0.61	0.57	0.69
药物使用	0.63	0.51	0.82
生产废物处理	0.54	0.55	0.66

数据来源:基于笔者调查数据进行的计算。

五、倾向匹配的结果与讨论

(一)参与农民合作社的决定因素的 Logit 模型

为了得出用于匹配合作社农户与非合作社农户的倾向得分(PS),我们估量了一个 Logit 模型。Logit 模型因变量的值对于参加农民合作社的农民而言为 1,对于其他农民则为 0。解释性变量包括一系列可能影响农民参与合作社的预先确定的家庭和农场特征或者结果变量(即与食品安全有关的五个行为变量)。虽然 Logit 模型估计的主要目的是获得倾向得分,但估计结果也值得讨论,因为从实践和政策角度来看,确定影响农民合作社参与的因素很重要。

在表 5-4 中展示了 Logit 模型的结果报告。回归结果在很大程度上证实了教育程度、家庭劳动力禀赋、户主的非农工作经历、户主的政治地位以及养猪规模是农户参加农民合作社的关键决定因素的描述性发现。为了便于解释对参加农民合作社具有统计学意义的变量的影响,我们还介绍了相关的边际效应。一些重要的结果需要进行更多的讨论。

表 5-4　合作社成员资格的决定因素的 Logit 模型结果

变量	合作社		
	系数	群集标准误差	边际效应
性别	0.020	0.242	0.004
年龄	0.104*	0.055	0.022*
年龄二次方	−0.001	0.001	0.000

续表

变量	合作社		
	系数	群集标准误差	边际效应
教育	0.188***	0.028	0.040***
家庭劳动力	0.971***	0.294	0.205***
家庭劳动力二次方	−0.079**	0.042	−0.017**
非农工作经验	0.979***	0.126	0.207***
村干部	1.169***	0.156	0.247***
小型	0.601***	0.186	0.127***
中型	0.372***	0.140	0.079***
生产经验	−0.030**	0.014	−0.006**
生产经验二次方	0.001***	0.000	0.000***
种植业生产	0.090	0.127	0.019
安徽	0.129	0.094	0.027
浙江	0.499***	0.173	0.105***
山东	0.362***	0.100	0.077***
Constant	−6.746	1.343	−1.426
Observations	810		
Pseudo-R^2	0.12		

关于村级的群聚效应的标准错误已得到纠正。

***、**、*分别代表1%、5%和10%的显著水平

第一，再多接受一年的教育将使普通养猪户参加农民合作社的可能性增加4%。这个结果并不意外，因为在文献中记录过农民需要接受过一定程度的教育才能从农民合作社中受益（Chagwiza et al.，2016；Ma and Abdulai，2016）。

第二，拥有非农工作经验和成为村干部，将使农民参加农业合作社的平均可能性分别增加20%和25%。这些发现可以用以下事实来解释：具有非农工作经验的农民可能更愿意接受新的组织，并且具有不同社会和政治背景的

农户获得的有关农业合作社的信息和从农业合作社中受益的信息往往会不同（Abebaw and Haile,2013；Mojo et al. ,2017）。

第三，平均规模的小型农场（100头或以下）和中型农场（100—500头）参加农业合作社的可能性分别为13%和8%，高于大型农场的平均水平（500多头）。这也是可以预测到的，因为小型农场相比由于规模经济而具有更好地获取信贷、投入和市场信息的能力的大型农场，更可能受益于集体行动（Ito et al. ,2012；Ma et al,2018）。

第四，劳动力数量与农业合作社参与之间的二次关系表明，参与的可能性最初会随着劳动力数量的增加而增加，但随着劳动者数量的进一步增加，其可能性会降低。农户参与农业合作社与农户生产经验之间也呈二次关系，但方向相反。例如，对于生产经验低于15年的家庭，其参加合作社的可能性与生猪生产经验负相关。这说明具有丰富生产经验的农户对从合作社获得帮助的兴趣较小。

（二）匹配质量

在介绍参加农民合作社对农户生产行为的影响的匹配估计之前，检查匹配质量是很重要的。根据相关文献，我们通过评估以下三个指标来衡量匹配质量：(1)匹配前后成员农户与非成员农户关键预处理变量之间的平衡程度；(2)由于匹配而使总体偏差减小的程度；(3)成员农户与非成员农户的预测得分重叠程度。这三个标准都与高质量的匹配有关。

第一，虽然在匹配之前，成员农户和非成员农户的五个特征变量（教育程度、家庭劳动力数量、家庭规模、非农工作经历及是否担任村干部）在1%的水平上差异显著，但在匹配后它们无显著差异（见表5-5）。

表 5-5　匹配前后的 PSM 质量指标

变量	（未匹配）Unmatched（已匹配）Matched	|偏差|减少的百分比		t-test（$p > |t|$）	
		NNM	KBM	NNM	KBM
性别	U			0.421	0.421
	M	46.4	−32.9	0.607	0.215

续表

变量	（未匹配）Unmatched	|偏差| 减少的百分比		t-test（$p > \|t\|$）	
	（已匹配）Matched	NNM	KBM	NNM	KBM
年龄	U			0.236	0.236
	M	82.6	97.1	0.810	0.967
年龄二次方	U			0.224	0.224
	M	76.7	98.1	0.743	0.978
教育	U			0.000	0.000
	M	85.7	84.0	0.529	0.474
家庭劳动力	U			0.000	0.000
	M	85.9	87.3	0.363	0.392
家庭劳动力二次方	U			0.000	0.000
	M	78.3	86.7	0.243	0.461
非农工作经验	U			0.000	0.000
	M	89.5	79.2	0.614	0.314
村干部	U			0.000	0.000
	M	95.9	95.2	0.785	0.751
小型	U			0.795	0.795
	M	−28.6	69.3	0.691	0.925
中型	U			0.523	0.523
	M	−60.7	79.9	0.233	0.880
生产经验	U			0.596	0.596
	M	−177.4	71.0	0.107	0.858
生产经验二次方	U			0.268	0.268
	M	−47.6	92.5	0.085	0.923

续表

变量	（未匹配）Unmatched	|偏差| 减少的百分比		t-test（$p > \|t\|$）	
	（已匹配）Matched	NNM	KBM	NNM	KBM
农作物生产	U			0.843	0.843
	M	−516.1	28.3	0.146	0.866
安徽	U			1.000	1.000
	M			0.652	0.946
浙江	U			1.000	1.000
	M			0.272	0.868
山东	U			1.000	1.000
	M			0.566	0.489

匹配算法：最近邻匹配（NNM）和基于内核的匹配（KBM）。

第二，成员和非成员农户之间所有关键特征变量的整体联合检验结果都相同地从匹配前的非常显著（p 值＝0.000）变为匹配后的非常不显著（NNM匹配方法：p 值＝0.789；KBM 匹配方法：p 值＝0.989）（见表5-6）。

表 5-6　匹配前后的 PSM 的质量指标

总体样本	匹配前的 Pserdo R^2	匹配后的 Pseudo R^2	匹配前 $P > x^2$	匹配后 $P > x^2$	匹配前的平均标准偏差	匹配后的平均标准偏差
NNM	0.120	0.008	0.000	0.789	14.1	5.4
KBM	0.120	0.004	0.000	0989	14.1	2.6

第三，会员和非会员农户的倾向得分的分布显示了两者间的倾向得分有很大的共同支集。结果中，对照组中只有 7 例脱离支集，而实验组中有 36 例脱离支集，而不在共同支集区域的 49 例都被排除在分析之外（见图 5-2）。高质量的匹配提高了我们对匹配估计的信心。

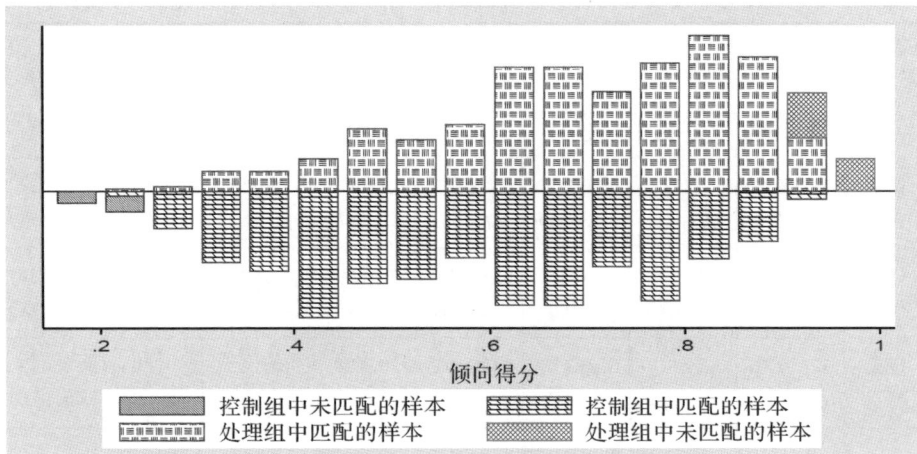

图 5-2　倾向得分分布和与倾向得分估算的共同支集

(三)倾向得分的总体影响和异质性分析

PSM 使用了 NNM 和 KBM 匹配方法,估计出了合作社成员资格对农户安全生产行为的影响的估计结果,如表 5-7 所示。根据整个样本的分析(见表 5-1、表 5-2 和表 5-7)可以发现合作社的成员资格显著增加了养猪农户在各个方面采取安全生产行为的可能性(表 5-7 第 1 列和第 2 列)。不管使用哪种匹配方法,所有五种生产行为的估计影响除了其中一种行为的显著水平为 5%,在统计上都有 1% 的显著性水平。为了解决测试了多个结果变量并且它们都相关的问题,我们还报告了针对多个假设进行调整了的修正 p 值(见表 5-8)。我们按照文献采用了两种常用的调整方法:Bonferroni 方法和 Holm 方法(List et al. ,2016)①,正如预期的那样,调整后的 p 值比原始 p 值大得多,无论使用哪种调整方法,基于调整后 p 值的假设检验都不会更改任何结果变量的显著水平。

---

①　将未调整的 p 值乘以假设总数(在我们的例子中为 5)就得出 Bonferronican 乘数调整的 p 值。类似地,通过将最小的未调整 p 值乘以假设总数(5),再将第二小的未调整 p 值乘以比假设总数小 1 的数(4),然后继续进行,直到将未调整的最大 p 值乘以 1,这样可以获得 Holm 乘数调整的 p 值。

表 5-7　成员与非成员之间行为差异的 PSM 回归结果(NNM 估计和 KBM 估计)

被解释变量	总样本		小型养殖户 (1~100 头)		中型养殖户 (101~ 500 头)		大型养殖户 (大于 500 头)	
	NNM	KBM	NNM	KBM	NNM	KBM	NNM	KBM
饲料使用	0.267*** (0.038)	0.241*** (0.041)	0.397*** (0.058)	0.382*** (0.063)	0.318*** (0.068)	0.302*** (0.093)	0.100 (0.068)	0.034 (0.064)
仔猪使用	0.197*** (0.038)	0.199*** (0.040)	0.266*** (0.060)	0.313*** (0.049)	0.159** (0.079)	0.204** (0.083)	0.151** (0.068)	0.135 (0.088)
疫苗使用	0.150*** (0.040)	0.129*** (0.042)	0.233*** (0.067)	0.280*** (0.077)	0.128 (0.079)	0.099 (0.086)	0.096 (0.064)	0.048 (0.070)
兽药使用	0.161*** (0.039)	0.093** (0.039)	0.327*** (0.066)	0.243*** (0.090)	0.105 (0.078)	0.089 (0.102)	0.049 (0.057)	−0.029 (0.050)
废弃物处理	0.176*** (0.036)	0.138*** (0.038)	0.299*** (0.051)	0.255*** (0.068)	0.202*** (0.072)	0.229*** (0.076)	0.019 (0.061)	0.001 (0.064)
平衡检验	Yes	Yes	Yes	Yes	Yes	Yes	Yes	Yes
共同匹配	Yes	Yes	Yes	Yes	Yes	Yes	Yes	Yes
样本量	810	810	287	287	258	258	265	265
处理组样本量	540	540	167	193	160	176	157	171
控制组样本量	270	263	79	80	82	82	94	94

注:括号中为标准差

***, **, * 分别表示在 1%,5%,10% 的水平上显著.

表 5-8　整个样本的乘数结果的 p 值和调整后的 p 值

结果	ATE	p 值		
		未调整	乘数调整	
			Bonf	Holm
饲料使用	0.2671	0.0000***	0.0000***	0.0000***

结果	ATE	p 值		
		未调整	乘数调整	
			Bonf	Holm
品种使用	0.1973	0.0000***	0.0000***	0.0000***
疫苗接种	0.1498	0.0002***	0.0010***	0.0002***
药物使用	0.1609	0.0000***	0.0000***	0.0000***
废物处理	0.1756	0.0000***	0.0000***	0.0000***

注:ATE 指基于平均实验效果的最近邻匹配结果。

*、** 和 *** 分别表示相应的 p 值小于 1%、5% 和 10%。

在估计效果的大小的方面,参加农业合作社将推动普通猪农在饲料使用、品种使用、药物使用、生产废物处理和疫苗接种使用中采取安全生产行为的可能性分别增加 26.7、19.7、15.0、16.1 和 17.6 个百分点。除了药物使用行为中基于 KBM 的估计值略小于基于 NNM 的估计值外,其他四个行为变量中两种匹配方法估计的合作社作用都是高度一致的。

接下来,我们对倾向评分(PS)是否改变了实验效果以及改变程度进行检验。研究这种异质性是很重要的,因为那些更有可能参加农业合作社的人是否倾向于从该计划中获得更多(而不是更少)的收益,是具有不同的政策含义的。按照 Xie et al. (2012)的建议,我们选择了他们论文中提出的所有三种方法中最优方法:平滑差分(SD)非参数方法。①

采用 SD 方法的结果显示了许多有意义的结果(见图 5-3)。第一,对于所有的安全行为指标来说,不同 PS 的合作社影响有很大的异质性。第二,图 5-3 显示了五种行为结果中的三种不同模式。饲料使用、药物使用和废物处置行为的异质性效应具有相同的模式,其中中部倾向得分的合作社影响更大、更显著,朝两端处更小、较不显著。疫苗使用行为的异质性影响正好相反,其中部倾向得分的合作社影响比两端处倾向得分的更大,并且更显著。品种使用行为的情况与其他情况明显不同,其合作社的影响几乎随倾向得分线性增

---

① SD 方法不仅避免了层内恒定边际效应的假设,而且更加简单,需要的建模决策更少 n(Xie et al.,2012)。

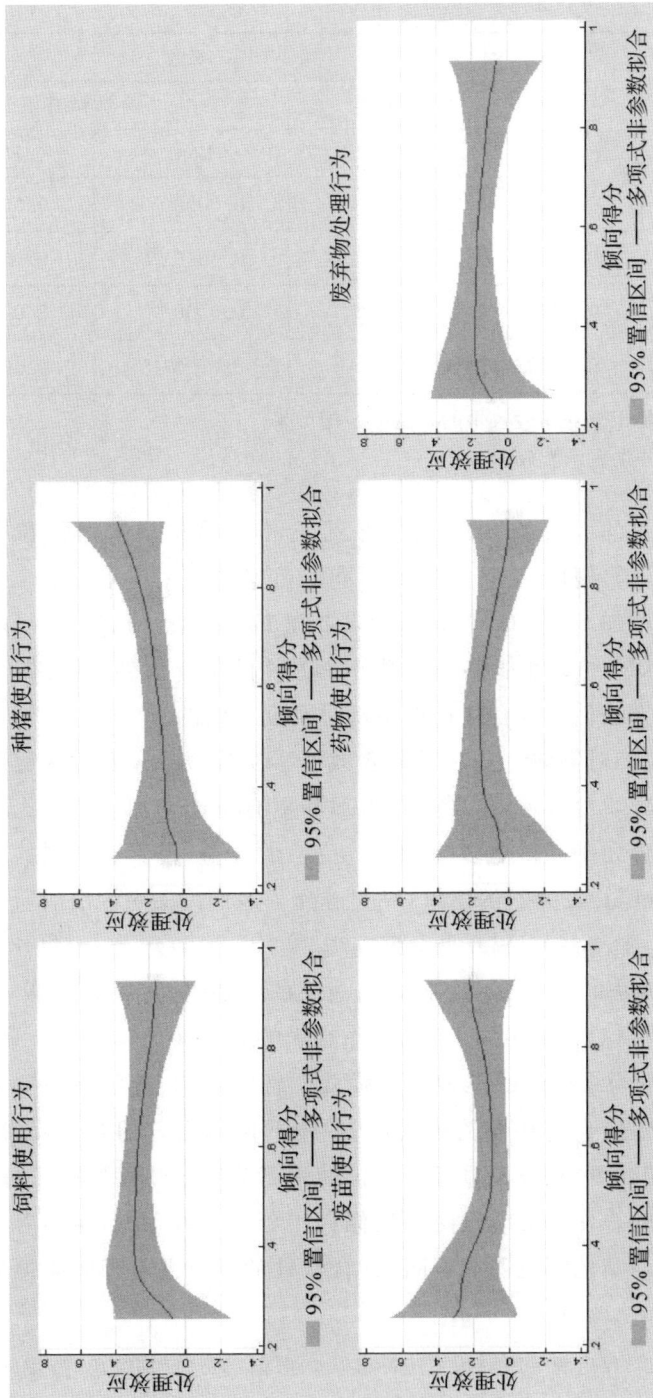

图 5-3 不同 PS 的异质性实验影响

加。第三,图5-3还倾向于表明,对品种使用行为的影响不仅总体上更大,而且与其他结果变量相比包含了更大的倾向得分范围。尽管倾向得分的异质性影响是有洞察力的,但从政策角度来看,研究不同农场和家庭特征的异质性影响更为直观和实用,这是下一个重点。

(四)不同生产规模的异质性影响

如前所述,合作社也可以通过成员组成来分类。研究农业合作社对农户安全生产行为的影响如何随合作社成员组成的变化而变化,可以发现不同的合作社类别有相当大的异质性影响(见表5-9)。尽管对所有类别的合作社和五个结果变量来说,合作社成员资格都对安全生产行为具有积极影响,但是与其他两个类别相比,第三类合作社(IOF)的影响更为显著且规模更大。例如,在第三类的情况下,所有结果变量的合作社影响在统计上都有1%的显著性,但在第一类(或第二类)的情况下,五个结果变量中只有四个(或两个)的合作社影响在统计学上为1%。

表 5-9　在不同类型的合作社的成员和非成员之间的行为
差异的 PSM 回归结果(NNM 估计)

	第一类合作社 VS. 非成员农户	第二类合作社 VS. 非成员农户	第三类合作社 VS. 非成员农户
Dep. 变量			
饲料使用	0.137*** (0.050)	0.271*** (0.073)	0.660*** (0.068)
品种使用	0.144*** (0.046)	0.154** (0.077)	0.433*** (0.085)
疫苗接种	0.153*** (0.051)	0.163** (0.075)	0.300*** (0.097)
药物使用	0.123*** (0.045)	0.146** (0.076)	0.340*** (0.093)
生产废物处理	0.0718* (0.042)	0.213*** (0.071)	0.440*** (0.081)

续表

	第一类合作社 VS. 非成员农户	第二类合作社 VS. 非成员农户	第三类合作社 VS. 非成员农户
Balancing property satisfied	Yes	Yes	Yes
Common support imposed	Yes	Yes	Yes
No. of total observation	420	240	150
实验数量	261	149	75
对照数量	135	80	45

注：结果是基于合作社成员与合作社周围的非成员农民之间的匹配得出的，我们还使用合作社成员与所有非成员农民之间的匹配进行了测试，结果基本相同。

使用乘数假设调整后的 p 值可以再次确认第三类和其他两类之间合作社效应的巨大差异（见表5-10）。首先根据调整后的 p 值，对于第三类合作社而言，合作社效应在五个结果中都保持了1%的统计显著性，而在第一类或第二类的情况下，显著性数量有所减少或者显著性水平降低。虽然第一类合作社与第二类之间的合作社效果差异和在第三类和其他两类之间的差异相比并没有那么明显，但第二类合作社的合作社影响程度要比第一类大。

表5-10　第一、二和三类合作社乘数结果的 p 值和调整后的 p 值

结果（小型农户）	ATE	p 值		
		未调整	乘数调整后	
			Bonf	Holm
饲料使用	0.1365	0.0059***	0.0295**	0.0177**
品种使用	0.1437	0.0017***	0.0085***	0.0085***
疫苗接种	0.1532	0.0027***	0.0135**	0.0108**
药物使用	0.1234	0.0059***	0.0295**	0.0177**
废物处理	0.0780	0.0650*	0.3250	0.0650*

续表

结果（中型农户）	ATE	p 值		
		未调整	乘数调整后	
			Bonf	Holm
饲料使用	0.2708	0.0002***	0.0010**	0.0010***
品种使用	0.1542	0.0461**	0.2305	0.0922*
疫苗接种	0.1625	0.0300**	0.1500	0.0900*
药物使用	0.1458	0.0545**	0.2725	0.0545*
废物处理	0.2125	0.0029***	0.0145**	0.0116**

结果（大型农户）	ATE	p 值		
		未调整	乘数调整后	
			Bonf	Holm
饲料使用	0.6600	0.0000***	0.0000***	0.0000***
品种使用	0.4333	0.0000***	0.0000***	0.0000***
疫苗接种	0.3000	0.0020***	0.0100***	0.0040***
药物使用	0.3400	0.0003***	0.0015***	0.0003***
废物处理	0.4400	0.0000***	0.0000***	0.0000***

注：ATE 指基于平均实验效果的最近邻匹配结果。

*、** 和 *** 分别表示相应的 p 值小于 1%、5% 和 10%。

这一部分分析结果证明了：（1）由 IOF 发起的农业合作社可以更有效地影响农民成员采取安全生产的行为；（2）成员的异质性水平越高，农民合作社对农民安全生产行为的影响越大。这些发现可以进行如下解释：当 IOF 发起与养猪农户的合作社时，其主要目标之一是确保生猪生产者通过集体行动为 IOF 提供更安全和高质量的产品。同时，IOF 能够提供资源和服务来帮助个体农户改善其安全生产行为。同样地，规模较大的生猪生产者也可以帮助同一合作社中的较小生产者改善其安全生产行为，这可能就是第二类合作社表现优于第一类合作社的原因。

（五）其他使用指标的异质性影响

为了更深入地了解合作社成员资格对农户生产行为的影响及其程度是否随农户的特点而变化,我们使用了来自不同子样本的数据进行了更多分析。我们把重点主要放在教育水平、农民是否从事农作物生产、户主从事非农有偿工作的经验、户主过去在生猪生产方面的经验这四个关键变量上。研究结果表明,农户的个体特征对合作社与非合作社农民安全生产行为的影响存在较大的异质性(见表5-11)。

表 5-11　在不同合作成员和非成员群体之间的行为
差异的 PSM 回归结果（NNM 估计）

Dep. 变量	教育水平			是否从事农作物生产		从事非农有偿工作经验		过去在生猪生产方面的经验	
	1—6 年	7—9 年	>9 年	是	否	是	否	0—10 年	>10 年
饲料使用	0.194*** (0.066)	0.386*** (0.060)	0.228*** (0.072)	0.233*** (0.055)	0.316*** (0.054)	0.195 (0.143)	0.269*** (0.040)	0.310*** (0.053)	0.270*** (0.054)
品种使用	0.147** (0.067)	0.258*** (0.062)	0.182*** (0.064)	0.122** (0.055)	0.246*** (0.055)	0.128 (0.143)	0.198*** (0.041)	0.264*** (0.051)	0.095* (0.055)
疫苗接种	0.058 (0.072)	0.203*** (0.068)	0.167*** (0.063)	0.075 (0.056)	0.218*** (0.057)	−0.068 (0.101)	0.179*** (0.043)	0.202*** (0.057)	0.103* (0.055)
药物使用	0.126* (0.073)	0.161** (0.064)	0.182*** (0.063)	0.117** (0.049)	0.199*** (0.059)	0.105 (0.145)	0.169*** (0.042)	0.257*** (0.056)	0.056 (0.051)
废物处理	0.094 (0.063)	0.188*** (0.053)	0.174*** (0.059)	0.146*** (0.049)	0.195*** (0.053)	−0.068 (0.139)	0.207*** (0.039)	0.252*** (0.051)	0.075* (0.050)
平衡检验通过	是	是	是	是	是	是	是	是	是
共同支持区间	是	是	是	是	是	是	是	是	是
总观测值数目	191	340	279	388	422	133	677	397	413
实验数量	105	205	154	244	260	90	397	230	264
对照数量	47	114	77	127	141	19	240	140	125

首先,我们从表5-11中注意到,合作社成员资格对安全生产实践的影响对于受教育水平较高的农户而言,比受教育水平较低的农户更显著、更大。例如,对于受过9年以上(或7—9年)教育的农户来说,所有五种生产行为都

在 1％的水平上有显著差异。尽管所有五个行为变量的影响大小对于接受
0—6 年教育的农户来说，显然与其他两组受教育程度更高的农户相比是最小
的，但更高教育的两组之间的差异并不明显。同时我们注意到，合作社对采
用安全生产的影响的水平在 1％和 5％时，其对于中等和高等教育程度的组别
都非常重要，中等教育程度（即 7—9 年的受教育水平）的影响程度通常（兽药
的使用除外）比高等教育组（受教育程度超过 9 年）要高。

　　在这五种生产行为中，饲料使用受到的影响最为显著，因为在所有教育
水平上合作社成员资格的影响都达到了 1％水平，对于受过 0—6 年、7—9 年
和 9 年以上的教育的农户而言，影响大小分别为 0.19、0.39 和 0.23。合作社
影响对于教育水平较低的农户（相对于教育水平中等或较高的农户）而言最
不显著、幅度也最小，这一发现可以用以下论点来解释：受教育程度较低的农
户可能无法理解安全生产行为的重要性，或者理解合作社提供的有关食品安
全问题的培训的能力有限。随着教育水平从中等到高等的提高，其影响略有
下降的可能原因是受过高等教育的农户能够使用更多的替代源获得与安全
生产行为相关的知识和技术。

　　其次，表 5-11 中的结果还表明，合作社对农户生产行为的影响往往会因
农户生猪生产的专业化程度和农户的非农工作经验的不同而有所不同。一
般而言，对于那些专门从事生猪生产的农户和没有非农工作经验的农户而
言，影响更显著、更大。尽管对于专门从事生猪生产的农户来说，所有五种生
产行为的显著性均为 1％，但对于只是业余从事生猪生产的农户而言，只有两
种是 1％的显著水平（饲料使用、药物使用），两种达到 5％的显著性水平，一种
（疫苗接种）是不显著的。就影响的大小而言，合作社成员资格可以使专业养
猪农户使用更安全的饲料和品种的概率分别提高 32％和 25％，而非专业养猪
农户受到的影响显著性要小一些（精确地说，安全饲料使用的概率提高 25％，
安全育种的概率提高 12％）。有农场工作经验的猪农与没有农场工作经验的
猪农之间的差别更大。尽管合作社成员资格会大大增加没有非农工作经验
的农户在五种生产行为中采取安全生产做法的概率，但对于有非农工作经验
的农户的五种生产行为没有显著影响；实际上，没有非农工作经验农户的五
个行为之一的 PSM 估计是负数。这个结果用以下事实进行解释：专门从事
生猪生产且经验不足的农户会更多地依赖合作社来获取市场信息和/或生产
技能及知识。

　　最后，PSM 结果还表明，参加农民合作社对农户生产行为的影响因农户

的生猪生产经验而异。总的来说,养猪经验较少的农户受到的影响比有经验的农户更明显。尽管对于养猪时间少于或等于 10 年的农户来说,这五个生产行为的影响都非常显著,但对于时间超过 10 年的农户来说,只有饲料使用的影响有 1% 的显著水平,而品种使用、疫苗接种、废物处理有罕见的 10% 的显著水平、药物使用不显著。就合作社影响的大小而言,对于品种使用(0.25 比 0.10)、疫苗接种(0.20 比 0.10)、药物使用(0.26 比 0.06)和废物处置(0.25 比 0.08)来说,少于或等于 10 年经验的农户受到的影响是拥有超过 10 年经验的农户的两倍(或三倍)。而对于饲料使用而言,其影响随生产经验的时间的变化较小(0.31 对 0.27)。这个结果与以下事实相符:生产经验较少的农户将更多地依赖合作社来获得培训和技能指导。

(六)敏感性分析(Rosenbaum 边界分析)

PSM 方法的主要基本假设是,农户参与合作社的决定完全取决于观察到的因素。但是,农户的参与决策也可能受到未观察到的特征的影响。例如,可能存在这样的情况:参加合作社的农户也是对安全行为谨慎的农户,那么对合作社对安全生产行为的影响的 PSM 估算结果就会被高估。虽然不可能用观察到的数据来检验是否存在影响选择的未观察变量(Rosenbaum,2002),但 Rosenbaum 边界分析可以用来评估不可观测因素在影响农户参与合作社决定这一假设的敏感性。换句话说,如果 PSM 结果对于不可观测变量的重要性相比于可观测变量的重要性较不敏感,那么 PSM 结果会更可靠。Rosenbaum(2002)方法首次引入边界分析法后,已广泛应用于使用 PSM 方法进行的实验评估研究中。

表 5-12 是边界分析结果,有必要对结果的解释进行简要讨论。$\Gamma (\geqslant 1)$ 是测量偏离无隐藏偏差程度的参数,其中 $\Gamma = 1$ 是非隐性偏差的基准设想(Rosenbaum 2002),较大的 Γ 表示存在较大的隐性偏差。我们按照文献,针对范围从 1 到 2 的 Γ 进行了灵敏度分析(Dillon 2011)。对于 Γ 的每个值,分析报告了上限和下限的显著性。显著的上限(或下限)意味着,即使在给定的隐性偏差程度下,PSM 对合作成员资格的估计效果仍然显著。正(负)隐性偏差意味着上限(下限)的显著性是要评估的相关统计数据(Becker 和 Caliendo,2007)。由于 PSM 对影响的估计是正向的,因此我们对以下结果的讨论集中在上限的显著性水平上(第 2、4、6 和 8 列)。

表 5-12 安全生产行为的 Rosenbaum 边界敏感性分析
(与一个邻居进行协变量匹配的结果)

Γ	饲料使用		品种使用		疫苗接种		药物使用		废物处置	
	(1)		(2)		(3)		(4)		(5)	
	Sig+	Sig−	Sig+	Sig−	Sig+	Sig−	Sig+	Sig−	Sig+	Sig−
1	0.000	0.000	0.000	0.000	0.000	0.000	0.001	0.015	0.000	0.000
1.1	0.000	0.000	0.000	0.000	0.003	0.000	0.006	0.002	0.001	0.000
1.2	0.000	0.000	0.000	0.000	0.018	0.000	0.032	0.000	0.008	0.000
1.3	0.000	0.000	0.000	0.000	0.070	0.000	0.108	0.000	0.039	0.000
1.4	0.000	0.000	0.001	0.000	0.185	0.000	0.254	0.000	0.120	0.000
1.5	0.000	0.000	0.003	0.000	0.361	0.000	0.449	0.000	0.267	0.000
1.6	0.001	0.000	0.014	0.000	0.559	0.000	0.644	0.000	0.458	0.000
1.7	0.003	0.000	0.040	0.000	0.733	0.000	0.799	0.000	0.647	0.000
1.8	0.011	0.000	0.094	0.000	0.858	0.000	0.900	0.000	0.798	0.000
1.9	0.031	0.000	0.181	0.000	0.932	0.000	0.956	0.000	0.897	0.000
2.0	0.071	0.000	0.299	0.000	0.971	0.000	0.982	0.000	0.953	0.000

注:Gamma:由于不可观测的因素而导致的微分分配的对数概率。
Sig+:显著水平上限。
Sig−:显著水平下限。

灵敏度分析得出了许多有趣的结果。第一,在基准设想($\Gamma=1$)下,在五个生产行为中结果均达到 1% 的显著水平(除药物使用水平是 1.5% 以外),这与表 7 的第 1、2 列的结果高度一致。换句话说,当没有因未观察到的因素引起的选择偏差时,合作社成员资格对采用安全生产行为的各个方面都具有重大而积极的影响。第二,我们注意到饲料的使用对隐性偏差的敏感性最小,因为从 $\Gamma=1$ 到 $\Gamma=1.7$ 时,结果都至少有 1% 的显著水平,甚至在 $\Gamma=1.9$ 时(当隐性偏差加倍时)结果仍有 5% 的显著水平。品种使用的结果是第二突出的,因为结果在 $\Gamma=1.5$ 之前至少有 1% 的显著水平,在 $\Gamma=1.7$ 之前至少有 5%,而在 $\Gamma=1.8$ 时至少有 10%,并且仅直到 $\Gamma=1.9$ 时,也就是隐性偏差加倍的情况下才不显著。第三,其余三种生产行为的结果相比之下是不突出的,因为当对于疫苗接种、药物使用和废物处理来说,当 Γ 分别等于 1.4、1.3

和 1.4 时,结果变得很不显著(大于 10%),这表明这三种行为的结果应谨慎解释。

　　敏感性分析提出了两种不同的生产行为类型:饲料使用和品种使用是一种,其他行为为另一种。可以通过以下两个原因来解释第一类型对隐藏偏差不敏感而第二类型敏感的事实:第一,虽然合作社由于农户可以一起购买合格材料而具有价格优势,所以对农户的饲料使用和品种使用行为具有更大的影响力,但是合作社对农户的疫苗接种、药物使用和废物处理行为几乎没有影响,因为这些投入的使用更加个性化和基于需求化。第二,有关农户在饲料使用和品种使用方面的行为的数据较为客观,而有关疫苗接种、药物使用和废物处置的信息则较为主观,因此更难以准确计量。

　　值得注意的是,与相对较小的 Γ 值相关的不显著的结果(疫苗接种的 1.4,药物使用的 1.3 和废物处理的 1.4)不能保证存在影响农户决定加入合作社的未观察因素。这意味着未观察到的因素(相对于观察到的因素)对合作社参与的微小影响将导致估计的合作效应为零(即使 PSM 结果是积极且显著的)。从这个意义上讲,显著的 PSM 结果更有可能是相关而不是因果关系的。但实际上,可能存在未观察到的变量,并且显著的 PSM 结果是有效的因果影响的情况。此外,基于敏感性分析的结果并不意味着 PSM 估计是高估还是低估了。

六、结论和政策意义

　　尽管多年以来,在食品安全状况的改善上已做出了巨大努力,但食品安全事件仍很普遍,食品安全问题仍是中国人民和中国政府广泛关注的问题。解决食品安全问题需要采取综合、多方面的方法,本书着眼于农民合作社在养猪户生产行为方面的作用,这反过来又对最终肉制品的安全性和质量产生影响。我们的研究通过关注影响食品安全和食品质量的合作社成员资格对农户生产行为的因果影响,为有关发展中国家农户合作社的研究做出了贡献。我们利用来自中国四个主要养猪省的合作社农户(实验组)和非合作社农户(对照组)的独特数据,严谨评估了影响食品质量和安全性的合作社成员资格对农户生产行为的因果影响。

　　PSM 结果表明,农民合作社在改善农户安全生产行为方面发挥了积极而显著的作用,这表明建立农户合作社是可以确保农户生产更安全、质量更好的食品的有效手段。其影响的程度也很大。例如,参加农业合作社将使平均水平的养猪户使用更安全的饲料和采用养殖方式的概率分别提高 0.23 和 0.20,这是在整个样本中采用这些做法的平均概率的 40% - 45%(分别为 0.50 和 0.53)。虽然若存在未观察到的异质性,合作社成员资格与药物使用和疫苗接种的安全做法之间的因果关系可能会受到质疑,但在药物使用和疫苗接种中采用这些安全做法的可能性比非合作社成员分别高了 0.15 和 0.14。同样,这些差异在合作社农户和非合作社农户之间也很大,因为在整个样本中采用这三种做法的概率分别为 0.56 和 0.58。

我们还发现,农业合作社的影响在许多家庭特征上是异质的。更具体地说,在生猪生产上经验很少,没有非农工作经验,更专注于生猪生产并且经营中小型生猪生产的农户往往在采取安全生产做法方面从合作社中受益更多。不同团体的异质效应可以用参加合作社可能减轻了某些农户团体采取安全生产行为的信息或财务障碍的事实来进行解释。例如,大规模生产的合作社影响不显著(见表 2 和表 3),可能是因为大规模经营的农场受这些障碍的影响较小,所以在成为合作社成员之前就已经使用了安全的饲料和药品等。推动农业合作社的一项较可取的政策是针对那些可能会受到这些障碍的影响、并且在参加农业合作社方面受到更多限制的人。

合作社对不同类别的合作社的生产行为具有不同的影响。由 IOF 发起的合作社以及具有不同生产规模的养猪户的合作社往往会产生更大、更显著的影响。在未来的政策设计中应考虑这些发现,以推动农民合作社成为解决食品安全问题和提高食品标准的手段。根据 2017 年修订的《中华人民共和国农民专业合作社法》(Huang,2018),IOF 合作社只要农民占成员总数的 80%以及公司的参与可以改善合作社的运营,就具有与其他任何类型的农民合作社相同的合法权利。但是,据我们所知,可能是因为潜在的积极影响(Zhang,2012)和消极影响(Deng and Qi,2011)并存,现在还没有专门针对促进 IOF 合作社发展的法律或法规。我们的结果清楚地表明,即使在包括药物使用和接种疫苗在内的所有四个主要成果中,IOF 合作社的影响也要比其他类型的合作社更大,并且在统计上也更为显著,这表明 IOF 合作社的发展可以帮助农户(尤其是小规模生产农户)来改善其采取更安全行为的做法。

我们的研究还有一些附加说明。首先,PSM 方法在评估合作社对养猪户安全生产行为的影响方面存在不足之处,因为它基于可观察值来匹配农户,而无法包含不可观察因素。我们希望能够访问面板数据或从随机对照试验

(RCT)生成的数据,这样未来我们就可以采用 DID 和 RCT 等替代方法来更好地解决无法观察到的问题。其次,本书重点关注农户采取安全生产行为的做法。如果我们能够获得直接测量猪肉质量和安全性的数据,将会起到很大作用。最后,如前所述,我们希望收集到有关盈利能力、体重增加、突患意外疾病、投入和产出价格等方面的信息,以便我们更明确地调查合作社影响安全生产行为的渠道。

七、本章小结

本研究使用了来自中国四个主要产猪省份的 540 位合作社农户和 270 位非合作社农户的家庭调查数据,研究养猪户加入农民合作社的决定因素以及农民合作社对养猪户采取安全生产行为做法的影响。倾向得分匹配法(PSM)用于处理可能由于可观察因素而产生的与农户参与农业合作社有关的自我选择偏差,并且通过敏感性分析进一步补充,以评估 PSM 在存在的不可观测因素的考量中的健全合理程度。PSM 的结果表明,合作社成员资格对农民倾向于进行安全生产具有重要而积极的影响,并且对于若干主要合作社、农场和家庭属性的影响不同。具体来说,对于以投资者所有企业(IOF)为首的合作社和规模较小的农场,合作社成员资格的影响往往更大。而且对于以下家庭而言,其影响也更大:(1)中高文化水平的家庭;(2)养猪经验不足 10 年的家庭;(3)没有非农工作经验的家庭;(4)专业从事生猪生产的家庭。敏感性分析进一步提高了我们对于有关饲料使用和品种使用的结果的信心,但是,由于有关疫苗接种、药物使用和废物处理的结果对不可观察因素的影响更为敏感,因此需要慎重解释。

参考文献

[1] Abebaw,D. , Haile, M. G. The impact of cooperatives on agricultural technology adoption:Empirical evidence from Ethiopia. *Food Policy*, 2013(38).

[2] Barton DG. What is a cooperative? In D Cobia (Ed.). *Cooperatives in agriculture*,1989.

［3］ Chagwiza，C. ，Muradian，R. ，Ruben，R. Cooperative membership and dairy performance among smallholders in Ethiopia. *Food Policy*，2016（59）.

［4］ *China State Council News* ，2016. http：//english. gov. cn/news/top＿news/2016/05/30/content＿281475360615411. htm

［5］ Dong H. *Cooperatives in China：a state-of-art literature review*. Master dissertation of Business School in University of Exeter，2014.

［6］ Dorward，A. ，Kydd，J. ，Poulton，C.（Eds.）. Smallholder Cash Crop Production under Market Liberalisation：A New Institutional Economics Perspective. *Wallingford*. *CAB International*，1998.

［7］ Dorward，A. ，Kydd，J. ，Morrison J. and I. Urey. A Policy Agenda for Pro-Poor Agricultural Growth. *World Development*，2004（32）.

［8］ Fischer，E. ，Qaim，M. Linking Smallholders to Markets：Determinants and Impacts of Farmer Collective Action in Kenya. *World Development*，2012（40）.

［9］ Fulton，M. The future of Canadian agricultural cooperatives：a property rights approach. *American journal of Agricultural Economics*，1995（77）.

［10］ Guo，H. ，Jolly R. W. and J. Zhu. Contract Farming in China：perspectives of farm households and agribusiness firms. *Comparative Economic Studies*，2007（49）.

［11］ Hellin，J. ，Lundy，M. ，Meijer，M. Farmer organization，collective action and market access in Meso-America. *Food Policy*，2009（34）.

［12］ Huang Z. H. ，Y. Q. Zhong and X. L. Wang. Study on the Impacts of Government Policy on Farmers' Pesticide Application Behavior. *China Population*，*Resource and Environment*，2016（26）.

［13］ Ito，J. ，Bao，Z. and Su，Q. Distributional Effects of Agricultural Cooperatives in China：Exclusion of Smallholders and Potential Gains on Participation. *Food policy*，2012（37）.

［14］ Ji. C. ，I. de Felipe，J. Briz and J. H. Trienekens. An empirical study on governance structure choices in China's pork supply chain. *International Food and Agribusiness Management Review*，2012（15）.

[15] Jia,X. P. and J. K. Huang. Contractual arrangements between farmer cooperatives and buyers in China. *Food Policy*,2011(36).

[16] Jin. S. H. and J. H. Zhou. Adoption of food safety and quality standards by China's agricultural cooperatives. *Food Control*,2011(22).

[17] Kirezieva K. ,J. Bijman,L. Jacxsens,P. A. Luning. The role of cooperative in food safety management of fresh produce chains:Case studies in four strawberry cooperatives. *Food Control*,2016(62).

[18] Li Xinghua,Y. Liu and D. Y. Zhang. Safe Vegetable Production Behaviors of Hunan Farmers. *Hunan Agricultural Science*,Published in Chinese, 2015(10).

[19] Little,P. D. ,Watts,M. J. (Eds.). Living under Contract:Contract Farming and Agrarian Transformation in Sub-Saharan Africa. *The University of Wisconsin Press*,Wisconsin,1994.

[20] Liu. J. D. ,K. Wang and C. Ji. Pig farmers' willingness in using vaccination and its influencing factors—evidence from Jiangsu province. *Agricultural Technological Economics*,In Chinese,2009(4).

[21] *Livestock Production Yearbook of China*,2017.

[22] Ma,W. L. and A. Abdulai. Does cooperative membership improve household welfare? Evidence from apple farmers in China. *Food Policy*,2016(58).

[23] Ma,W. ,Abdulai,A. The economic impacts of agricultural cooperatives on smallholder farmers in rural China. *Agribusiness*,2017(33).

[24] Ma,W. ,Abdulai,A. ,Goetz,R. Agricultural Cooperatives and Investment in Organic Soil Amendments and Chemical Fertilizer in China. *American journal of Agricultural Economics*,2018(100).

[25] Markelova H. Meinzen-Dick R. ,Hellin J. and S. Dohrn. Collective action for smallholder market access. *Food Policy*,2009(34).

[26] McGlone. J. J. Farm animal welfare in the context of other society issues:toward sustainable systems. *Livestock Production Science*,2001 (72).

[27] *Ministry of Agriculture of China*,2009.

[28] Missotten J A M,Michiels J,Degroote J,et al. Fermented liquid feed for pigs:an ancient technique for the future. *Journal of animal science and*

biotechnology,2015(6).

[29] Mojo,D. ,Fischer,C. ,Degefa,T. The Determinants and economic impacts of coffee farmer cooperatives:recent evidence from rural Ethiopia. *Journal of Rural Studies*,2017(50).

[30] Moustier P. ,P. T. G. Tam,D. the Anh,V. T. Binh. and N. T. T. Loc. The role of farmer organization s in supplying supermarkets with quality food in Vietnam. *Food Policy*,2010(35).

[31] *National Bureau of Statistics of China*,2015. http://www. stats. gov. cn/

[32] Naziri,D. , Aubert,M. , Codron,J. -M. , Loc,N. T. T. , Moustier,P. Estimating the impact of small-scale farmer collective action on food safety:the case of vegetables in Vietnam. *Journal of Development Studies*,2014(50).

[33] Nicholsen,F. ,Poulsen,H. D. ,Provolo,G. ,Sørensen,P. ,Vinnerås,B. , Weiske,A. ,Bernal,M. -P. ,Böhm,R. ,Juhász,C. ,Mihelic,R. Recycling of livestock manure in a whole-farm perspective. *Livestock Science*, 2007(112).

[34] Nilsson,J. The emergence of new organizational models for agricultural cooperatives. *Swedish Journal of Agricultural Research*,1998(28).

[35] Ortega D. L. ,H. H Wang,L. Wu and N. J,Olynk. Modeling heterogeneity in consumer preferences for select food safety attributes in China. *Food Policy*,2011(36).

[36] Plumed-Ferrer C, Von Wright A. Fermented pig liquid feed:nutritional, safety and regulatory aspects. *Journal of Applied Microbiology*,2009 (106).

[37] Poulton,C. D. , Dorward,A. R. , Kydd,J. G. The future of small farmers: New directions for services, institutions and intermediation. *World Development*,2010(38).

[38] Prapaspongsa,T. , Poulsen, T. G. , Hansen, J. A. , Christensen, P. Energy production, nutrient recovery and greenhouse gas emission potentials from integrated pig manure management systems. *Waste Management and Research*,2010(28).

[39] Staatz. J. M. Farmer's incentives to take collective action via cooperatives：a transaction cost approach. *Cooperative theory：New Approaches*,1987.

[40] Stockbridge,M. , A. Dorward and J. Kydd. Farmer Organizations for Market Access：Learning from Success. *Briefing Paper*,Wye College, University of London,UK,2003.

[41] Tong,X. L. J. Shan and L. H. Wu. Review on Chinese and Foreign Farmers' Pesticide Use Behavior. *World Agriculture*,Published in Chinese, 2011(5).

[42] Van Hoi,P. ,A. P. J. Moi and P. J. M. Oosterveer. Market governance for safe food in developing countries：the case of low pesticide vegetables in Vietnam. *Journal of Environmental Management*,2011(91).

[43] Verhofstadt, E. , Maertens, M. Can agricultural cooperatives reduce poverty? Heterogeneous impact of cooperative membership on farmers' welfare in Rwanda. *Applied Economic Perspectives and Policy*,2015 (37).

[44] Wang W. Z. ,J. Liu and J. F. Zhu. An Empirical Study on the Influencing Factors for the Safety of Farming Household's Vegetable Production. *Journal of Anhui Agricultural University (Social Sciences Edition)*, Published in Chinese,2011(20).

[45] Wang,H. T. and K. Wang. Analysis on influencing factors of farmer's pig safe production decision behavior—empirical evidence from a multiple group SEM research. *China Agricultural Economics* (in Chinese),2012 (11).

[46] Wang, Y. , Addictive use behavior of pig farmers and its influence factors-based on the pig farmers investigation in Jiangsu province. *Journal of Agro-technical Economics* (in Chinese),2009(7).

[47] Wossen, T. , Abdoulaye, T. , Alene, A. , Haile, M. G. , Feleke, S. , Olanrewaju,A. , Manyong, V. Impacts of extension access and cooperative membership on technology adoption and household welfare. *Journal of Rural Studies*,2017(54).

[48] Wu. H. , Y. B. Qi and W. Y. Yu. Pig producers' willingness to adopt safe feed and its influencing factors—empirical evidence from 613 pig

farmers in China. *Agricultural Economics*, Published in Chinese, 2015 (3).

[49] Xu, X. C. , K. Shao, Q. Liang, H. D. , Guo, J. Lu and Z. H. Huang. Entry of Chinese small farmers into big markets. *The Chinese Economy*, 2013 (46).

[50] Zhang Y. Y and L. L. Fu. Pig Farmers' Quality Safety Production Behavior Assessment and Influencing Factors. *Journal of Agro-Forestry Economics and Management*, Published in Chinese, 2016(15).

[51] Zhong Y. Q. , Z. H. Huang and L. H. Wu. Analysis on the Factors Influencing the Safety Production Behavior of Pig Farmers. *China Livestock Journal*, Published in Chinese, 2016(52).

[52] Zhou, J. H. , K. Li and Q. Liang. Food safety controls in different governance structures in China's vegetable and fruit industry. *Journal of Integrative Agriculture*, 2015(14).

第六章　供应链中农民合作组织服务功能的绩效评价

一、引言

养猪业在中国畜牧业中占有主导地位。尽管政府和公众对食品安全问题的关注度不断提高,但在过去 10 年里,猪肉安全事件(包括许多备受关注的丑闻)频频发生,猪肉安全仍然是中国消费者关注的一大问题。生猪的饲养方式是影响猪肉安全和品质的主要因素。生猪生产是一个极其综合的过程,包括饲养、繁殖、接种疫苗、咨询兽医和确保生产废物得到处理等等。任何违反这些环节里最佳做法的行为都可能会增加猪肉的安全风险。我国生猪生产以小型养殖为主;然而,整个产业正在重组,采用规模化养殖方式的主体正在增加。确保生猪安全生产具有非常重要的意义,但这个具有挑战性的问题仍亟待解决。

虽然长期以来合作社在许多国家的农业部门发挥了积极作用(Hansmann,1996;欧盟委员,2009),但中国合作社的发展仍处于初级阶段,面临着诸多问题和挑战(Xu et al. ,2013)。然而,合作社连接着农民、中介和公司,协调各方利益,在农业食品产业和供应链中发挥着越来越重要的作用。自 2007 年以来,中国政府一直鼓励合作社的发展,认为合作社可以帮助农民降低投入成本,增强他们与市场的联系和提高议价能力,提高生产技能和抵御风险的能力(Nilsson,1998;Xu et al. ,2013)。在农业产业化背景下,Chaddad & Cook(2004)从所有权的控制方的角度对新型合作社模式进行了探究。基于这个角度,我们发现中国的合作社在所有制上主要分为两类,其中包括农民所有的合作社[符合国际合作社联盟(ICA)定义的传统合作社结构]和投资者所有的公司(IOF)领导的合作社(IOF+合作社+农民,这是中国的一种创新合作社形式）。IOF 主导的合作社被认为在帮助农民进入大市场和农业产业化体系方面发挥着重要作用，而农民所有的合作社将引领小农走向市场终端（Xu et al.，2013）。在中国的养猪产业中，传统的农民主导的合作社在合作社规模、所有权和控制权方面各不相同；而 IOF 主导的合作社在主导公司的核心业务（如饲料公司主导、生猪生产公司主导、屠宰场公司主导和垂直一体化公司主导）、治理结构和所有权方面各不相同。

尽管合作社的行为和经济绩效一直是理论和实证研究的焦点，但在这些研究中，产品质量问题却受到相对较少的关注（Pennerstorfer & Weiss，2013）。一些学者发现，合作社在食品安全管理中发挥着核心作用，与未加入合作社的农民相比，合作社提供了更优质的食品（Jin & Zhou，2011；Zhou et al.，2015；Kirezieva et al.，2016），而合作社对食品质量和安全保障的影响是一个受到持续争论的话题。一些研究表明，合作社为其成员提供更多的支持活动，因此能比投资者所有的公司提供更好和更统一的质量的产品（Balbach，1998；Cechin et al.，2013）。然而，也有学者认为，合作社提供的产品质量低于 IOF 或上市公司（Cook，1995；Liang & Hendrikse，2016）。

合作社在食品安全管理中发挥着核心作用，目前的研究主要集中在合作社在制度层面所采用的统一安全生产标准（Kirezieva et al.，2016）。然而，Van Hoi 等（2009）表示合作社所提供的产品质量在很大程度上依赖于农民个体，而关于合作社如何塑造农民个体安全生产行为的实证证据却很少。

我们回顾了相关研究，认为合作社通过其提供的服务影响其农民成员的生产行为。Moustier 等（2010）发现农民的集体行动在提高质量方面发挥着关键作用，主要是因为它有助于农民更快地获得培训资源。新兴的农业综合企业形式已经开始将合作社视为向农民推广技术从而通过使用合同保持食品质量的一个可行渠道（Guo et al.，2007；Jia & Huang，2011）。虽然目前的研究没有明确指出合作社提供的服务可能会影响其农民成员的安全生产行为，但本书概述的所有事实与合作服务直接相关。

基于现有文献（Huang & Gao，2012；Wang，2017）和我们的实地调研，我们确定了七个由中国生猪合作社提供的、与产品安全有关的功能，包括饲料购买、品种购买、兽医服务、疫苗购买、生猪销售、专业培训和资金信贷支持。中国的合作社在提供的服务数量上是不同的。例如，有些合作社只提供上述七种服务中的一种或两种，有些合作社提供六种至七种服务。除了提供服务的数量不同外，合作社的服务质量也有很大的差异。合作社的服务质量表示合作社是如何提供服务以满足其农民成员的需要（Huang & Gao,2012）。学者们从两个角度对服务质量进行了衡量：某项服务的会员覆盖率（Chen & Tan,2013；Wang,2017）和提供某项服务的频率（Deng et al.,2010；Huang & Gao,2012）。中国生猪合作社成员对服务质量的认知体现在投入品的购买和销售服务方面存在差异。例如，某些合作社所有成员集体购买饲料，而其他合作社只有几个核心成员集体购买饲料。提供某些服务的频率也有所不同：一些合作社提供兽医服务和培训服务比较频繁，而一些合作社提供服务的频率较低。

现有文献表明，合作服务的数量和质量可能影响农民的安全生产行为（Van Hoi et al.,2009；Huang et al.,2010），但相关的实证证据较少（Wang & Wang,2012）。这些现象和研究空白激发了我们对合作社提供的服务数量和质量影响农民安全生产行为相关研究的兴趣。因此，本研究对 540 户合作社生猪养殖户的横断面数据进行实证分析，揭示了合作社服务对生猪养殖户安全生产行为的影响，并对相关文献的空缺做出了补足。本研究旨在回答以下问题：合作社的服务功能如何影响养猪户的安全生产行为？

二、理论综述与分析框架

由于提供服务是农民合作社的主要经营内容，近年来我国对合作社服务的讨论十分广泛，而且在中国，合作社提供的服务数量和质量是政府用来确定对合作社的奖励的关键依据（MOA,2017）。目前的讨论主要集中在合作社提供良好服务的前因（Yuan,2013；Zhong & Cheng,2013），以及合作社如何提供良好服务的实践（Tian,2016；Wan & Qi,2016），而很少有研究考察合作社通过提供良好服务可能取得的效果（Peng & Huang,2017）。

（一）养猪业中农民的安全生产行为

基于现有文献和对动物科学领域专家的采访，我们从五个特定角度来衡量农民的安全生产行为：饲料使用、品种使用、疫苗接种、药物使用和生产废物处理（McGlone,2001；Nicholsen et al.,2007；Liu et al.,2009；Plumed,2009；Prapaspongsa et al.,2010；Missotten et al.,2015）。为了衡量农户的饲料使用和品种使用行为的安全水平，我们考察了投入物的来源渠道是否符合安全和质量标准①；如果来源渠道存在安全隐患，那么农户的生产行为是不安全的。对于农民在疫苗使用、药物使用和生产废物处理方面的行为，我们检查农民是否使用正确或安全的方式来衡量其安全水平②，例如，农民是否严格按照指示使用配料（如农民用药是否遵守药物的有效期）。

(二)合作服务与农民安全生产行为

现有文献对合作社提供的不同类型的服务为何以及如何改变农民的安全生产行为提供了一些见解。集体行动理论为理解合作社所提供的服务与农民安全生产行为的关系提供了一些启示。一方面，提倡集体行动，可以帮助小农户克服资源限制(Reardon et al.，2009)，并为农民提供更好的投入渠道和市场准入、降低交易成本、提高议价能力及获得集体声誉(Trieekens，2011；Naziri et al.，2014)。因此，由于合作社是"一个群体为实现共同利益而采取的自愿行动"(马歇尔，1998)，农民合作社的主要职能是帮助农民获得服务。另一方面，Naziri 等(2014)指出，集体行动可能有助于小农进入在安全方面要求严格的市场，主要是通过提高农民进行联合投资的能力，向农民提供信息、技术援助和适当投入，使纵向一体化或承包经营成为可能；并提供建立公私伙伴关系的有利条件。

由于小农户获得投入品的能力有限，而且可能缺乏使用这些投入品的知识(Little & Watts，1994；Dorward et al.1998；Poulton et al.，2005)，提供投入品购买服务不仅有助于农民实现规模经济，而且有助于他们降低寻找和区分信息的成本。Wu 等(2015)发现农民不愿意使用安全饲料的主要原因是其成本较高；合作社提供的投入购买服务有助于农民购买优质饲料产品，并通过集体购买服务降低成本。因此，饲料购买服务可能会增加农民使用安全饲料产品的可能性。同样，集中购买繁殖仔猪可能会鼓励农民采用更优质的品种。

产出销售服务对农民进入市场至关重要(Hellin et al.，2009)。这些服务

---

①　在中国，农民的饲料和品种来源渠道差别很大。如果从品牌公司购买饲料和品种，与生猪生产相关的风险更低。

②　农民是否以安全的方式使用疫苗/药物对最终产品的安全至关重要。如果农民过度使用疫苗/药物，活猪体内会残留药物。同样，如果养殖户将生产废弃物随意排放到附近河流中，也会污染生产环境，给生猪生产带来风险。

有助于农民获得更稳定的销售渠道,甚至可能获得更高的售价。当通过合作社制订的合同销售产品时,农民可能会减少其生产过程中的机会主义行为(Staatz,1987;Ji et al.,2012)。因为他们希望得到更好的销售收入,他们可能更愿意遵守合作社要求的最佳生产规范(Deng et al.,2010;Chen & Tan,2013)。Van Hoi 等(2009)发现蔬菜合作社内部无法有效地确保成员正确使用农药,主要是因为合作社没有对蔬菜进行了安全生产而帮助其成员更好地销售产品。因此,销售服务通过减少机会主义行为和使农民期望采用更安全的做法获得更好的销售收入的方式,对农民的安全生产行为产生影响。在技术服务方面,如培训和兽医服务,可以通过增强农民对疫苗接种和药物使用的认知,影响农民的安全生产行为(Wang,2009)。因此,当合作社能够提供更好的服务以满足其成员时,成员农民就越有可能遵守合作社的生产要求。如引言所述,合作社的服务质量是指合作社如何提供服务以满足其农民成员(Huang 和 Gao,2012)。我们认为合作社提供的服务质量越高,养猪农民安全生产的可能性就越大(假设1)。

假设1:当合作社提供更好的优质服务时,每个成员都会从事更安全的生产行为。

合作社提供的服务数量是指合作社提供多少种不同类型的服务(Tang,2007)。Huang 等(2010)用服务数量来表示合作社是否有能力提供服务,提供更多类型服务的合作社被认为更有能力帮助农民提高收入、生产技术和议价能力。如前两段所述,投入购买服务、营销服务和技术服务都与提高农民安全生产水平有关,因此本书认为合作社提供的服务越多,社员农民获得不同类型服务的可能性就越大,从而改善其安全生产行为(假设2)。

假设2:当合作社提供更多服务时,其成员农民的安全生产行为就会改善。

(三)农民生产规模、人口因素与安全生产行为

长期以来,小型养猪户一直是中国养猪业主体的主要构成(Ji et al.,2012),小规模农户采用安全生产操作规程的可能性低于大规模农户(Zhou et al.,2015)。由于拥有更多的资本来源,大规模的农户更有能力改善其生产基础设施(Hall et al.,2004)。在中国,大规模农户更有可能购买品牌产品,因为这有助于实现规模经济,降低生产成本。目前的研究还表明,生产规模是影

响生猪生产者安全生产行为的重要因素(Wang,2009;Wang 和 Wang,2012)。因此,我们提出农户生产规模越大,其生产行为就越安全的假设(假设3)。

假设3:生产规模与农户生产行为安全水平呈正相关。

关于农民行为的研究广泛讨论了农民的人口特征因素(Hu 和 Chen,2012;Ji et al.,2017)。人口统计学特征,如性别、年龄、受教育程度、生产经验、农民是否村干部,都被视为影响我国农民安全生产行为的因素(Liu et al.,2009;Hua 和 Chang,2011)。具体来说,一个受过更多教育、有更多生产和工作经验的农民将以更安全的方式从事生产(Wang,2009;Zhong et al.,2016)。同样,一个专门从事生猪生产、在家拥有更多劳动力的农民也将以更安全的方式从事生产(Zhang 和 Fu,2016)。因此,我们认为农民的人口特征也会影响农民的安全生产行为(假设4)。

假设4:农民的人口特征(年龄、教育程度、生产经验、工作经验、生猪生产专业化、家庭劳动力)影响农民的安全生产行为。

三、研究方法和数据收集

(一)研究方法

基于所提出的假设,需要通过多元回归分析法来确定能够共同决定农民安全生产决策的多个因素。如前一节所述,所有可能影响农民安全生产行为的因素都应包括在回归中。而离散选择模型,如 Probit 和 Logit 模型,是用于分析与农民安全生产行为决策相关的决定因素的标准模型。

Logit 模型和极大似然估计(MLE)可以用于估计农户从事更安全生产行为的概率,包含所有可能影响农民安全生产行为的因素,具体模型如下所示:

$$P(y_{ji} \mid x_{1i}, x_{2i}, \cdots, x_{ki}) = \frac{\exp(\beta_0 + \beta_1 x_{1i} + \beta_2 x_{2i} + \cdots + \beta_k x_{ki})}{1 + \exp(\beta_0 + \beta_1 x_{1i} + \beta_2 x_{2i} + \cdots + \beta_k x_{ki})} \quad (1)$$

式(1)中,y_{ji} 是二元变量因变量($y_{ji}=1$,农民从事安全生产行为;$y_{ji}=0$,农民没有从事安全生产行为),P 是农民采取安全生产行为的概率。$x_{1i}, x_{2i}, \cdots, x_{ki}$ 是需要估计的自变量。具体来说,自变量包括合作社提供的服务质量(假设1)、服务数量(假设2)、农民规模(假设3)和农民人口特征(假设4)。

(二)数据收集和描述性统计

1.数据收集

为了进行研究,我们首先采用分层抽样的方法来选择调查的省份。中国90%的生猪生产集中在四个主要地区:沿海地区、中部地区、西南地区和新兴的西北地区(MOA,2009)。为了确定我们的样本库,我们从上述每个地区中随机选择了一个省,它们分别是浙江、山东、安徽和四川。然后从四个省的生猪主产区选择了27个生猪合作社进行研究。[①] 由于合作社服务数量和服务质量是我们分析的重点,因此我们根据合作社提供的服务数量选择合作社,具体步骤如下:

(1)我们联系了这些地区当地的畜牧局,获得了生猪合作社的注册名单。

(2)我们给每个合作社的负责人打电话,询问他们提供了多少服务,并记录了数字。

(3)采用双分层抽样的方法,确定每个服务水平和每个省份应选择的合作社数量。虽然每个服务数量级别的合作社比例不是1∶1∶1[②],但我们最终为每个级别选择了9个合作社,以便更清楚地显示三种等级的影响。然后,从每个具体的服务级别和每个省随机选择合作社(见表6-1)。

表 6-1　按服务数量划分的样本合作社的地理分布

样本分布	均值			总计
	S. N. 1—2	S. N. 3—5	S. N. 6—7	
四川	2	2	3	7
浙江	3	2	2	7
安徽	2	2	2	6
山东	2	3	2	7
总计	9	9	9	27

注:S. N. 1—2、S. N. 3—5 和 S. N. 6—7 分别指服务编号 1—2、3—5 和 6—7。

---

① 样本合作社的分布情况为:合肥(4家)、苏州(2家)、衢州(3家)、金华(4家)、潍坊(4家)、济宁(3家)、成都(4家)和遂宁(3家)。

② 根据调查地区地方畜牧局的数据,我们发现,事实上,这些合作社的比例是5(1级服务数量)∶3(2级服务数量)∶1(3级服务数量),因此本研究在回归中采用了相应的权重。

最终，从 27 家合作社中随机各抽取 20 名农户，对其生产行为进行问卷调查，有效收集农户问卷 540 份。应该指出的是，为了衡量每个农民的安全生产行为，不仅要询问表 6-2 中的问题，还要结合实物检查和支持性问题来验证农民回答的可信度，以确保所收集数据的有效性。

2. 描述性统计

在进行回归之前，我们进行了一些数据的描述性统计分析。表 6-2 表明，90％的农民是男性，合作社农民平均年龄约 47 岁，并平均接受了大约 9 年的教育。大多数农民没有农业以外的工作经验，他们从事生猪生产已有很长一段时间；50％－60％的养猪农户能够进行安全生产。

表 6-2　变量定义

变量	变量描述	均值	标准差
性别	如果农民是男性，则为 1；否则为 0	0.90	0.30
年龄	户主年龄（岁）	47.58	8.93
受教育程度	农民的最高教育水平（年）	9.16	2.39
家庭劳动力	从事农业的劳动力人数	2.74	1.14
农业以外工作经历	如果农民有在农业以外工作的经验，则为 1；否则为 0	0.20	0.40
村干部	如果农民是村干部，则为 1；否则为 0	0.34	0.48
生产经验	农民从事生猪生产的时间（年）	12.07	9.30
种植业	如果农民从事作物生产，则为 1；否则为 0	0.48	0.50
生产规模	年底前育肥猪的头数	381.70	318.28
饲料使用	如果农民使用全国或当地知名的饲料品牌，则为 1；否则为 0	0.62	0.48
品种使用	如果农民使用工商登记的养殖公司的养殖品种或者使用自己养殖场的养殖品种，则为 1；否则为 0	0.56	0.50
疫苗使用	如果农民根据他农场的流行病环境使用疫苗，则为 1；否则为 0	0.61	0.49
药物使用	如果农民严格按照处方说明用药，则为 1；否则为 0	0.63	0.48

续表

变量	变量描述	均值	标准差
废弃物处理	如果农民将生产废料转化为甲烷/有机肥,则为1;否则为0	0.56	0.50
浙江	如果农民在浙江,则为1;否则0	0.26	0.44
安徽	如果农民在安徽,则为1;否则0	0.22	0.42
山东	如果农民在山东,则为1;否则0	0.26	0.44

从表 6-3 提供的描述性统计数据中,我们注意到,随着合作社提供的服务职能数量的增加,农民的生产行为变得更加安全。当服务数量从 1—2 级增加到 6—7 级时,农民的安全生产行为显著改善。因此,从描述性分析来看,服务数量对农民的安全生产行为有着积极的影响。

表 6-3　三种等级农户安全生产行为差异研究

变量	变量描述	均值		
		S. N. 1—2	S. N. 3—5	S. N. 6—7
饲料使用行为	如果农民使用全国或当地知名的饲料品牌,则为1;否则为0	0.54	0.67	0.66
品种使用行为	如果农民使用工商登记的养殖公司的养殖品种或者使用自己养殖场的养殖品种,则为1;否则为0	0.42	0.61	0.68
疫苗使用行为	如果农民根据他农场的流行病环境使用疫苗,则为1;否则为0	0.46	0.63	0.76
药物使用行为	如果农民严格按照处方说明用药,则为1;否则为0	0.43	0.68	0.78
生产废弃物处理行为	如果农民将生产废料转化为甲烷/有机肥,则为1;否则为0	0.43	0.59	0.67

S. N. 1—2、S. N. 3—5 和 S. N. 6—7 分别指服务编号 1—2、3—5 和 6—7。

表 6-4 说明了本研究是如何衡量服务数量和服务质量的。我们使用接受服务的农民所占的百分比来衡量与饲料采购、品种采购、疫苗供应、生猪销售和信贷准入相关的服务质量,并使用兽医访问频率来衡量兽医服务和专业培

训服务。合作社最常提供的两项职能是饲料采购和专业培训；这一发现与合作社通常从提供非经营性服务（如培训）开始，然后转向提供经营活动（如饲料采购、生猪销售等）的事实相符。合作社最不常提供的三种功能是信贷资本、疫苗采购和品种采购。

表 6-4　样本合作社服务质量描述数据

变量	变量描述	均值
服务数量	合作社提供的服务数量	4.11
饲料采购服务质量	从合作社获得饲料购买服务的农民百分比	0.48
品种采购服务质量	从合作社获得品种购买服务的农民百分比	0.19
提供兽医服务的质量	农场经常接受合作兽医的定期探访（每月次数）	1.77
提供疫苗服务的质量	接受合作社疫苗采购服务的农民百分比	0.18
生猪销售服务质量	从合作社获得生猪销售服务的农民百分比	0.23
专业培训的服务质量	农民接受合作社专业培训的频率（每年次数）	2.95
获得信贷的服务质量	从合作社获得信贷服务的农民百分比	0.22

如引言部分所述，我国合作社按所有制分为农民所有制合作社和 IOF 主导型合作社。在我国养猪业中，农民所有制合作社的规模、所有权和控制方式各不相同。研究发现，在本研究的样本农户所有制合作社中，既有规模化养猪户组建的农户所有制合作社，也有小规模养猪户组建的农户所有制合作社，以及规模化养猪户与小规模养猪户混合组建的农户所有制合作社，而这些不同合作社的农民安全生产行为差异很大。因此，我们从所有制的角度来描述整个样本中的合作社类型，从规模的角度来描述农民所有制合作社。

从表 6-5 可以看出，在 27 个样本合作社中，5 个是 IOF 主导型合作社（第1 组），6 个是小规模农户发起的合作社（第 2 组），8 个是大规模农户发起的合作社（第 3 组），8 个是大规模农户和小规模农户混合合作社（第 4 组）。5 个 IOF 主导型合作社由 5 家不同的养猪企业牵头，分别是 2 家生猪生产企业 ［WENS 食品集团有限公司（新安分公司）和 WENS 食品集团有限公司（安徽分公司）］；1 家猪肉加工企业（浙江华统肉类有限公司）；2 家纵向一体化企业 ［四川高金食品有限公司和得利斯（Delicious）食品有限公司（山东）］。小规模农户发起的合作社的生产规模在 10 头至 100 头之间,大规模农户发起的合作社的生产规模在 700 头至 1300 头之间,大、小规模农户混合合作社的生产规模在 120 头至 670 头之间。

表 6-5 四类合作社服务质量与农民安全生产行为

变量	IOF 主导的合作社(5 家)(第 1 组)		小规模农户主导(6 家)(第 2 组)		大规模农户主导(8 家)(第 3 组)		大规模和小规模农户混合合作社(8 家)(第 4 组)	
	均值	标准差	均值	标准差	均值	标准差	均值	标准差
服务数量	6.40	0.80	3.17	1.68	4.0	1.81	3.50	1.59
饲料采购服务质量	0.64	0.48	0.28	0.45	0.45	0.50	0.57	0.50
品种采购服务质量	0.50	0.50	0.08	0.28	0.08	0.26	0.19	0.39
提供兽医服务的质量	3.52	1.53	1.0	1.46	1.0	1.49	2.06	2.20
提供疫苗服务的质量	0.34	0.48	0.17	0.37	0.11	0.32	0.16	0.37
生猪销售服务质量	0.58	0.50	0.26	0.44	0.16	0.37	0.06	0.24
专业培训的服务质量	3.97	1.44	3.24	1.41	2.66	1.51	2.37	1.61
获得信贷的服务质量	0.60	0.49	0	0	0.38	0.49	0	0
农民使用饲料服务	0.78	0.42	0.38	0.49	0.69	0.46	0.64	0.48
农民使用品种服务	0.68	0.47	0.35	0.48	0.73	0.44	0.50	0.50
农民使用疫苗服务	0.69	0.46	0.43	0.50	0.75	0.43	0.57	0.50

变量	IOF 主导的 合作社(5 家) (第 1 组)		小规模农户 主导(6 家) (第 2 组)		大规模农户 主导(8 家) (第 3 组)		大规模和小规模 农户混合合作社 (8 家)(第 4 组)	
	均值	标准差	均值	标准差	均值	标准差	均值	标准差
农民使用药 物服务	0.82	0.39	0.43	0.50	0.78	0.41	0.51	0.50
农民生产废 弃物处理	0.66	0.48	0.27	0.44	0.74	0.44	0.55	0.50

我们在表 6-5 中描述了 4 个分组的合作社服务数量、服务质量和农民的行为。IOF 主导的合作社提供的服务(6.4)比其他类型的合作社多(第 2 组、第 3 组和第 4 组均值分别为 3.17、4.0 和 3.5)。此外,IOF 主导的合作社能更好地提供各类服务(0.34—3.97)。小规模农户合作社提供的服务最少(3.17),而且大多数服务的质量也比其他类型的合作社差(0—3.24)。IOF 主导的合作社中农民的行为比小规模农户主导的合作社要好。因此,我们可以发现服务质量与农民行为呈正相关关系。在第 3 组和第 4 组中,第 3 组中有 3 类服务质量更好,第 4 组中有 4 类服务质量更好,这意味着这两组的服务质量差别不大,第 1 组和第 2 组之间的情况类似。第 3 组的农户行为优于第 4 组农户。这可能表明生产规模与农民安全生产行为之间存在正相关关系。至于第 2 组和第 4 组,两组提供的服务数量差别不大。第 4 组在饲料采购、品种采购、兽医服务等方面的服务质量较好,而第 2 组在市场销售和专业培训方面的服务质量较好。这些发现符合这样一个事实,即中国大规模养殖户联合组建合作社的主要原因是通过集中采购实现规模经济,而他们共同出售生猪的动机较少,每个人都有自己的销售渠道。第 4 组农户的安全生产行为一般优于第 2 组农户,但行为差异来自服务质量与生产规模的差异,或者两者兼而有之,我们很难得出结论。

四、结果和讨论

从回归结果(见表 6-6)中我们可以发现:受教育程度在农民使用与饲料购买、品种购买、疫苗购买和用药行为有关的服务方面发挥着重要作用,这意味着教育程度较高的农民倾向于使用更安全的方法从事生产。生产规模对农民安全生产行为有显著的正向影响，规模经营的农民倾向于以更安全的方式生产。生猪生产经验只会影响农民的饲料使用行为；不从事作物生产的农民似乎在废物处理方面有更安全的行为。

表 6-6　式(1)的回归结果(农民行为及其决定因素)

变量	(1) 饲料使用	(2) 品种使用	(3) 疫苗使用	(4) 药物使用	(5) 废物处理
性别	−0.011 (0.395)	0.339 (0.425)	0.751 (0.407)	0.370 (0.387)	0.099 (0.374)
年龄	0.023 (0.019)	0.059*** (0.017)	0.013 (0.017)	0.045** (0.017)	0.010 (0.017)
受教育程度	0.361*** (0.066)	0.269*** (0.058)	0.174** (0.055)	0.150** (0.055)	0.145** (0.053)
家庭劳动力	0.107 (0.115)	0.050 (0.117)	0.053 (0.108)	0.128 (0.113)	0.022 (0.103)
生产规模	0.001* (0.0004)	0.004*** (0.0006)	0.003*** (0.0006)	0.003*** (0.0006)	0.004*** (0.0006)
农业以外 工作经历	0.155 (0.346)	0.279 (0.293)	0.039 (0.282)	−0.055 (0.292)	0.042 (0.284)
村干部	0.020 (0.293)	−0.219 (0.266)	0.135 (0.262)	−0.155 (0.272)	−0.210 (0.249)
生产经验	0.026 (0.015)	0.004 (0.014)	−0.017 (0.014)	−0.020 (0.015)	0.015 (0.014)
作物种植	0.014 (0.287)	−0.025 (0.266)	−0.435 (0.265)	−0.030 (0.267)	0.494* (0.246)
服务数量	0.038 (0.104)	−0.085 (0.111)	−0.114 (0.099)	0.111 (0.104)	−0.042 (0.099)
资本信贷	0.211 (0.382)	0.074 (0.426)	0.260 (0.420)	−0.006 (0.429)	0.117 (0.372)

续表

变量	(1) 饲料使用	(2) 品种使用	(3) 疫苗使用	(4) 药物使用	(5) 废物处理
饲料购买服务	2.143*** (0.307)	0.175 (0.278)	0.515 (0.280)	0.226 (0.290)	−0.065 (0.253)
品种购买服务	−0.223 (0.404)	1.475** (0.485)	0.059 (0.430)	−0.032 (0.454)	0.057 (0.387)
兽医服务	0.191 (0.112)	0.103 (0.104)	0.256** (0.098)	0.145 (0.096)	0.249* (0.098)
疫苗购买服务	−0.398 (0.455)	0.490 (0.457)	0.965* (0.476)	0.908 (0.510)	0.606 (0.361)
生猪销售服务	0.460 (0.332)	2.437*** (0.471)	1.882*** (0.453)	2.725*** (0.650)	1.049** (0.395)
专业培训	−0.010 (0.099)	0.104 (0.093)	−0.026 (0.086)	0.023 (0.091)	0.303** (0.094)
安徽	−0.957** (0.432)	−0.439 (0.381)	0.325 (0.385)	−0.214 (0.397)	−0.122 (0.393)
浙江	−0.945** (0.457)	−0.474 (0.414)	−0.144 (0.408)	−0.428 (0.413)	−0.666 (0.380)
山东	−0.678 (0.433)	0.710 (0.398)	0.439 (0.398)	0.381 (0.409)	0.068 (0.357)
_cons	−5.535*** (1.397)	−7.787*** (1.277)	−4.034*** (1.255)	−5.716*** (1.214)	−4.671*** (1.230)
样本总量	540	540	540	540	540
adj. R^2	0.291	0.284	0.232	0.255	0.209

括号内为标准误差。*，$P<0.05$；**，$P<0.01$；***，$P<0.001$。

　　关于服务职能的相关因素，虽然描述性统计数据显示农户的安全生产行为随着服务质量的提高而改善，但回归数据并不支持这一结果，这意味着，一个提供更多服务的合作社，未必能更好地保证农户的安全生产行为。然而，在服务质量方面，与购买饲料有关的服务对农户的饲料使用行为和疫苗接种行为有影响,而且对农户的饲料使用行为的影响比对农户的疫苗接种行为的影响更为显著。与品种购买有关的服务明显有助于改善农户在生猪品种使用方面的安全生产行为。兽医服务对于改善农户在饲料使用、疫苗使用和废物处理方面的安全生产行为非常重要。这些服务对农户对生猪接种疫苗行为的影响最为显著,其次是废物处理,然后是饲料使用。与疫苗购买有关的服务对农户的疫苗使用、药物使用和废物处理行为有影响,其中,这些服务对疫苗使用的影响是最显著的。生猪营销服务对养殖户的养殖行为、疫苗使用、药品使用和废物处理有显著影响;这些服务对这些行为的影响均在1%的水平上显著,受影响最大的是药品使用,其次是品种使用、疫苗使用和废物处理。这一结果意味着,当农户通过合作社向下游利益相关者出售他们的生猪时,倾向于以更安全的方式使用药物。专业培训只对农户与垃圾处理相关的生产行为产生影响,而信贷服务对农户的任何安全生产行为都没有影响。

回归结果表明,如果合作社提供更多的服务,农户的安全生产行为不会得到改善,但可以通过提供更高质量的服务来改善农户的生产行为。本研究的结果也表明,提供更多服务的合作社并不一定提供更好的服务。通过帮助更多的农户统一采购饲料、品种、疫苗和帮助进行生猪销售,并提供更多的兽医咨询服务,农户的安全生产行为将得到改善。在我们的研究中,生猪销售服务在确保农户安全生产行为方面发挥了重要作用。研究结果还表明,我国合作社提供培训服务的效果并不理想,培训服务只会影响农户的垃圾处理行为。

五、结论与启示

根据研究结果,我们可以肯定地回答研究开始时提出的问题:合作社提供的服务确实影响农户的安全生产行为。服务的数量不是关键的决定因素,但服务质量决定了农户的安全生产行为。农户受教育程度和生产规模是影响农户安全生产行为的另外两个因素。因此,本书提出了几点启示。第一,养猪户应该使用更安全的方法生产生猪;提高农户的教育水平至关重要,帮助他们更好地了解和掌握合作社要求的最佳生产方法。第二,应该鼓励规模化经营,因为小农的生产行为不那么安全,也很难控制。这与中国养猪业目前正在实施的政策一致。第三,要鼓励农户使用品牌饲料,合作社要努力让更多的社员农户统一购买饲料。这将改善农户的饲料使用行为,并帮助成员农户实现规模经济。第四,合作社应该帮助农户集体购买生猪品种,或鼓励他们使用自己农场繁殖的品种,而不是从不知名的农场或公司购买,这可以确保所使用的品种是安全的,并抵抗流行病。第五,兽医服务应引起合作社的重视,因为兽医是能够提供建议和治疗的专业人员;无论是合作社单独提供还是合作社及其合作公司联合提供,应向农户提供更多的兽医服务。农户通过学习如何使用疫苗、如何处理废物以及购买哪些饲料,将大大改善其安全生产行为。还应加强与购买疫苗有关的服务,合作社应帮助农户了解根据农场环境使用疫苗和药物的重要性,以及将猪粪转化为甲烷和有机肥料的重要性。第六,合作社提供与生猪统一销售有关的服务也十分重要。合作社可以直接与下游利益相关者合作,也可以与农村的经理人联系,帮助农户销售。这可能是改善农户安全生产行为的最有效途径。此外,提供生猪销售服务将有助于提高农户养猪收入的稳定性。

综上所述,中国的合作社可以通过提供不同类型的服务,来改善农户的安全生产行为,并且合作社提供的服务质量越高,农户的生产行为就越安全。政府应采取相关措施帮助合作社提供更好的服务,以确保农户从事安全生产行为,这将提高养猪业的食品安全。

六、本章小结

本研究采用了中国 27 家生猪合作社及其 540 户农户的横断面调查数据,以分析合作社服务对农户安全生产行为的影响,并采用 Logit 回归模型对假设进行检验。调查结果表明,尽管服务数量不是农户安全生产行为的关键决定因素,但服务质量至关重要。当合作社有能力让更多的农户参与某些服务,并以更频繁的频率提供某些服务时,成员农户的生产行为就更安全。结果还表明,兽医和生猪销售服务对保障农户的安全生产行为具有重要作用。本研究认为,合作社服务质量对农户安全生产行为有正向影响。合作社的领导人或管理者必须努力提高其服务质量,而不是仅仅试图提供大量服务。对于政府官员和决策者来说,制定鼓励合作社提高服务质量的政策是至关重要的。这项研究有助于填补关于合作社服务如何帮助农户从事更安全的生产行为的文献的空白,并且提高未来猪肉产品的安全性。

参考文献

[1] Balbach J K. The effect of ownership on contract structure, costs and quality: the case of the U. S. beet sugar industry. *The Industrialization of Agriculture: Vertical Coordination in the US Food System*, 1998.

[2] Cechin A, Bijman J, Pascucci S, Zylbersztajn D, Omta O. Quality in Cooperatives versus Investor-owned firms: Evidence from broiler Production in Parana, Brazil. *Managerial and Decision Economics*, 2013(84).

[3] Chaddad F R, Cook M L. Understanding New cooperative models: An Ownership-control rights typology. *Applied Economic Perspectives and Policy*, 2004(26).

[4] Chen X J, Tan Y W. Study on influencing factors of services functions of farmers cooperatives from the perspective of food safety-the case of fruits cooperatives in Guangdong Province. *Journal of Agrotechnical Economics*, 2013(1).

[5] Cook M L. 1995. The future of U. S. Agricultural Cooperatives: A Neo-Institutional Approach. *American Journal of Agricultural Economics*, 1995(77).

[6] Deng H S, Huang J K, Xu Z G, Rozelle S. Policy support and emerging farmer professional cooperatives in rural China. *China Economic Review*, 2010(21).

[7] Dorward A, Kydd J, Poulton C. Smallholder Cash Crop Production under Market Liberalisation: A New Institutional Economics Perspective. *CAB International, Wallingford*, 1998.

[8] EU Commission. Enterprise and industry: small and medium-sized enterprises (SMEs), http://ec. europa. edu/enterprise/policies/sme/ promoting-enterpreneurship/ socil-economy/co-operatives/index_en. htm. Accessed on December 15th, 2017.

[9] Guo H, Jolly R W, Zhu J. Contract Farming in China: perspectives of farm households and agribusiness firms. *Comparative Economic Studies*, 2007(49).

[10] Hall C,Ehui S,Delgado C. The Livestock revolution,food safety and small-scale farmers:why they matter to us all. *Journal of Agricultural Environmental Ethics*,2004(17).

[11] Hansmann H. *The ownership of Enterprise*. Cambridge:Belknap Press of Harvard University Press,MA,1996.

[12] Hellin J,Lundy M,Meijer M. Farmer organization,collective action and market access in Meso-America. *Food Policy*,2009(34).

[13] Hu F,Chen Y Y. Social network and farmers' financial borrowing behaviors-evidence from data of CFPS. *Journal of Financial Research*,2012(12).

[14] Hua H J,Chang X Y. Research on influence of supply chain mode on farmers' safe production behaviour -the case of grape farmers in Jiangsu Province. *Journal of Agrotechnical Economics*,2011(9).

[15] Huang J K,Deng H S,Xu Z G. Service functions and its influencing factors of farmers cooperatives in China. *Management World*,2010(5).

[16] Huang Z H,Gao Y L. The effectuation of service functions in Chinese agricultural cooperatives and its influencing factors. *China Agricultural Economics*,2012(7).

[17] Ji C,de Felipe I,Briz J,Trienekens J H. An empirical study on governance structure choices in China's pork supply chain. *International Food and Agribusiness Management Review*,2012(15).

[18] Ji C, Guo H D, Jin S Q, Yang J. 2017. Outsourcing Agricultural Production:Evidence from Rice Farmers in Zhejiang Province. *PLOS ONE*,2017(12)(1).

[19] Jia X P,Huang J K. Contractual arrangements between farmer cooperatives and buyers in China. *Food Policy*,2011(36).

[20] Jin S H,Zhou J H. Adoption of food safety and quality standards by China's agricultural cooperatives. *Food Control*,2011(22).

[21] Kirezieva K,Bijman J,Jacxsens L,Luning P A. The role of cooperative in food safety management of fresh produce chains:Case studies in four strawberry cooperatives. *Food Control*,2016(62).

[22] Liang Q,Hendrikse J. Pooling and yardstick effect of cooperatives.

Agricultural Systems, 2016(143).

[23] Little P D, Watts M J. Living under Contract: Contract Farming and Agrarian Transformation in Sub-Saharan Africa. Wisconsin, WI: The University of Wisconsin Press, 1994.

[24] Liu J D, Wang K, Ji C. Pig farmers' willingness in using vaccination and its influencing factors-evidence from Jiangsu province. *Agricultural Technological Economics*, 2009(4).

[25] Marshall G. A dictionary of sociology. Oxford University Press, New York, NY, 1998.

[26] McGlone J J. Farm animal welfare in the context of other society issues: toward sustainable systems. *Livestock Production Science*, 2001 (72).

[27] MOA (Ministry of Agriculture of China). National Hog Production Development Plan (2016—2020). http://www. moa. gov. cn/zwllm/ zwdt/201604/t20160421_5102287. htm.

[28] Missotten J A M, Michiels J, Degroote J. Fermented liquid feed for pigs: an ancient technique for the future. *Journal of animal science and biotechnology*, 2015(6).

[29] Moustier P, Tam P T G, the Anh D, Binh V Z, Loc N T T. The role of farmer organizations in supplying supermarkets with quality food in Vietnam. *Food Policy*, 2010(35).

[30] Naziri D, Aubert M, Codron J M, Loc N T T, Moustier P. Estimating the impact of small-scale farmer collective action on food safety: the case of vegetable in Vietnam. *Journal of Development Studies*, 2014 (50).

[31] Nicholsen F, Poulsen H D, Provolo G, Sørensen P, Vinnerås B, Weiske A, Bernal MP, Böhm R, Juhász C, Mihelic R. Recycling of livestock manure in a whole-farm perspective. *Livestock Science*, 2007(112).

[32] Nilsson J. The emergence of new organizational models for agricultural cooperatives. *Swedish Journal of Agricultural Research*, 1998(28).

[33] Peng W H, Huang Z H. Can Cooperatives Help to Increase Farmers' Income? -Analysis Based on Endogenous Switching Regression Model

and Cooperatives' Service Functionality. *Journal of Northwest A&F University* (*Social Science Edition*),2017(4).

[34] Pennerstorfer D,Weiss C R. Product quality in the agri-food chain:do cooperatives offer high-quality wine? *European Review of Agricultural Economics*,2013(40).

[35] Plumed-Ferrer C,Von Wright A. Fermented pig liquid feed:nutritional, safety and regulatory aspects. *Journal of Applied Microbiology*,2009 (106).

[36] Poulton C D,Dorward A R,Kydd J G. The future of small farmers:New directions for services,institutions and intermediation. International Food Policy Research Institute (IFPRI) & overseas development institute, London,LON,2005.

[37] Prapaspongsa T,Poulsen T G,Hansen J A,Christensen P. Energy production,nutrient recovery and greenhouse gas emission potentials from integrated pig manure management systems. *Waste Management and Research*,2010(28).

[38] Reardon T,Barrett C B,Berdegué J A,Swinnen J. Agri-food industry transformation and small farmers in developing countries. *World Development*, 2009(37).

[39] Staatz J M. Theory:New Approaches,U. S. Department of Agriculture. In Royer J S, eds. , Farmer's incentives to take collective action via cooperatives:a transaction cost approach. Cooperative,Washington D. C. ,1987.

[40] Tang Z K. Cooperative function with socialist market economy. *Economic Research Journal*,2007(12).

[41] Tian Y. Study on influencing factors of farmer cooperatives' marketing and service. *Journal of Agrotechnical Economics*,2016(2).

[42] Trienekens J H. Agricultural Value Chains in developing countries:a framework for analysis. *International Food and Agribusiness Management Review*,2011(14).

[43] Van Hoi P,Moi A P J,Oosterveer P J M. Market governance for safe food in developing countries:the case of low pesticide vegetables in

Vietnam. *Journal of Environmental Management*,2009(2).

[44] Wan J H,Qi Q Y. Research on priority demand of cooperative service functions. *Study and Practice*,2016(8).

[45] Wang H T,Wang K. Analysis on influencing factors of farmer's pig safe production decision behaviour-empirical evidence from a multiple group SEM research. *China Agricultural Economics*,2012(11).

[46] Wang T Z. Viability,external support and service capabilities of farmers cooperatives. *Issues in Agricultural Economy*,2017(5).

[47] Wang Y. Addictive use behaviour of pig farmers and its influence factors-based on the pig farmers investigation in Jiangsu province. *Journal of Agrotechnical Economics*,2009(7).

[48] Wu H,Qi Y B,Yu W Y. Pig producers' willingness to adopt safe feed and its influencing factors-empirical evidence from 613 pig farmers in China. *Agricultural Economics*,2015(3).

[49] Xu X C,Shao K,Liang,Q,Guo H D,Lu J,Huang Z H. Entry of Chinese small farmers into big markets. *The Chinese Economy*,2013 (46).

[50] Yuan P. Some recommendations no how to revise the law on farmers' cooperative in China. *Journal of Hunan Agricultural University (Social Science)*,2013(44).

[51] Zhang Y Y,Fu L L. Measurements of pig farmers' safe production behaviour and its influencing factors. *Journal of Agro-Forestry Economics and Management*,2016(15).

[52] Zhong Y Q,Huang Z H,Wu L H. Analysis on the factors influencing the safety production behaviour of pig farmers. *Chinese Journal of Animal Science*,2016(20).

[53] Zhong Z,Cheng Y Y. Research on service functions of farmers cooperatives in dairy sector. *Agricultural Economics and Management*,2013(4).

[54] Zhou J H,Li K,Liang Q. Food safety controls in different governance structures in China's vegetable and fruit industry. *Journal of Integrative Agriculture*,2015(14).

第七章　供应链中农民合作社组织的可持续发展

一、引言

　　"可持续性"一词被定义为"既能满足当代人的需要,又不损害下一代人满足自身需要的能力"(Brundtland,1987)。可持续农业(SA)具有五个主要属性:资源保护(土地、水、植物和遗传资源),环境不退化,技术适当,经济和社会可接受[联合国粮食和农业组织(FAO),2018;Zhen & Routray,2003]。可持续农业对于发展中国家而言有更进一步的含义,这意味着真正的可持续发展必须包括以"更绿色"和更有效的方式使用投入要素,从而满足迅速增长的人口的广泛的粮食安全和创收需求(Lee,2005)。发展中国家的农业合作社在提高农业可持续发展方面发挥着重要作用,因为它们帮助农民采用更有效的技术和获得更低成本的投入要素(Kumar et al.,2015),促进有机食品的生产、加强自然资源的可持续利用以及保护生物多样性(Song et al.,2014)。此外,它们还改善了农民的生计(Kumar et al.,2015)。

　　合作社的定义是"个人自愿联合起来,通过共同拥有和民主控制的企业满足其共同的经济、社会、文化需要和愿望的自治协会"[国际合作社联盟(ICA),1995]。建立合作社的目的是通过提高农民在市场上的议价能力,并依靠集中合作企业资金和资源降低成本,从而实现规模经济,为农民带来经济利益(Schram,2007)。

　　尽管具有传统公司的一些特征,但合作社在目标、治理、融资结构以及创新管理方法方面与传统的投资者所有的公司(IOFs)有很大的不同(Drivas & Giannakas,2006,2007;Giannakas & Fulton,2003,2005;Fulton & Giannakas,2001;Novkovic,2007),(Ariyaratne et al.,1997)。第一,合作社是由成员经

营,为成员服务的,而投资者所有的公司是资本家所有的。第二,合作社是由其成员控制的民主组织,这些成员积极参与制定政策,并在决策中拥有平等的投票权(一人一票)(Luo et al.,2017)。公司由董事会管理(Liang et al.,2015)。因此,合作社的可持续性与投资者所有公司的可持续性之间的巨大差别值得探讨。

组织的可持续性代表一个持续的过程,而不是一种完美的状态(Coblentz,2002)。组织可持续性的关键要素是环境、社会和经济可持续性(Mustapha et al.,2017),有时也被称为"三重底线"(Elkington,1999)。组织可持续性已经被广泛研究(McKenzie,2004;Labuschagne et al.,2005;Lopes et al.,2017);然而,对农业合作社可持续性的研究仍有不足(Nkhoma,2011)。基于对合作社和组织可持续性相关概念的两次回顾(Cook,1995;Wales,2013),合作社的可持续性是指经济、社会和环境三个方面的可持续,重点强调合作社的社会可持续性。

很少有研究探讨影响合作社可持续性的因素。在组织可持续性领域,动态能力被认为是一个正向影响组织可持续性的因素(Tsai et al.,2013;Paulraj,2011)。Eisenhardt 和 Martin(2000)将动态能力定义为"企业使用资源的过程,特别是整合、重新配置、获取和释放资源以匹配甚至创造市场变化的过程",动态能力有助于组织的可持续绩效(Teece,2007)和可持续竞争优势(Zollo & Winter 2002)。

复衡性是另一个没有被广泛讨论但很重要的因素,它与可持续性的关系引起了学者们的关注。复衡性是一种"组织适应冲击、减少脆弱性和抵御不利变化的能力"(Fischer & Kothari,2011),是一个更侧重于系统如何能够从变化中恢复的动态过程的概念。可持续性更侧重于系统的静态结果/状态(Redman,2014)。Elmqvist(2017)指出,学术界并不清楚这两个概念之间的关系。一种观点认为,复衡性有助于可持续性,而可持续性导致复衡性的假设是不可能的(Derissen et al.,2011)。因此,我们认为组织的复衡性(动态过程)可能导致其可持续性(如可持续的结果)。这三个概念,合作社的动态能力、复衡性和可持续性,在文献中都没有得到充分的探讨。

基于上述文献的空白,本研究的目的是回答这样一个问题:农业合作社的可持续性是如何构成和确定的?

为了研究农业合作社的可持续性,选择中国作为调研地点,因为中国的小农户承担大部分的农业生产(Jia et al.2016)。2007年通过《农民专业合作社法》后,中国合作社的数量呈指数级增长,2015年达到近150万户,并呈现出多元化发展的趋势(Huang et al. 2014;Zhang,2009;Kong,2013)。然而,由于农业生产的不确定性,许多农业合作社已经退化或倒闭(Jia et al.,2016)。生猪养殖业是中国最重要的畜牧业部门。然而,由于浙江省在2015年率先实施了"一种统一节水的政策(五水共治)"①,浙江省两县90%的养猪场被关闭,许多生猪合作社也随之倒闭。这种政策是价格波动和流行病之外的一种新的可识别的风险,阻碍了合作社的经济可持续性。因此,由政府实施的环境可持续性和养猪场发展需要(经济可持续性)之间存在紧张关系,环境可持续性被认为是经济可持续性的成本,进而几乎是社会可持续性在发展中国家的代名词。因此,中国的生猪养殖业为研究合作社的可持续性提供了一个理想的实验条件。

本研究在以下几个方面对可持续性研究做出了贡献:第一,农业合作社可持续性的概念可能在本研究中第一次被定义,这与投资者所有公司的可持续性的概念有很大的不同;并且我们提出了农业合作社可持续性的重要性。第二,我们探讨了合作社复衡性、动态能力和可持续性之间的关系,这在之前没有被严格讨论过。第三,提出了以合作社复衡性和合作社能力为特征的合作社类型,以及朝着最具有可持续性的合作社类型发展的不同路径,从可持续性和风险管理(复衡性)的角度丰富了合作社理论。这些提出的最具可持续性合作社的策略路线或途径,为合作社和政策制定者提供了急需的技术路线,以帮助合作社生存、维持和繁荣。

二、理论综述

本章的文献综述分为五个部分:中国生猪养殖业的风险状况、合作社的复衡性、合作社的动态能力、合作社的可持续性以及三者之间的关系。

---

①　2013年底,浙江省提出了"五水共治"政策的统一思路,并于2014年形成规划。政策实施时间是从2015年到2017年。该政策旨在控制水污染,防止洪水,排出积水,确保城市用水和节约用水。这被认为是中国对畜牧业生产实施的最严格的环境控制政策,因为该规定的关键要素是关闭位于水资源附近的养殖场。这项政策严重影响了养猪场,因为生猪养殖业被认定为主要的水污染来源。该政策得到了中央政府的高度重视,并已扩大到几个东南部省份(如江苏、上海、安徽、福建、广东、江西),考虑到水资源的交汇,该政策正在向北部和中西部地区扩展,如山东、四川和辽宁。

(一)中国生猪养殖业的风险状况

生猪养殖业是中国最重要的畜牧业部门。中国养猪业面临着诸多挑战,比如食品安全问题、生猪/猪肉价格波动、环境压力以及生猪生产的分散化等。流行病和市场价格波动是养猪业的两大风险来源。例如,Zheng et al. (2014)发现,自 2005 年以来,疾病流行的发生频率更高;在抽样调查的农场中,每年有超过 10% 的农场遭受严重的流行病。其他学者发现,生猪价格波动呈现周期性变化趋势,即生猪行业价格波动每 35—45 个月发生一次(Mao & Zeng,2008)。"五水共治"政策是一种尤其对于小农而言的新的可识别的政策风险。政府的环境政策意味着浙江省许多可能污染水源的生猪养殖户会被禁止参与生猪生产,而这种影响正在向福建、江苏、广东等沿海省份蔓延(中国环境保护报,2015)。

(二)合作社的复衡性

"复衡性"一词最初是由 Holling(1973)在他的开创性著作《生态系统的复衡性和稳定性》中提出,并被定义为"适应冲击、减少脆弱性和抵抗不利变化的能力"(Fischer & Kothari,2011)。它被认为是降低风险或不确定性的最重要的方法之一(Scholten et al. ,2014)。

Annarelli 和 Nonino(2016)指出,如何成为有复衡性的组织的战略方法和动态能力将会是组织复衡性这一议题未来富有成果的研究方向。近年来,组织复衡性的定义在管理和组织理论文献中得到了广泛的讨论(Bhamra et al. ,2011;Annarelli & Nonino,2016;Riolli & Savicki,2003;Seville et al. ,2008;Lee et al. ,2013)。然而,不同的学科(如组织理论、供应链管理和生态可持续性)讨论了组织复衡性的不同维度(Sawalha,2015;Briguglio et al. ,2009;Coles et al. ,2011;Edgeman & Williams,2014;Whiteman et al. ,2013;Somers,2009)。当建立在准备和预防措施的基础上,以最小化威胁的可能性和减少任何可能发生的影响时,组织复衡性是静态的;当建立在管理中断和意外事件的能力的基础上,以最小化不利的后果和最大化组织恢复到原来或一个新的、更可取的状态的速度时,它是动态的(Annarelli & Nonino,2016)。Ponomarov 和 Holcomb(2009)确定的复衡性的关键要素是意愿和准备、响应和适应、恢复和调整。然而,这一概念很少受到实证研究者的关注(Sutcliffe & Vogus,2003)。

合作社可以保护成员,为建设组织功能创造空间,并采取集体行动来应对市场和政策变化(Vicari & de Muro,2012)。合作社还可以作为一个避难所,通过建立复衡能力来保护农民免受潜在风险(Valentinov & Iliopouls,2013)。在本研究中,我们采用 Rodriguez 等(2016)对合作社复衡性的定义,将其定义为合作社在不断变化的环境中减少脆弱性、生存、适应和成长的能力。

中国生猪养殖业的利益相关者面临着食品安全和价格波动风险的挑战(Ji et al.,2017)。最近颁布的"五水共治"政策成为新的环境政策风险源,因为它迫使沿海地区的养猪场在短时间内关闭。在中国,生猪合作社帮助保护成员农户不受风险影响,并减少这些风险带来的损失。因此,合作社的复衡性将决定它能在多大程度上保护其成员农民免受风险。

(三)合作社的动态能力

Helfat 和 Winter(2011)将动态能力定义为组织有目的地创造、扩展和修改其资源基础的能力。Tsai 等(2013)认为动态能力是影响组织可持续性的因素。动态能力理论植根于资源基础理论(RBV)(Barney,1991),该理论认为,企业为了获得或保持竞争优势,会将大量有价值的、稀有的、不可模仿的和不可替代的资源组合在一起(Rauer & Kaufmann,2015)。动态能力理论通过推理来解决这一挑战,即组织在动态环境中持续运行,以新的方式创建和重组他们的资源 (Amui et al.,2017)。学者们以不同的方式对组织的动态能力进行分类,如市场营销能力、财务能力和技术能力(Stockbridge et al.,2003;Hellin et al.,2009;Ma & Abdulai,2016)。

合作社作为一种组织形式,需要动态能力。Wang 和 Ahmed(2007)将动态能力分为三种类型:"适应能力"、"吸收能力"和"创新能力",分别指企业识别和利用新兴市场机会的能力;识别外部资源的价值,吸收并应用于商业用途的能力;以及通过创新行为生产新产品的能力。一些学者还认为,组织的动态能力与主要决策者重新配置公司资源和路线的能力密切相关(Zahra et al.,2006)。

在合作背景下,一个可行的合作社通常要为农民提供资源,以改善农民的福利(Huang & Gao,2012;Huang et al.,2010)。Deng 等(2010)将合作社向其成员提供的资源分为四类:技术或信息资源、农业投入购买资源、产出营销资源和信贷资源。因此,在我们的研究中,我们采用合作社为其成员农户识别市场机会（适应能力），合作社在销售渠道、采购渠道、培训和资金方面提供资源的能力（吸收能力），及创新的能力（创新能力）作为合作社动态能力的维度。

（四）组织和合作社的可持续性

组织可持续性在战略管理和运营管理文献中已经被广泛讨论。学者普遍认为，组织的可持续性不再是一个简单的经济或财务概念，而包括社会和环境意义（Labuschagne et al.，2005；Florea et al.，2013）。例如，Arjen 和 Schwarzin（2012）指出，一个可持续的组织不是指一个成功盈利的组织，而是指一个根据我们今天所知道的，通过寻找 3P 之间的动态平衡，成功地平衡了人、经济和地球的组织。根据经济合作与发展组织（OECD）的定义，可持续性意味着以平衡的方式将社会和经济、社会和环境目标联系起来（Tsai et al.，2013）。可持续性为组织提供了挑战和机遇（Ceasar & Page，2013），它可以克服经济压力，适应未来的环境需求（Wilkinson & Hill，2001）。

因此，Lopes 等（2017）进一步提供了可持续性的详细定义：经济可持续性包括公司的财务健康、经济绩效、潜在的财务效益和贸易机会。社会可持续性包括内部人力资源、外部人口、利益相关者参与度和宏观社会绩效。环境可持续性包括空气、水、土地和矿物资源。Dillard 等（2009）认为社会可持续性是产生与组织成员福利相关的社会健康的过程。McKenzie（2004）认为，当正式和非正式的过程、系统、结构和关系积极支持当代人和后代人创建健康和宜居社区的能力时，社会可持续性才会出现。社会可持续的社区是公平的、多样化的、相互联系的和民主的，并提供良好的生活质量。然而，Florea 等（2013）认为，社会可持续性可能不仅仅意味着公平、组织化的公民行为（自愿帮助有需要的员工）和慈善（为组织的公共关系努力做出贡献）。

关于什么是合作社可持续性，没有明确的定义。国际劳工组织（ILO，2014）提出，合作企业的价值观和原则对减少贫困，支持更包容、更平等的贸易关系和提供就业机会具有重要意义，有助于应对全球化背景下的经济发展、环境保护和社会公平等紧迫问题。基于组织可持续性的定义和国际劳工组织的描述，我们为合作社的可持续性提供如下定义：合作社的可持续发展是指经济、社会和环境的可持续发展，尤其强调社会的可持续发展，即对共同成员和地方社区的利益反映在自治、自愿、社会需要、共同拥有和民主控制等用语和形容词中。合作社的可持续性可能受到其业务能力、治理以及市场环境的影响（Nkhoma,2011）。

然而,Weerawardena 等（2010）研究了非营利组织（NPOs）的可持续性,认为对非营利组织而言,可持续性主要意味着能够生存下去,从而继续为其支持者服务。考虑到合作社是非营利组织,关于合作社的有影响力的作者 Cook（1994）指出合作社的发展有五个阶段:经济正当性、组织设计、成长—荣耀—异质性、认同、反思与选择。由此,我们阐述经济的可持续性是社会可持续性的基础,因为向合作社成员提供利益,取决于合作社的生存和经济的可持续性。

(五)合作社复衡性、动态能力和可持续性之间的关系

目前学界几乎没有在合作社背景下关于复衡性、动态能力和可持续性之间关系的研究（Rodriguez et al.,2016）。然而,其他领域的研究（如社会生态学和组织研究）提供了一些线索。Fiksel（2006）认为在不断变化的全球环境中,可持续发展将需要多个层面上的复衡性。Perrings（2006）指出,了解不确定性下的系统动力对生态可持续性具有重要意义。Fahimnia 和 Jabbarzadeh（2016）的研究表明,组织可以通过整合精益和集中的情况,利用灵活性和敏捷性（复衡性的两个关键要素）来实现更高效的环境绩效,这表明组织的复衡性有助于实现可持续绩效（Wieland & Wallenburg,2012）。Derissen 等（2011）确定了复衡性和可持续性之间的四种关系:(1)系统的复衡性对于可持续性来说是必要的,但不是充分的;(2)系统的复衡性对于可持续性来说是充分的,但不是必要的;(3)系统的复衡性对可持续性来说既不是必要的,也不是充分的;(4)系统的复衡性对于可持续性来说既是必要的也是充分的;而从可持续性到复衡性的推论是不可能的。Beske（2012）认为,可持续组织往往具有创新性,因为可持续组织往往具有高度发达的动态能力导向。因此,可以推断,具有较强动态能力的合作社更有可能是可持续的,因为这种能力可能为成员农民以及周边社区带来更多的经济、社会和环境福利。

从文献综述中我们可以得出结论,合作社的复衡性和动态能力可能会影响其可持续性,但是合作社的复衡性和动态能力如何影响可持续性还需要进一步的探索。

三、研究方法

（一）案例研究法

我们采用了民族志学的多案例研究方法，因为（1）合作社的复衡性、能力和可持续性研究仍存在不足；（2）存在一个"如何"的研究问题，需要探索实现合作可持续性的详细机制（Yin，2013）；（3）风险概况和复衡性是复杂的，所以采用案例研究是适当的（Eisenhardt，1989）。

选择中国生猪养殖业的四家农民合作社有 3 个原因：（1）生猪养殖业是中国最大的畜牧业部门，面临着市场波动、疫病流行和政策变化带来的诸多不确定性；（2）小规模养猪户是猪肉供应链中权力最小的参与者，加入合作社是他们共同合作、减少风险的一种方式；（3）中国的生猪养殖业为探讨合作社复衡性及其对可持续发展可能产生的影响提供了一个丰富的内容。

最初，根据合作社的复衡性和可持续性，以及符合国际合作原则规范（如民主治理结构）的原则（见图 7-1），我们筛选出了十多个生猪合作社，以保证合作社的真实性。在实地调研和数据分析中，我们有意选取了四家合作社，

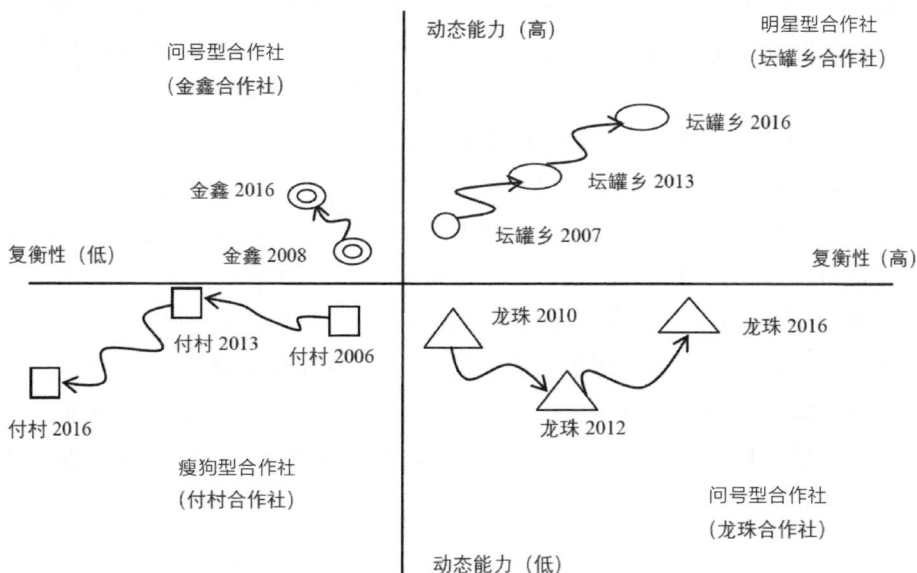

图 7-1　基于复衡性和动态能力的生猪合作社类型

从合作社复衡性和合作社动态能力两个维度对合作社的可持续性进行研究。在合作社复衡性和合作社动态能力的 2×2 矩阵(见图 7-2)中,每一个象限代表一种情况。四家合作社的基本信息见表 7-1。

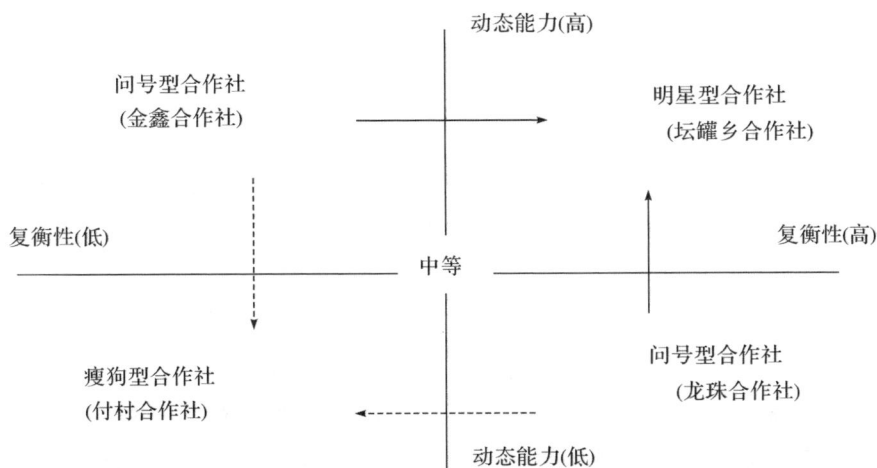

动态能力(高)

问号型合作社
(金鑫合作社)

明星型合作社
(坛罐乡合作社)

复衡性(低)

中等

复衡性(高)

瘦狗型合作社
(付村合作社)

问号型合作社
(龙珠合作社)

动态能力(低)

图 7-2　可持续或非可持续合作模式的可能路径

我们征得了合作社的同意,可以公开他们的身份,但为了方便国际读者,我们用他们中文名字的拼音首字母来代表他们。

表 7-1　案例生猪合作社简介

合作社名称	注册年份	成员个数	社长	成员生产规模	省份	田野调查次数	访谈次数
TGX	2007	101	陈大清先生(村主任)	小规模农户	四川	2	6
LZ	2010	48	赵春根先生(以前是养猪的农村企业家)	大规模农户	浙江	4	8
JX	2008	110	邓永文先生(曾是废物回收业务的农村企业家)	后院农户	四川	2	6
FC	2006	9	金新振先生(大型生猪生产商)	中等规模农户	浙江	3	5

注:中国的养猪场规模是根据到年底增肥的猪头数确定的,即后院农民(少于 50 头)、小农场主(50—99 头)、中型农场主(100—499 头)和大规模农民(500 头以上)。

资料来源:《中国畜牧年鉴》。

（二）数据收集

2015 年 9 月至 2016 年 5 月，我们共对 25 名受访者进行了访谈，包括 TGX 合作社的 6 名受访者，LZ 合作社的 8 名受访者，JX 合作社的 6 名受访者，FC 合作社的 5 名受访者。受访者包括四个合作社的社长、一些核心农民和每个合作社的一些普通成员，以确保获得全面的观点。社长和一些核心成员都接受了两次或两次以上的采访。

研究工具包括持续 30—120 分钟的面对面半结构化访谈、来自互联网和合作社内部文件的档案数据以及直接观察。我们的访谈涉及以下几个关键问题：(1)农民合作社概况；(2)有关产业界及合作社的风险概况；(3)合作社的复衡性；(4)合作社的动态能力；(5)合作社的可持续性。

我们对每个合作社至少进行了两次数据收集/实地探访（见表 7-1）。一般来说，在第一轮数据收集过程中，我们会尽量了解合作社的概况。在第二轮的实地访谈中，我们则收集更加详尽的数据。实地研究人员（共同作者）分别对四个合作社进行了二到四次访问。对于每次访问，实地研究人员会根据对合作社的直接观察和对重点内容的反思，制作 10—15 页的实地调查笔记。观察和实地记录对通过访谈收集的数据进行了三角剖析。

（三）数据分析

按照 Miles 和 Huberman(1994)描述的程序，我们首先对四个合作社中的每个合作社分别进行了案例内分析。编码是反复进行的。首先，每个研究人员分别对数据进行编码，然后我们比较现场研究人员/共同作者之间各自编码的数据，以确保一致性和编码器间的可靠性。整个过程中我们讨论并解决了分歧。这使得我们澄清差异，有时则重新定义结构并讨论证据。在完成该过程之前，我们在所有构造上都达成了共识。特别是，我们通过执行 Yin (2013)的四项测试（见表 7-2）验证了结果。

表 7-2　案例研究验证

测试	行动
构造	使用了多种证据来源（访谈，档案数据）
有效性	三名研究人员分别进行了分析并比较了笔记

续表

测试	行动
可靠性	建立了证据链：每个合作社都采访了多个回答互为补充的受访者
内部	模式匹配：我们将发现与最初案例中提出的命题进行了比较
外部	确定案例之间的共性和差异
有效性	通过跨案例分析实现复制逻辑
可靠性	案例研究方案指导现场研究和分析
	创建一个案例研究数据库，其中包含日记、实地记录、成绩单、录音和问卷

来源：改编自 Yin's(2013)。

　　案例内分析的目的一方面是对每个合作社的商业模式（由复衡性和动态能力决定）有一个广泛的了解，另一方面是描述合作社的可持续性。我们还进行了综合案例分析并将结果制成表格，以探讨共同的主题。我们在案例层面上使用"集群"进行数据分析（分组然后概念化对象）。

四、四个合作社的发展情况描述

　　四个案例合作社的资料详列于表 7-1。下面，我们总结四个合作社发展过程中的一些关键信息。

（一）TGX 合作社

　　2013 年以前，合作社没有统一养猪，农民们单独养猪，并通过中间商或经纪人出售生猪。2013 年，合作社开始统一生产（也就是说，所有生猪都在生产基地饲养，每年育肥 20000 头猪）。后来，合作社与当地一家名为"惠远农业科技有限公司"（以下简称"惠远"①）的养猪公司签订了合同。TGX 生产"惠远625"猪至 100 千克，然后以 10 元/千克的基线（保护）价格卖给惠远。然后，惠远以自由放养的方式在丘陵上养猪至直到大约 200 千克后，运到自己的屠宰场。

---

　　①　惠远研发了一种名为"惠远 625"的猪种，它是杜洛克和四川野生黑猪的杂交种，可以产生更好的猪肉品质和风味。有关"惠远 625"品种的更多信息，请访问：http://www.hy625.com/。

（二）LZ 合作社

36 名农民成员一起向科盛饲料公司购买饲料，科盛是 LZ 所在的浙江省衢州市最大的企业。LZ 与浙江大学和科盛饲料公司合作，将茶叶提取物①添加到猪饲料中。2012 年，LZ 合作社决定整合下游分销渠道（如零售商），为农民成员带来利润溢价。它创办了春然农牧食品有限公司，并对于用茶叶喂养的猪，注册了自己的"九号牧场"品牌。2012 年至 2015 年，"九号牧场"的猪肉产品由于定价策略不当（仅比常规产品高出 10％②）和分销策略不当（通过非正规市场分销，而非正规高端市场），市场销售不佳。2015 年之后，在我们收集数据的时候，赵（LZ 总裁）在为 LZ 未来的发展制定清晰的战略之前，一直在努力寻找大规模销售优质高端猪肉的方法。

（三）JX 合作社

大多数成员农户在自家后院饲养了 30—50 头猪，这为他们的家庭收入做出了贡献，但他们并不仅仅依靠养猪来获得收入。在加入合作社之前，后院农民对规模化养猪一无所知。现在，从购买饲料、接种疫苗到卖猪，所有的养猪过程都要依靠邓。邓还帮助农民联系经纪人。

（四）FC 合作社

成员通过大规模购买饲料来降低成本。成员农民独立地饲养和出售生猪给经纪人。2016 年，FC 合作社受到"五水共治"政策的灾难性影响。"五水共治"政策旨在铲除所有没有适当的废物回收设施的养猪场，该政策往往指向中小型农场；FC 合作社现在仅剩 9 名成员。

---

①　来自大学的研究人员发现，将茶叶提取物添加到饲料中可以帮助减少猪肉的气味，而这是中国消费者所不喜欢的。

②　赵反映，当地消费者并不认为优质猪肉的价格仅比传统猪肉高 10％，因此他们宁愿购买传统猪肉产品。

五、综合案例分析

(一)合作社的复衡性

如理论综述部分所述,组织复衡性可以通过对风险的准备程度及其对风险的适应/恢复速度(Annarelli & Nonino,2016;Ponomarov & Holcomb,2009)来衡量。换句话说,如果一个组织采取了预防措施,对将要出现的风险做好了准备,并且能够从经历过的风险中迅速恢复过来,那么这个组织就具有很强的复衡性。在本研究的背景下,一个生猪合作社如果准备好应对任何风险则具有高水平的复衡性,如对生猪生产废弃物采取更严格的环境政策、生猪市场价格波动、疫病风险的不确定性等,具有较高的应变能力;能够快速适应、减轻和从这些风险事件中快速恢复。在这项研究中,我们采用了两个维度来衡量四个合作社的复衡性:对即将到来的风险的准备程度和从风险中恢复的速度。通过结合三个风险来源——政策不确定性、流行病和价格波动,这两个概念得以实施。

关于环境政策所造成的不确定性,TGX 合作社具有高度的保护机制。陈(TGX 社长)预见到四川很快将实施更严格的环境政策,所以他建议合作社建设一个回收设施来回收养猪场的废弃物,使其变成有机肥料和甲烷。因此,TGX 合作社对环境政策的准备能力很强。JX 合作社还没有受到太大的影响,因为这项政策只针对四川省。然而,JX 合作社成员对任何环境政策的改变都没有准备,因此他们对这种环境政策的准备能力很低。2012 年,即政策在浙江省生效之前,赵代表合作社申请了一笔国家拨款,成立了一家回收公司来解决养猪业污染问题,所以 LZ 合作社准备得很充分。因此它对任何环境政策的不确定性都准备得很充分。我们参考当前研究中受访者的表述来呈现数据(Narvaiza et al.,2016)。赵先生解释他们为环境政策所做的准备对 LZ 合作社的长远成功非常重要:"我们为我们的回收系统感到自豪,它获得了当地政府的奖励,被树立为畜禽废物回收的榜样。有了这家工厂,我们的成员农户成功地避开了更严格的环境政策风险,我们的合作社变得更加繁荣。"(LZ 合作社社长)

相比之下,FC 合作社受到了严重影响,其 46 个成员农场中有 37 个被关闭,因此它对环境政策变化的准备程度很低。FC 合作社的金先生说:"我们的成员农场没有为这种变化的环境政策做好准备。农民以传统方式养猪已经有很长一段时间了，现在他们被迫离开这个行业，我们的合作社几乎消失了。"（FC 合作社社长）

在对疫情防疫的准备方面，TGX 合作社聘请了专业团队对其生猪生产基地进行管理，兽医对病猪采取了最佳的治疗方法，防疫准备工作做得很好。LZ 并没有统一其生猪生产，但成员农户长期一直是大型养殖户。他们有能力和技术饲养生猪，他们有内部的专业团队（例如，兽医），所以它对流行病的准备是高的。JX 成员农户是一群在后院养猪的人。尽管邓试图实施安全养猪的最佳做法，但他们并没有始终如一地严格遵守规定。例如，一些农民使用自己准备的劣质饲料，由于缺乏兽医服务和资金而不遵守处理疾病的程序，所以这个合作社对流行病的准备很低。FC 合作社成员均为中型养猪户，养猪经验丰富。但据金的报告，部分农户存在机会主义行为，未使用正规市场上的优质疫苗，存在一定的疫病风险，因此 FC 合作社对疫病的准备处于中间状态。

关于应对价格波动风险的准备，2013 年，TGX 合作社与惠远开始合作，就价格、数量、质量进行谈判，确保了生猪价格不会受到市场波动的严重影响。LZ 合作社从 2014 年开始打造自己的品牌，这次尝试是为了抵御价格波动；然而，试验并不完全成功。JX 合作社和 FC 合作社根本没有为价格变化做好准备。

至于从环境政策不确定性（例如废水处理）中恢复的速度，LZ 合作社完全没有受到影响。四川的环境政策没有完全落实，所以 TGX 合作社和 JX 合作社还没有受到影响。FC 合作社受到了严重影响，37 个成员农场关闭，看来FC 仍在艰难地恢复。

考虑到价格波动后的恢复速度，TGX 合作社很快找到了规避风险的方法：以保护性价格与下游买家惠远签约。这使得 TGX 合作社能够专注于猪的生产，并取得比以前更好的地位。陈先生（TGX 社长）说："2007 年，猪肉价格变得更加多变。我注意到了这一点，并一直在思考我们应该做些什么来帮助我们的成员农民获得稳定的利润。考虑到我们大多是小农户，我建议我们共同投资一个生产型农场，这样每个成员就不需要投入大量的资金，而且我们与惠远签订合同的规模也比较合适。事实证明，我们与惠远的合作是成功的，我们的合作社现在是简阳的超级明星。"（TGX 合作社社长）

LZ 合作社迅速做出反应，与下游零售商进行了整合，但"九号牧场"品牌的尝试尚未显示出成功的迹象,价格波动风险的恢复处于中间阶段。JX 和 FC 没有采取措施来降低这一风险,因此它们从价格变化风险中恢复的能力很低。

　　由于这四家合作社没有受到严重的流行病的影响,因此没有关于它们从这种危险中恢复的速度的数据。四家合作社的复衡性见表 7-3。

表 7-3　四个合作社的复衡性

	TGX	LZ	JX	FC
准备好应对可能发生的政策不确定性风险	高	高	低	低
准备好可能发生的流行病风险	高	高	低	中
准备好可能发生的价格波动风险	高	中	低	低
从政策不确定性中恢复的速度不受影响	不受影响	高	不受影响	低
从价格波动中恢复的速度	高	中	低	低
总体复衡性	高	中—高	低	中—低

　　注:参考合作社类型学的文献(Poledrini,2015),高表示高度的复衡性;中表示中等的复衡性;低表示复衡性低,不受影响表示该省(四川)尚未受到政策不确定性的影响。

(二)合作社的动态能力

　　如文献综述所述,组织的动态能力是其有目的地创建、扩展和修改其资源基础的能力(Helfat & Winter,2011)。动态能力影响组织的可持续性(Tsai et al.,2013)。基于文献综述(Wang & Ahmed,2007;Deng et al.,2010;Zahra et al.,2006),我们使用合作社为其成员农民识别市场机会的能力(适应能力),合作社在销售渠道、采购渠道、培训和资金方面提供资源的能力(吸收能力),及创新的能力(创新能力)作为合作社动态能力的维度。我们将他们的能力分为高、中、低或没有。

　　关于合作社获取资金资源的能力,TGX、JX 和 FC 没有为成员农户提供这一利益,而 LZ 使用来自成员农户的投资(690 万元人民币,约 100 万美元)为成员从银行获得了 7000 万元人民币(投资额的 10 倍)的贷款。因此,LZ 帮助成员农户获得信贷资金的能力较强。

在培训资源获取能力方面,TGX组建了专业的兽医队伍,帮助农户成员提高养猪技能,显示出了较强的培训能力。LZ合作社的农民成员是大型养殖户,在加入合作社之前就有养猪的经验,所以LZ没有提供太多的培训;FC也是如此。JX从饲料公司引进专业兽医,为成员农户提供培训,具有较强的外部资源杠杆化能力。

在获得营销渠道的能力方面,TGX通过向惠远出售生猪,建立营销渠道获得保护性价格,具有较强的下游营销渠道发现能力。LZ没有成功延伸到下游供应链,大部分成员不得不自己卖猪。JX只是帮助农民找经纪人。FC并没有为其成员提供销售渠道,成员们仍像加入合作社之前一样自己销售生猪。

在合作社获得采购渠道的能力方面,四家合作社都有很强的提供饲料购买渠道的能力,帮助其成员农户实现规模经济。四个合作社的能力见表7-4。

表 7-4　合作社的动态能力

	TGX	LZ	JX	FC
识别市场机会的能力	高	高	无	无
获得资本资源的能力	无	高	无	无
获得培训资源的能力	高	中	高	中
进入营销渠道的能力	高	中	低	低
进入采购渠道的能力	高	高	高	高
创新能力	无	无	无	无
整体动态能力	高	中—高	中	中—低

注:高,高动态能力;低,低动态能力;中,中等动态能力;无,没有。

在合作社寻找市场机会的能力方面,LZ很有能力,因为它决定生产优质猪肉,瞄准高端消费者。TGX也有很强的能力,因为它与惠远合作生产一种融合了新技术的品种。FC和JX没有为他们的成员农户提供识别市场机会。

在创新能力方面,我们案例中的合作社没有创新生产新产品。

(三)合作社的可持续性

如文献综述部分所述,组织可持续性是指组织的持续性(Coblentz,2002),它表示经济、社会和环境的可持续性(Labuschagne et al.,2005;Florea et al.,2013)。在这项研究中,我们认为合作社的经济可持续性是与农户加入合作社前的情况相比,每个合作社所提供的经济效益。我们将这些改善的效益分为显著的和边际的。当改善的效益在可持续性的某个方面显著时,可持续性的相应方面就会很高。否则,可持续性较低或中等。合作社的整体可持续性考虑到经济可持续性、社会可持续性和环境可持续性。

在经济可持续性方面,与惠远签约一年内,TGX 向成员农民发放了 50 万元人民币,而自成立以来已向成员农民发放了 175 万元人民币的福利,显著提高了成员农民的经济效益。因此,TGX 具有较高的经济可持续性。"九号牧场"初期的失败,让 LZ 损失了 2000 万元人民币,虽然为成员农户降低了成本,但利润的提升微乎其微。因此,其经济可持续性较低。与加入合作社前相比,JX 大大降低了农民成员的成本。JX 的成员是后院农民,饲料公司甚至不愿意卖饲料给他们,因为他们的规模很小,所以 JX 的进步是显著的,因为猪饲料的成本降低了,即便他们没有从卖猪上赚很多钱。因此,JX 具有较高的经济可持续性。FC 也为农户成员实现了饲料成本的降低,但收益甚微,因为在加入合作社之前,一些中大型农户已经通过集体采购实现了成本的降低。因此,FC 的经济可持续性较低。

至于合作社的社会可持续性,获得关键资源的公平性、民主治理和社区生活质量是实现社会可持续发展的关键要素。同样,在经济可持续性方面,我们将社会可持续性定义为与合作社建立之前相比普通成员社会福利的提高。

TGX 为合作社成员在获得不同类型的资源(如培训、投入采购、营销渠道等)时提供了公平的权利,同时,治理也是民主的。TGX 显著地帮助成员农民实现了更好的社区生活。合作社作为简阳市社区的一员,树立了良好的榜样。因此,与 TGX 建立前相比,社会效益有了很大的提高,社会可持续性较高。LZ 成员农民享有平等的合作资源,治理民主,严格遵循"一员一票"的原则。然而,考虑到合作社成员是独立的,在购买投入品和销售生猪方面不合作,LZ 给其成员农户带来的社会效益并不显著。因此,考虑到民主管理和其他无形利益(如市场信息),LZ 的社会可持续性是适度的。JX 也为成员农户提供了平等的资源使用权,但由于邓先生主要为农户做商业决策,其决策更加集中。因此,JX 给农民带来的社会效益是边际的,社会可持续性较低。FC 成员农民可平等享用合作社提供的资源。他们有民主的治理结构,但是和 LZ 一样,他们的农民是独立工作的,所以 FC 的社会可持续性很低。

环境可持续性,如第 2.4 节"合作可持续性"所述,包括空气、水、土地和矿物资源。在我们的研究中,合作社面临的主要环境问题是如何处理生猪生产废物。因此,我们采用每个合作社解决生产废物问题的程度作为衡量其环境可持续性的标准。

TGX 投资建设沼气系统,回收生猪生产废弃物。此外,合作社还教育和鼓励成员农户将养猪废物转化为有机肥料,用于农作物种植。所有合作社成员都将生产废料作为有机肥进行再利用,从而很好地解决了生产废料的问题。因此,它具有很高的环境可持续性。LZ 投资 2000 万元建设了一家能源回收公司(名为"开启")。所有成员农民将生产废料运输到公司,这些废料用于生产甲烷或电力。因此,LZ 很好地解决了环境问题,其环境可持续性也很高。JX 和 FC 合作社并没有采取有效的措施来回收养猪业的废弃物。虽然FC 试图教育成员农民关注养猪废物造成的水污染,但只有少数成员建立了基础设施来解决废物污染。因此,JX 的环境可持续性较低。FC 也是如此,因为其成员没有投资任何环保系统来回收生产垃圾。

通过对四个合作社可持续性的三个方面的阐述,本研究得出四个合作社的总体可持续发展水平,TGX 为高,LZ 为中—高,JX 为低—中,FC 为低(见表 7-5)。

表 7-5   四个合作社的可持续性

	TGX	LZ	JX	FC
经济可持续性(以经济绩效衡量)	高	低	高	低
社会可持续性(通过获取资源的公平性和民主决策权来衡量)	高	中	低	低
环境的可持续性(通过环境的可持续性衡量)	高	高	低	低
总体合作社可持续性	高	中—高	中—低	低

六、发展的类型和通向合作社可持续模式的途径

基于复衡性和动态能力的维度,我们制定了四种类型的合作社和四个合作社自建立起走向可持续的合作模式(高复衡性和高能力)和一个不可持续

的合作模式(低复衡性和低能力)的路径(见图7-2)。我们认为这四个合作社的初期的能力和复衡性是相似的。

(一)合作社的类型

受到波士顿咨询公司框架(Stern and Stalk,1998)的启发,我们称TGX为"明星型"合作社,因为根据当时收集的数据,TGX的复衡性很高,并且它提供资源的能力也很强(见表7-3、表7-4)。TGX自2007年(其成立之年)至2013年逐渐提高其提供资源的能力和其复衡性,这两个维度显著的提高得益于自2013年和惠远签订的合同和统一生产的模式。它非常成功,因此在2016年更多的农民想加入TGX合作社,但陈认为在合作社目前的发展阶段上其现在的规模正合适,因此拒绝了一些申请。

自2008年成立以来,JX通过帮助小农户提高生产技能和降低饲料成本,提高了其提供资源的能力。JX的成员规模与当初成立时相同。但由于邓没有采取措施避免政策的不确定性,也没有做好生猪价格变动的准备,合作社易受风险的影响,其抗风险能力相对于所暴露的风险较低。因此,JX属于中等到强的能力和低复衡性象限(见表7-3、表7-4、图7-1),并被命名为"问号型"类合作社,因为其未来的可持续性由于其低复衡性而受到质疑。

LZ的复衡性水平不断提高,生猪生产废物厂的建设,避免了成员农户被当地政府关闭。2012年,由于赵(LZ社长)发起了不成功的"九号牧场"运动,其经济可持续性下降。然而,2016年他在杭州开了第一家品牌店,经济的可持续性增加了,但还没有达到惠及所有农民的水平。因此,我们把LZ放在高复衡性和低到高能力的象限(见表7-3、图7-2),并命名为"问号型"合作社,因为其可持续性取决于未来它能够多好地提高其动态能力(见图7-2)。其成员规模下降了一点,从50到43,这可能意味着由于缺乏强大的动态能力而失去了其成员。

从2006年(成立之年)到2013年,FC的可持续性稳定并逐步改善,因为FC的成员通过共同购买饲料实现了成本降低,直到2013年政府关闭了37个成员农场。自成立以来,金没有提醒成员农民采取措施减少环境污染,合作社也没有找到保护他们免受市场风险的方法。它似乎没有办法恢复到原来的大小。因此,我们将FC放在低能力和低复衡性象限(见表7-3、表7-4),并将其命名为"瘦狗型"合作社,因为它的能力和复衡性得分都很低,而且体积正在缩小。

（二）建立可持续合作社模式的途径

基于图 7-1 中的说明，图 7-2 展示了四家合作社走向可持续合作模式（高复衡性、强动态能力）和非可持续合作模式（低复衡性、弱动态能力）的路径。FC 似乎没有出路，在不久的将来可能会消失，我们认为它是一个不可持续的合作社。考虑到 TGX 的能力和复衡性在不断提高，它仍然有发展的空间。我们认为 TGX 是一个可持续的合作社模式。

JX 未来的可持续性值得怀疑，这取决于它的复衡性的建设。一方面，如果邓开始要求农民采取措施，为即将到来的政策变化做准备，并试图找到对冲市场风险的方法，它可能会移动到"明星型"象限。另一方面，如果它继续不采取任何措施来建立复衡性，它很可能会滑入"瘦狗型"象限，因为后院养猪的生产者是政府试图挤出市场的人。

LZ 极有可能进入"明星型"象限，因为一方面它有很强的复衡性，另一方面在 2012 年之后，它的动态能力略有改善，因为它纠正了营销策略上的错误。然而，这并不意味着它没有落入"瘦狗型"象限的可能性。中国政府战略性地规划了一个新的生猪生产地图，这意味着拥有更多水资源的省份，如浙江、江苏、福建和广东，不适合生产生猪，因为生猪生产严重污染了水源。中国的政策制定者鼓励生猪生产向东北和中部地区转移，这些地区较为贫穷，人口较少。因此，从长远来看，如果政策不确定性带来的风险达到了在浙江根本不允许养猪的程度，LZ 将无法在当地生存。此外，如果赵依旧不能为农民提供他们所期望的利益，这可能会降低对农民的吸引力，他们可能会决定离开合作社，导致"瘦狗型"的地位出现。

（三）合作社的复衡性、动态能力和可持续性之间的关系

通过对四个案例合作社的分析，我们发现具有高动态能力的合作社具有更高的可持续性。TGX 和 JX 的案例表明，有高水平的动态能力的合作社可以改善其经济和社会可持续性，LZ 的问题是它需要改善其动态能力，这样就可以为成员农民创造更多的经济效益和社会效益。我们的结果将战略管理文献（Mu，2017；Paulraj，2011；Teece，2007）拓展到一个合作社的背景下。我们提出以下假设：

假设 1.合作社的动态能力对合作社的可持续性有积极的贡献。

比较 TGX（明星型）和 FC（瘦狗型）的复衡性和能力，并基于内部和跨案例分析（表 7-5），我们发现合作社的复衡性越高，就越具有可持续性。复衡性不仅有助于经济的可持续性，也有助于社会和经济的可持续性（表 7-3、表 7-5和表 7-6）。"问号型"合作社 JX 没有建立足够的复衡性（低复衡性），因此它面临潜在的不确定性/风险。一旦一个风险事件降临到合作社身上，它可能会被降级为"瘦狗型"。这一研究发现从合作社的角度为复衡性和可持续性之间的关系提供了实证证据。这支持了先前关于复衡性和可持续性之间关系的结论（Perrings,2006；Fiksel,2006；Fahimnia and Jabbarzadeh,2016），但扩展到一个新的背景，即合作社。为此，我们提出以下假设：

假设 2.合作社复衡性对合作社可持续性有积极影响。

基于以上分析，我们发现合作社的复衡性和动态能力对合作社的可持续性都有积极的影响，它们共同决定了合作社的可持续性水平（即明星型、问号型或瘦狗型）。复衡性和动态能力都是可持续发展的必要条件，但不是充分条件。只有当一个合作社同时具备高水平的复衡性和动态能力时，它才能变得高度可持续。这一发现证实了 Derissen 等人（2011）提出的复衡性和可持续性之间的四种关系之一的存在，即"复衡性对于可持续性来说是必要的，但不是充分的"。我们的研究结果进一步表明，在合作社背景下，动态能力是有助于可持续性的另一个因素。我们根据合作社的案例提供证据，动态能力和复衡性应当被结合起来以实现高度可持续性。这极大地丰富了关于复衡性—可持续性关系的讨论。因此，提出如下假设 3：

假设 3.合作社的复衡性和合作社的动态能力是决定合作社可持续性的充分必要条件。

图 7-3 为三者之间的关系，而表 7-6 为四个案例的总体评分。

表 7-6　案例合作社的复衡性、动态能力和可持续性

	TGX	LZ	JX	FC
总体复衡性	高	中—高	低	中—低
总体动态能力	高	中—高	中	低—中
总体可持续性	高	中—高	低—中	低

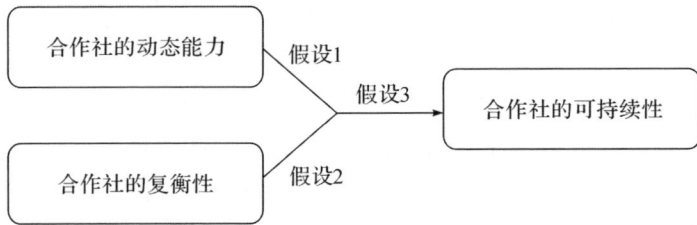

图 7-3　合作社可持续性的概念模型

七、结论

为了回答农业合作社的可持续性是如何构成和决定的研究问题,我们发现合作社的复衡性和动态能力对合作社的可持续性都有直接的积极影响。复衡性是实现可持续性的必要条件,但不是充分条件,应与动态能力相结合,实现合作社的最大可持续性。

(一)理论意义

这项研究为合作社和可持续性理论做出了许多重要的贡献。第一,我们阐述了合作社复衡性的内涵。合作社复衡性是一个尚未得到充分探索但很重要的概念,因为人们越来越重视粮食安全,以及小农户在试图进入市场时面临的风险。合作社的复衡性确实使小农户受益。此外,我们发现,在合作社背景下,环境的可持续性已成为生死攸关的问题。由于不投资回收装置,一个合作社几乎消失了,而另一个则很容易受到这种风险的影响。合作社必须在环境管理方面进行投资才能保持复衡性。这极大地丰富了可持续性理论并将其扩展到合作社背景中。

第二,基于合作社的动态能力和合作社的复衡性,我们开发了一种合作社可持续性的类型,这解释了为什么某些合作社比其他合作社更好(更具可持续性)。此外,我们绘制了不同的路径以显示"问号型"合作社如何演变为可持续或不可持续的合作社模型。这对合作社文献来说是创新的。

第三,我们首次将合作社的可持续性的概念投入使用,并提出它不同于投资者所有的公司的可持续性,因为合作社更加强调社会可持续性,而经济可持续性则是社会可持续性的基础,没有它,合作社无法生存。

第四,我们清楚地阐明了合作社的复衡性,动态能力与可持续性之间的关系,从而极大地丰富了关于复衡性与可持续性关系的讨论。

(二)实证意义

这项研究对合作社管理者有重大的实际意义。它可以帮助加强合作社在价值链中的地位,并提高人们对合作社复衡性、动态能力和可持续性的认识,这对于合作社管理者而言可能是新事物。合作社可以根据动态能力和复衡性的维度来评估其优缺点(脆弱性),从而基于图 7-2 所示的途径实现更高水平的可持续性。

(三)不足和未来研究

尽管我们采用多案例研究方法,我们的研究仅限于所有生猪合作社。另一种方法,例如调查,可以用来检验提出的三个命题。由于研究结果来自中国生猪合作社,因此必须谨慎地推广到其他部门和非营利组织。我们也认识到,对合作社的环境可持续性的测量目前局限于使用一个维度(生猪生产废物的处理)。未来的研究可能会探索更多的维度,以使测量更加全面。

八、本章小结

本研究的目的是探讨农业合作社如何在不确定的环境中实现可持续性。为此,进行了深入的民族志个案研究,包括对中国四个生猪生产合作社的管理者、社员和利益相关者的访谈,实地访问期间的观察和档案数据的搜集。我们发现,一个合作社的复衡性和动态能力分别是合作社可持续发展所必需的。它们共同代表了合作社可持续性的充分必要条件,并确定了"明星型"、"问号型"和"瘦狗型"三种合作社的类型。本研究为可持续性研究文献做出贡献,将其扩展到一种特殊的组织形式,即与投资者所有公司类型不同的农业合作社,将合作社的复衡性,动态能力和可持续性运作起来,并提出它们之间的因果关系。

参考文献

［1］Amui，L. B. L.，Jabbour，C. J. C.，Jabbour，A. B. L. S.，Kannan，D.
Sustainability as a dynamic organizational capability：a systematic review
and a future agenda toward a sustainable transition. *Journal of Cleaner
Production*，2017(142).

［2］Annarelli，A.，Nonino，F. Strategic and operational management of
organisational resilience：current state of research and future directions.
Omega，2016(62).

［3］Ariyaratne，C. B.，Featherstone，A. M.，Langemeier，M. R.，Barton，D.
G. An analysis of effificiency of midwestern agricultural co-operatives.
In：Western Agricultural Economics Association Annual Meeting. *Reno/
Sparks，Nevada*，1997.

［4］Arjen，E. J. W.，Schwarzin，L. Fostering organizational sustainability
through dialogic interaction. *The Learning Organization*，2012(19).

［5］Barney，J. Firm resources and sustained competitive advantage. *Journal
of management*，1991(17).

［6］Beske，P. Dynamic capabilities and sustainable supply chain management.
International Journal of Physical Distribution & Logistics Management，
2012(42).

［7］Bhamra，R.，Dani，S.，Burnard，K. Resilience：the concept，a literature
review and future directions. *International Journal of Production Research*，
2011(49).

［8］Briguglio，L.，Cordina，G.，Farrugia，N.，Vella，S. Economic vulnerability
and resilience：concepts and measurements. *Oxford Development Studies*，
2009(37).

［9］Brundtland. Report of the World Commission on Environment and
Development：Our Common Future，1987. Available at：http：//www. un-
documents. net/ourcommon-future. pdf (accessed June，2017).

［10］Ceasar，N.，Page，N. A time and place for sustainability. *Journal of*

Management Development, 2013 (32).

[11] China environmental protection news. Provinces in China Are Speeding up the Implementation of "Wu-shui-gong-zhi" Policy, 2015. Available at: http://www. hbzhan. com/news/detail/102728. html (accessed March, 2018).

[12] Coblentz, J. B. Organizational sustainability: the three aspects that matter. Academy for educational development. In: Washington, DC for ERNWACA's First Strategy Session, 2002.

[13] Coles, G. A., Unwin, S. D., Holter, G. M., Bass, R. B., Dagle, J. E. Defifining resilience within a risk-informed assessment framework. *International Journal of Risk Assessment and Management*, 2011(15).

[14] Cook, M. L. A Co-operative Life Cycle Framework. A Co-operative Life Cycle Framework, 1994. Available at: https://www. researchgate. net/publication/228545021 (accessed July, 2017).

[15] Cook, M. L. The future of U. S. Agricultural co-operatives: a neo-institutional approach. *American Journal of Agricultural Economics*, 1995(77).

[16] Deng, H. S., Huang, J. K., Xu, Z. G., Rozelle, S. Policy support and emerging farmer professional co-operatives in rural China. *China Economic Review*, 2010(21).

[17] Derissen, S., Quaas, M. F., Baumgartner, S. The relationship between resilience and sustainability of ecological-economic systems. *Ecological Economics*, 2011(70).

[18] Dillard, J., Dujon, V., King, M. C. *Understanding the Social Dimension of Sustainability*. Routledge, New York, 2009.

[19] Drivas, K., Giannakas, K. Agricultural co-operatives and quality-enhancing R&D in the agri-food system. In: The 98th EAAE Seminar 'Marketing Dynamics within the Global Trading System: New Perspectives'. Chania, Crete, Greece, 2006.

[20] Drivas, K., Giannakas, K. The effect of marketing co-operatives on costreducing process innovation activity. In: American Agricultural Economics Association Annual Meeting, Portland, Oregon, 2007.

［21］Edgeman,R.,Williams,J. A. Enterprise self-assessment analytics for sustainability,resilience and robustness. *The TQM Journal*,2014（24）.

［22］Eisenhardt,K. M. Agency theory：an assessment and review. *Academy of Management Review*,1989（14）.

［23］Eisenhardt,K. M.,Martin,J. A. Dynamic capabilities：what are they? *Strategic Management Journal*,2000（21）.

［24］Elkington,J. The triple bottom line：implications for the oil industry. *Oil & Gas Journal*,1999（97）.

［25］Elmqvist,T. Sustainability and resilience differ. *Correspondence Nature*,2017（546）.

［26］Fahimnia,B.,Jabbarzadeh,A. Marrying supply chain sustainability and resilience：a match made in heaven. *Transportation Research Part E：Logistics and Transportation Review*,2016（91）.

［27］FAO. Available at：http：//www. fao. org/sustainability/en/（accessed April,2018）.

［28］Fiksel,J. Sustainability and resilience：toward a systems approach. *Sustainability：Science,Practice and Policy*,2006（2）.

［29］Fischer,A. M.,Kothari,U. Resilience in an unequal capitalist world. *Journal of International Development*,2011（23）.

［30］Florea,L.,Cheung,Y. H.,Herndon,N. C. For all good reasons：role of values in organizational sustainability. *Journal of Business Ethics*,2013（114）.

［31］Fulton,M.,Giannakas,K. Organizational commitment in a mixed oligopoly：agricultural co-operatives and investor-owned firms. *American Journal of Agricultural Economics*,2001（83）.

［32］Giannakas,K.,Fulton,M. E. Process innovation activity in a mixed oligopoly：the role of co-operatives. *American Journal of Agricultural Economics*,2005（87）.

［33］Giannakas,K.,Fulton,M. E. Agricultural co-operatives and cost-reducing R&D in the agri-food system. *In：American Agricultural Economics Association Annual Meeting. Montreal,Canada*,2003.

［34］Helfat,C. E.,Winter,S. G. Untangling dynamic and operational capabilities：

strategy for the (n) ever-changing world. *Strategic Management Journal*, 2011(32).

[35] Hellin, J. , Lundy, M. , Meijer, M. Farmer organization, collective action and market access in Meso-America. *Food Policy*, 2009(34).

[36] Holling, C. S. Resilience and stability of ecological systems. *Annual Review of Ecology and Systematics*, 1973(4).

[37] Huang, T. , Wang, W. C. , Ken, Y. , Tseng, C. Y. , Lee, C. L. Managing technology transfer in open innovation: the case study in Taiwan. *Modern Applied Science*, 2010(4).

[38] Huang, Z. H. , Gao, Y. L. The implementation of farmers' co-operative service functions and its inflfluencing factors. *China Agricultural Economics*, 2012(7) (published in Chinese).

[39] Huang, Z. H. , Wu, B. , Xu, X. C. "Ideal types of co-operatives" and their practical logics. *Agricultural Economics Issues*, 2014 (35) (published in Chinese).

[40] International Co-operative Alliance (ICA). Available at: https://www. ica. coop/ en/what-co-operative-0 (accessed April, 2017), 1995.

[41] International Labor Organization (ILO). The Cooperative Key to Sustainable Development. Available at: http://www. ilo. org/global/ about-the-ilo/newsroom/news/WCMS _ 303222/langeen/index. htm/ (accessed March, 2018), 2014.

[42] Ji, C. , Jia, F. , Trienekens, J. Managing the pork supply chain through a cooperative: the case of Jinzhong Food Co. Ltd. *International Food and Agribusiness Management Review*, 2017(20).

[43] Jia, X. , Hu, Y. , Hendrikse, G. W. , Huang, J. Centralized versus individual: governance of farmer-professional co-operatives in China. In: Bijman, J. , Muradian, R. , Schuurman, J. (Eds.), Co-operatives, Economic Democratisation and Rural Development. Edward Elgar Publishing, Cheltenham, UK, Northampton, MA, 2016.

[44] Kong, X. Thinking on development of various kinds of co-operatives. *China Farmers' Co-operatives*, 2013(7) (Published in Chinese).

[45] Kumar, V. , Wankhede, K. G. , Gena, H. C. Role of co-operatives in

improving livelihood of farmers on sustainable basis. *American Journal of Educational Research*, 2015(3).

[46] Labuschagne, C. L., Brent, A. C., van Erck, R. P. G. Assessing the sustainability performance of industries. *Journal of Cleaner Production*, 2005(13).

[47] Lee, A. V., Vargo, J., Seville, E. Developing a tool to measure and compare organisations' resilience. *Natural Hazards Review*, 2013 (14).

[48] Lee, D. Agricultural Sustainability and technology adoptions: issues and policies in developing countries. *American Journal of Agricultural Economics*, 2005(5).

[49] Luo, J. L., Guo, H. D., Jia, F. Technological innovation in agricultural cooperatives in China: implications for agro-food innovation policies. *Food Policy*, 2017(73).

[50] Liang, Q., Hendrikse, G., Huang, Z., Xu, X. Governance structure of Chinese farmer co-operatives: evidence from Zhejiang province. *Agribusiness*, 2015(31).

[51] Lopes, C. M., Scavarda, A., Hofmeister, L. F., Thome, A. M. T., Vaccaro, G. L. R. An analysis of the interplay between organizational sustainability, knowledge management, and open innovation. *Journal of Cleaner Production*, 2017(142).

[52] Ma, W. L., Abdulai, A. Does co-operative membership improve household welfare? Evidence from apple farmers in China. *Food Policy*, 2016(58).

[53] Mao, X. F., Zeng, Y. C. Identifying pig period of pig price based on time series. *China Rural Economy*, 2008(12) (Published in Chinese).

[54] McKenzie, S. Social Sustainability towards Some Defifinitions. Working paper. *Hawke Research Institute Working Paper Series*, 2004(27).

[55] Miles, M. B., Huberman, A. M. *Qualitative Data Analysis: an Expanded Sourcebook*. London: Thousand Oaks, 1994.

[56] Mu, J. F. Dynamic capability and fifirm performance: the role of marketing capability and operations capability. *IEEE Transactions on Engineer Management*, 2017(64).

[57] Mustapha, M. A. , Manan, Z. A. , Alwi, S. R. W. Sustainable green management system (SGMS): an integrated approach towards organizational sustainability. *Journal of Cleaner Production*, 2017(146).

[58] Narvaiza, L. , Aragon-Amonarriz, C. , Iturrioz-Landart, C. , Bayle-Cordier, J. , Stervinou, S. Co-operative dynamics during the financial crisis: evidence from Basque and Breton case studies. *Nonprofit and Voluntary Sector Quarterly*, 2016(46).

[59] Nkhoma, A. T. Factors Affecting Sustainability of Agricultural Co-operatives: Lessons from Malawi. *Master dissertation. Massey University, New Zealand*, 2011.

[60] Novkovic, S. R&D, Innovation and networking: strategies for co-operative survival. *Advances in the Economic Analysis of Participatory & Labor-Managed Firms*, 2007(10).

[61] Paulraj, A. Understanding the relationship between internal resources and capabilities, sustainable supply management and organizational sustainability. *Journalof Supply Chain Management*, 2011(47).

[62] Perrings, C. Resilience and sustainable development. *Environment and Development Economics*, 2006(11).

[63] Poledrini, S. Unconditional reciprocity and the case of Italian social cooperatives. *Nonprofit and Voluntary Sector Quarterly*, 2015(44).

[64] Ponomarov, S. Y. , Holcomb, M. C. Understanding the concept of supply chain resilience. *The International Journal of Logistics Management*, 2009(20).

[65] Rauer, J. , Kaufmann, L. Mitigating external barriers to implementing green supply chain management: a grounded theory investigation of green-tech companies' rare earth metals supply chains. *Journalof Supply Chain Management*, 2015(51).

[66] Redman, C. L. Should sustainability and resilience be combined or remain distinct pursuit? *Ecology and Society*, 2014(19).

[67] Riolli, L. , Savicki, S. V. Information system organisational resilience. *Omega*, 2003(31).

[68] Rodriguez, A. B. , Johnson, A. , Shaw, L. , Vicari, S. What makes rural

cooperatives resilient in developing countries? *Journal of International Development*,2016(28).

[69] Sawalha,I. H. S. Managing adversity：understanding some dimensions of organisational resilience. *Management Research Review*,2015(38).

[70] Scholten,K. ,Scott,P. S. B. ,Fynes. Mitigation processes e antecedents for building supply chain resilience. *Supply Chain Management*,2014 (19).

[71] Schram,S. G. Cooperatives：pathways to economic,democratic and social development in the global economy. *The U. S. Overseas Cooperative Development Council*. Available at：http://www. nrecainternational. coop/wp-content/uploads/2016/11/Pathwayspaper. pdf （accessed July,2017),2007.

[72] Seville,E. ,Brunsdon,D. ,Dantas,A. ,Le Masurier,J. ,Wilkinson,S. , Vargo,J. Organisational resilience：researching the reality of New Zealand organisations. *Journal of Business Continuity & Emergency Planning*,2008(2).

[73] Somers,S. Measuring resilience potential：an adaptive strategy for organizational crisis planning. *Journal of Contingencies and Crisis Management*,2009(17).

[74] Song,Y. C. ,Qi,G. B. ,Zhang,Y. Y. ,Vernooy,R. Farmer co-operatives in China：diverse pathways to sustainable rural development. *International Journal of Agricultural Sustainability*,2014(12).

[75] Stern,C. ,Stalk Jr. ,G. *Perspectives on Strategy from the Boston Consulting Group*. New Jersey：Wiley,1998.

[76] Stockbridge,M. ,Dorward,A. ,Kydd,J. *Farmer Organizations for Market Access：Learning from Success. Briefifing Paper*. Wye College,University of London,UK,2003.

[77] Sutcliffe,K. M. ,Vogus,T. J. Organisation for resilience. In：Cemeron, K. S. ,Duttonn,J. E. ,Quinn,R. E. （Eds. ）, *Positive Organisational Scholarship：Foundations of a New Discipline*. Berrett-Koehler,San Fransisco,SF,2003.

[78] Teece,D. Explicating dynamic capabilities：the nature and microfoundations of (sustainable) enterprise performance. *Strategic Management Journal*,2007

(28).

[79] Tsai, M. , Tsai, M. C. , Chang, C. The direct and indirect factors on affecting organizational sustainability. *Journal of Management and Sustainability*, 2013(3).

[80] Valentinov, V. , Iliopouls, C. Economic theories of nonprofits and agricultural co-operatives compared: new perspectives for nonprofit scholars. *Nonprofit and Voluntary Sector Quarterly*, 2013(42).

[81] Vicari, S. , de Muro, P. Assessing the Co-operative's Impact on People's Wellbeing and Community Development: the Case Study of Coppalj, a Co-operative Located in Maranhao State. Available at, Brazil. https://ideas. repec. org/p/rtr/ wpaper/0158. html (accessed June, 2017), 2012.

[82] Wales, T. Organizational sustainability: what is it, and why does it matter? *Review of Enterprise and Management Studies*, 2013(1).

[83] Wang, C. L. , Ahmed, P. K. Dynamic capabilities: a review and research agenda. *International Journal of Management Reviews*, 2007(9).

[84] Weerawardena, J. , McDonald, R. , Mort, G. S. Sustainability of nonprofifit organizations: an empirical investigation. *Journal of World Business*, 2010 (45).

[85] Whiteman, G. , Walker, B. , Perego, P. Planetary boundaries: ecological foundations for corporate sustainability. *Journal of Management Studies*, 2013(50).

[86] Wieland, A. , Wallenburg, C. M. Dealing with supply chain risks: linking risk management practices and strategies to performance. *International Journal of Physical Distribution & Logistics Management*, 2012(42).

[87] Wilkinson, A. , Hill, M. The sustainability debate. *International Journal of Operations & Production Management*, 2001(21).

[88] Yin, R. K. Case Study Research: Design and Methods, fifth ed. *SAGE Publications, Thousand Oaks*, CA, 2013.

[89] Zahra, S. , Sapienza, H. J. , Davidsson, P. Entrepreneurship and dynamic capabilities: a review model and research agenda. *Journal of Management Studies*, 2006 (43).

[90] Zhang, X. Discussion about development trend of FPCs. *ManagementWorld*

(in Chinese),2009(5).

[91] Zhen, L. , Routray, J. K. Operational indicators for measuring agricultural sustainability in developing countries. *Environmental Management* ,2003 (32).

[92] Zheng, W. T. , Xiao, H. B. , Deng, R. , Wang, J. M. Empirical analysis on epidemic diseases and its inflfluencing factors in China. *Animal Economy* ,2014 (50) (in Chinese).

[93] Zollo, M. , Winter, S. G. Deliberate learning and the evolution of dynamic capabilities. *Organization Science* ,2002(13).

第八章 供应链组织对促进供应链可持续性的绩效评价

一、引言

近年来,中国政府颁布实施了一系列环境法规,以改善国家的环境状况。2013年10月,国务院发布了《畜禽规模养殖污染防治条例》(以下简称《条例》)。这被认为是畜牧业最严格的环境控制法规。因此,供应链的成员迫切需要采取相关应对措施,以实现畜牧业的可持续发展。

可持续的供应链绩效指的是传统的损益衡量标准和对绩效的概念化扩展,包括社会和自然维度(Pagell and Wu,2009)。人们普遍认为供应链的可持续成果应包括可持续的经济绩效(Amui et al.,2017)、社会绩效(Beske et al.,2014)和环境绩效(Miranda-Ackerman et al.,2017)。这在供应链可持续性文献中被称为三重底线。

当前的研究已经讨论了可持续性的可能驱动因素,例如气候变化(Vermeulen & Seuring,2009)、不确定性(Wu et al.,2017)、制度变化(Glover et al.,2014)、治理结构(Martins et al.,2017)和食品供应链的透明度(Trienekens et al.,2012)。但是,对于供应链协作的潜在贡献的讨论依然有限。供应链协作是在供应链管理研究中受到广泛关注的一个主题,其结果包括关系满意度(Benton & Maloni,2005)、食品安全(Han et al.,2011)和供应链绩效提升(Zhu et al.,2011)。而供应链可持续性作为供应链协作的结果之一尚未引起足够的重视(Chen & Oderanti,2017)。通过文献综述,发现供应链成员可以共同努力来获取供应链层面的能力,而这些能力可能有助于供应链的可持续绩效(Beske et al.,2014)。

因此,本研究通过分析中国猪肉供应链中的三个案例,首先试图理解生猪供应链成员如何共同构建一个更具可持续性的猪肉供应链。接着，本研究通过提供来自中国养猪业的经验证据，探索了供应链协调与供应链可持续性之间的关系。同时，本研究试图运用动态能力理论揭示内在的机制。

二、文献综述

（一）农业食品供应链的可持续性

由于人口的日益增长、自然资源的匮乏和气候变化，农业食品部门的组织需要重新设计当前的供应链，使其绩效涉及社会、经济和环境三方面（Banasik et al.，2019）。Crowder 和 Reganold（2015）指出，可持续性与农业食品行业息息相关，因为可持续性有助于农业食品公司获得市场竞争优势。这被认为与质量的改进密切关联。那些在可持续性实践中实施自我监管的公司能够更好地预测政府监管的变化（Ji et al.，2018）。因此，这些公司可以自愿改善整个供应链的可追溯性和责任制，并确保始终如一的质量和稳定的供应（Nadvi，2008）。

然而，农业食品行业中供应链可持续性的问题还未进行足够的经验研究（Naseer et al.，2019）。目前的研究主要致力于使用生命周期分析（LCA）方法来了解发达国家的环境可持续性实践（Andree et al.，2010），而在新兴经济体中缺乏经验证据（Akhtar et al.，2016）。

从文献综述中可以发现，一方面，学者们认为环境实践应由供应链的不同利益相关者来执行，以便实现农业食品链的可持续性（Bremmers et al.，2007）。另一方面，学者们在评估供应链可持续绩效的某些维度上达成了共识。例如，环境可持续性通常是通过农场内和农场外的环境保护实践（Aramyan et al.，2011）、较低的污染物排放（Notarnicola et al.，2012）、有机肥料的使用（Del Borghi et al.，2014）、第三方认证的使用（Peano et al.，2015）和其他工具（Rueda et al.，2017）来进行衡量。可持续发展的社会层面涉及人权（Peano et al.，2015）、社会福利的增加（Ahi & Searcy，2015）、当地社区的发展（Mota et al.，2015）以及消费者的健康与安全（Saitone & Sexton，2017）。而经济绩效则包括生产力、财务成果和消费者满意度（Aramyan et al.，2007）。

(二)农业食品供应链的协作

供应链协作在供应链管理中并不是一个新概念。它指的是供应链成员之间正式或非正式制度关系的集合(Nyaga et al.,2010)。在文献中最广泛引用的食品行业协作供应链关系包括市场关系、短期合同、长期合同、合资企业、战略联盟和纵向整合(van der Vorst,2000)。文献中提到了供应链协作的若干成果,包括供应链协作与供应链绩效之间的关系(Seuring and Müller,2008)、供应链协作与供应链关系满意度(Boström et al.,2015)以及供应链协作与食品安全(Han et al.,2011)。

最近的文献中越来越多地讨论了供应链协作与可持续性之间的关系。证据表明,通过农民与贸易商之间的有效沟通,食品行业中企业与企业之间的合作可以改善经济、环境和社会标准(Hamprecht et al.,2005)。有人提出,合作行为的相互作用会影响农业食品供应链的可持续性,但缺少确切的实验性证据(Chen et al.,2017)。协作机制将影响供应链的可持续性,需要进行更多的调查研究,可以采用一些理论,比如资源依赖理论和交易成本经济理论等(Rogers & Carter,2008)。

(三)组织的动态能力

Helfat 和 Winter(2011)将动态能力定义为一个组织有目的地创建、扩展和修改其资源基础的能力。动态能力理论植根于企业资源基础理论(Resource Based View)(Silvestre & Dalcol,2009),该理论假定企业将一篮子的有价值、稀有、不可效仿且不可替代的资源组合在一起,以努力获得或保持竞争优势(Rauer & Kaufmann,2014)。Tsai 等(2013)指出,动态能力是组织可持续性的一个影响因素。动态能力理论推论出组织在动态环境中持续运行,以新的方式创建和重组其资源,来应对这一挑战(Amui et al.,2017)。

在农产品供应链中,重点公司通常会推动供应链主要的变动,例如供应链整合和食品安全认证的采用。这些公司必须考虑整个供应链中存在的环境和社会问题(Mangla et al.,2018)。

(四)供应链协作、组织动态能力和供应链可持续性之间的关系

供应链成员共同学习如何通过创新学习循环来构建能力,这将帮助整个供应链变得更加可持续(Chen et al.,2017)。重点公司作为供应链的成员,负

责领导供应链，为其他成员指定供应链政策，并对供应链的决策和活动实施控制（Cooper & Ellram，1993）。Soylu 等（2006）指出，供应链合作是公司在整个供应链中共享信息、建立战略联盟、降低总体成本以及提高供应链可持续性的一种常见方法。Azevedo 等（2018）指出，合作对于发展、应用和建立新的创新思想和实践是必需的，并且与农业食品系统的社会经济和生态可持续性有关。Chen 等（2017）提出，公司进行供应链合作的原因之一就是要实现可持续性。这包括与供应商、客户、竞争对手以及其他组织的合作。这将丰富公司的资源并增强其实现可持续绩效的能力。

因此，本研究的研究问题是：如何通过建立核心公司的供应链协作和动态能力来共同实现供应链的可持续性？

三、数据与方法

（一）案例研究方法

根据 Yin（2003），在以下几种情况中应考虑采取案例分析的方法：（a）研究的重点是回答"如何"和"为什么"的问题；（b）无法操纵参与研究成员的行为；（c）需要涵盖前后关系背景条件，因为它们与所研究的现象有关；（d）现象与前后背景关系之间的界限不明确。多案例研究使得研究人员能够了解案例内部以及案例之间的差异。其目的是在不同的案例中重复研究发现。研究人员可以根据案例预测相似的结果，也可以根据理论来预测相反的结果（Yin，2003）。因此，由于本书的研究问题是探索畜牧供应链可持续性的机制"如何"实现，所以本研究采用多案例方法具有其合理性。

我们选择了中国养猪业的三种不同供应链模式：（1）"垂直整合"模式（牧原食品有限责任公司）；（2）"公司＋家庭农场"模式（温氏食品有限责任公司（淮阴））；（3）"合作社＋公司＋农户"模式（春然农业科技有限责任公司）。表7-1 提供了这三种案例的基本信息。这三个案例都采取了供应链协作以实现可持续发展。为了进行这项研究，我们从现场研究中获得了第一手数据，并从公司的官方网站上获得了第二手数据。

（二）数据收集

从 2018 年 5 月至 2019 年 4 月，我们共进行了 15 次采访[牧原的 4 名受访者,温氏(淮阴)的 6 名受访者和春然的 5 名受访者]。为确保获取全面的信息,受访者包括三家公司的所有经理、合作社社长、当地家族商业农场的一些核心成员以及一些农民。所有人都接受了两次及以上的采访。

研究手段包括每次持续 60—120 分钟的面对面半结构化访谈,以及来自公司官方网站或直接观察的档案数据。我们的采访协议解决了以下关键问题:(1)公司的概况;(2)公司的供应链协作;(3)公司的可持续发展。

我们对每个公司至少进行了两轮数据收集或实地考察(见表 8-1)。通常在第一轮数据收集中,我们试图了解案例公司的供应链模式。在第二轮实地考察中,我们收集了有关供应链协作和可持续发展的数据。现场研究人员(合作者)访问了这三家公司。对于每次访问,现场研究人员都会根据对案例公司运营的直接观察来记录现场笔记。

表 8-1　数据描述

名称	地点	成立年份	受访者人数
牧原	河南南阳	1992	4
温氏(淮阴)	江苏淮安	2006	6
春然	浙江龙游	2010	5

(三)数据分析

本研究采用案例分析和跨案例分析的方法来分析数据。首先对这三个公司进行案例内部分析。每个现场研究人员分别对数据进行编码,然后对合作者之间的编码数据进行比较,以确保一致性和编码者之间的可靠性。本研究通过这种方式解决了分歧。

案例内部分析对每个案例公司的业务模型以及案例的供应链协作和可持续发展状况有了广泛了解。接下来我们进行跨案例分析并将调查结果制成表格,以确定中国猪肉供应链中的公司如何通过供应链协作实现可持续发展的机制。

四、三个案例公司的描述

（一）牧原有限责任公司

牧原有限责任公司成立于 1992 年，是中国顶级的农业公司。其业务包括饲料生产、生猪生产和生猪屠宰。牧原的饲料年产量达到 500 万吨，养猪年产量达到 1000 万头，每年屠宰的生猪 100 万头。牧原对其供应链进行了整合：公司对饲料生产、生猪生产和屠宰都进行自我管理。牧原的分公司遍布全国9 个省。牧原有效地处理了猪的生产安全问题。牧原还重视循环经济，公司发明出一种利用生产废料当作肥料的方法，从而带动周围的农民大力发展生态农业。

（二）温氏有限责任公司

温氏食品有限公司于 2006 年在江苏省开始进行生猪生产。温氏以其"公司＋家庭农场"的模式，为当地家庭拥有的商业农场提供标准化的生猪，并且与他们共享利润，这样养殖者就可以确保生猪的安全和质量。温氏成功地将这种创新模式在东南地区扎根。以江苏省为例，该省有 8 家区域性子公司、3000 多名员工和近 200 个地方家庭式商业农场。温氏致力于实践可持续的生猪生产，并带领当地农场改变了传统的养猪方式。

（三）春然农业科技有限责任公司

龙珠合作社（以下简称龙珠）成立于 2010 年，由 55 名农户组成，位于浙江省衢州市。建立合作社的最初目的是从当地的饲料公司"科盛"一起购买饲料。随着龙珠的发展，总裁（赵春根先生，下文称赵先生）发现市场价格的波动使得农民的收益变得不稳定。因此，赵先生决定向下游进行整合，为农民成员创造利润溢价。赵先生创立了"春然农业科技有限公司"，并注册了猪肉品牌"九号牧场"，向市场销售优质猪肉（龙珠与浙江大学动物科学学院合作开发了一种包含茶叶的饲料，使猪肉的口感更好；赵先生使得该猪肉成为市场上的优质产品）。同时，赵先生还创办了一家生猪生产废料公司，称为开启能源有限公司，以帮助农民成员规避政府不断变化的环境政策带来的风险。

五、多案例综合分析

（一）案例公司的供应链协作

表 8-2　供应链协作

名称	供应链协作模式的形式	主要活动
牧原	垂直整合	雇用农民在牧原农场为他们生产生猪
温氏	公司＋家庭农场	与当地农民签订合同,共享利润和分担风险
春然	合作社＋公司＋农民	从科盛饲料公司一起购买饲料产品,部分农户的农场通过"春然农牧"销售猪肉

1. 牧原的供应链协作

牧原是一家传统的生猪生产公司,但它整合了上游和下游利益相关者。它与生产者的关系非常稳定,因为农民按照牧原的要求生产生猪,并且遵守其规定的所有安全标准。事实上,上游农民是牧原的"工人",他们实际并不拥有自己的农场或为自己生产生猪。牧原雇用农民在牧原拥有的农场为他们生产生猪,农民的收入与出售的猪的数量无关。

2. 温氏的供应链协作

温氏与当地的家族商业化农场有着密切的关系。更具体地说,温氏与当地家庭拥有的商业农场合伙,这些农场的每年产量在 1000 至 170000 头的水平段。温氏及其合作农场签署了合同以分享利润和分担风险。签约的当地农场将免费获得温氏的品种、饲料和其他投入物,并根据温氏的指示建立生产农场。为了确保食品安全,温氏会监视其合约农场的整个生产过程。

温氏保护农民免受市场风险,并根据三种质量标准(I、II 和 III)为农民支付 155 天的育肥费用。质量等级 I 的价格为 14 元/千克,质量等级 II 的价格为 12 元/千克,质量等级 III 的价格随行就市。通过这种方式,温氏就可以鼓励农民生产高质量的生猪。温氏将购买价格调整为市场价格来确保农民获得利润。违反合同的成本对于农民和温氏来说都很高。如果农民违反合同,他们将需要支付所有生产成本以及 I 级猪价值的 20%。如果温氏违反合同,他将向农民支付至少 335 美元,外加市场价值的调整。

3.春然的供应链协作

春然通过龙珠合作社来管理与农场的供应链协作。龙珠合作社有 55 个农户合作社成员，而合作社与春然之间的主要联系是合作购买饲料产品，以便实现规模经济。赵春根先生的目标是向市场出售高档猪肉，因此有 10％的合作农场与春然有市场关系。

（二）组织的动态能力

在这个部分，我们将描述这三个公司的动态能力（见表 8-3）。

表 8-3   公司的动态能力

名称	处理废料的能力	建立可持续生产 基地的能力	预防流行病的能力
牧原	有机肥料和甲烷	通风系统；加湿装置；猪舍取暖和保温装置	结合使用国内和进口疫苗；病死猪处理成为有机肥料和生物柴油
温氏	采用城市污水处理系统；集中式液体喷洒系统；立式发酵罐	漏粪板；尿液化粪池；发酵床	向当地农民合作伙伴提供免费的流行病学培训；严格的消毒系统
春然	开启能源将废物回收利用为化肥和电力	猪用茶叶饲料；茶树有机肥；吸收粪便和尿液的气味	大学的技术支持；专业的资深团队；严格的用药和停药时间

1.三家公司处理废料的能力

在处理生产废料能力方面，牧原拥有天然的优势，因为河南的土地几乎都是平原，而且气候适宜农作物的种植。牧原的研发小组将生产废料转化为有机肥料和甲烷，分别用于农作物生产和某些农场管理公用事业。而且河南天气干燥，有机肥料也不易被冲走。

温氏重视液体废料、气体废料和残渣废料的处理。解决液体废料的方法是利用城市污水处理系统分隔明渠和地下管道，使雨水不会与液体废料混合。解决气体废料的方法是使用集中式液体喷射系统来覆盖气体废料，从而大大减少气体的传输距离。残渣废料则是使用立式发酵罐直接运输回田间进行发酵处理。

"春然农牧"投资 290 万美元成立了一家生猪生产废物回收公司（开启能

源），该公司帮助合作社农民成员处理生猪的生产废物。所有农户成员将生产废料运送到开启能源有限公司。该处理服务是免费的，因此农户无须担心废物处理的成本。此外，由于春然将开启能源有限公司的电力输到了全国电网中，因此农民可以使用废物处理后产生的能源。

赵先生说："我们为自己的废物回收系统感到自豪，该系统成为当地政府的牲畜废物回收的典范。有了这个工厂，我们的农场成员成功摆脱了愈发严厉的环境政策风险，我们的合作社也变得更加繁荣兴盛。"

2. 建立可持续生产基地的能力

牧原创建了自己的生产环境管理系统，该系统包括三个部分。第一部分是通风系统，生产车间中的虹吸系统有助于空气流通，进气窗和排气窗一起加强通风效果。第二部分是确保湿度的装置，包括钢丝绳和钢丝绳上的湿袋。这些可以增加猪舍的湿度。第三部分是猪舍的加热和保温装置，包括一个主排出管和一个主排回管。有一个热水器连接到主排出管和主排回管。主排出管与多根细加热管连接，加热管相互平行放置在生猪网床的背面，并进行温度冷却。管的另一端连接回主排回管。

温氏建立了自己的生产工厂，其猪舍的设计采用了扩散通风系统，并保持 25℃ 的恒温。猪舍装有一个漏粪板，尿液和粪便可以通过这些板漏出。尿液消毒罐放置在平板下方，粪便被尿液软化后转移到发酵床上。发酵床连续滚动以散发发酵产生的热量，同时添加菌株，让尿液和粪便转化为有机肥料。

春然采用一种特殊的方式来建立可持续的生产基地。大学的研究人员发现，在饲料中添加茶叶提取物可以帮助减少猪肉中一些中国消费者不喜爱的气味。因此，春然与浙江大学以及科盛饲料公司的研究人员合作，将茶叶提取物添加到猪饲料中，而茶树种植在猪笼的外面。这种做法有两个可持续性方面的优点。首先，生产废料经过适当处理后可以用作这些茶树的肥料。其次，茶树可以在一定程度上吸收猪排泄的粪便和尿液的气味。

3. 预防流行病的能力

牧原擅长于检查疫苗接种情况，并且在做出购买决定时对疫苗接种质量的把控也很严格。国内疫苗接种市场鱼目混珠，所以牧原结合使用了国内和进口的疫苗，以确保猪受到了良好的保护。病死猪被完全粉碎和高温灭菌后，将制成有机肥料和生物柴油。

温氏建立了温氏学院，为当地合作伙伴农民提供免费培训课程。此外，在发生紧急情况时，温氏会指派专业资深人员住在家庭农场附近进行指导。

养猪场有严格的消毒系统，每当有人进入猪场时，都应进行消毒。由于生猪需要一段时间才能停药，为了使农民正确使用疫苗，温氏在猪长到 140 天后会将其从农民手中移走。

"每次人们出入农场时，我们都要求他们消毒、洗手并穿上巴氏消毒过的衣服。温氏的资深员工不断指导我们如何保护农场免受流行病影响，我们已经至少六个月没有出现流行病了。"金允浩，一个核心的温氏家庭农场的农场主这样说。

龙珠合作社成员是大规模生产者，因此他们在养猪方面获得了许多技能和经验。春然注重与浙江省的大学合作，在大学提供技术支持的基础上，春然组建了一支专业的资深团队作为合作社农民成员的顾问，为农民不断提供专业帮助。

（三）供应链可持续性

通过与核心公司的密切合作和接受核心公司的教育，农民还可以实现可持续发展。基于文献综述，本研究采用三个维度来描述供应链的可持续性：农户和公司的经济绩效、社会绩效和环境绩效（见表 8-4）。

表 8-4　供应链可持续性

名称	经济绩效（生产率和盈利能力）	社会绩效（社会福利的改善和当地社区的发展）	环境绩效（废物的减少和死猪的处理）
牧原	农户：在安全方式下增加猪的产量；减少市场价格风险；农民收入增加 公司：确保生猪的安全生产；稳定生猪供应	农户：在生产优质猪方面获得良好实践 公司：承担大部分的社会责任，高度重视环境保护和质量提升	农户：集体遵循环保行为 公司：将病死猪用机器磨碎后再生产成有机肥料和生物柴油
温氏	农户：猪的数量比以前多 10%；公用事业成本降低大约 15%；与温氏相连后不会损失利润 公司：稳定生猪供应	农户：女性农户积极参与家庭农场的管理和运营 公司：解决生猪生产中的食品安全和质量问题；重视社会责任	农户：集体遵循温氏的指导 公司：使用化粪池的化学物质处理病死猪

续表

名称	经济绩效 （生产率和盈利能力）	社会绩效 （社会福利的改善和 当地社区的发展）	环境绩效 （废物的减少和 死猪的处理）
春然	农户：加入龙珠之后，了解更多良好做法，提高了生产力；降低了15％的饲料成本；茶叶猪肉价格增加20％ 公司：优质猪肉市场领导者	农户：安全生产知识 公司：龙游地区现在成为一个湖南省和湖北省畜牧局学习废物处置管理经验的社区	农户：将病死猪从地方政府交给收集小组来处理 公司：通过开启能源回收废物

在经济绩效方面，本研究以生产能力和盈利能力为测量标准。在生产能力方面，牧原农民通过与牧原的合作，提高他们以更安全的方式生产更多生猪的能力，并且牧原通过与农户的紧密合作确保了生猪的安全生产。同时，牧原稳定了生猪的供应。温氏的农户大大降低了生产成本。通过更有效地建立生产基地，农民可以比以前多饲养10％的猪，而公共事业成本降低了近15％。对于春然来说，农民加入龙珠合作社后，他们会熟悉更多的先进做法（例如，农场管理和病死猪的处理），因此农民的生产力更高。

在盈利方面，牧原的农民通过协作而受益，他们受到市场价格风险的影响较小，而从生猪中获得的收入有所增加。牧原还通过与农民建立良好关系来稳定自己利润。温氏的农户在养猪方面的收入已经大大增加，且收入稳定。据报道，农民与温氏合作后从未损失过收益。而龙珠的社员减少了15％的饲料成本，并且可以通过自己生产的茶叶猪肉收取20％的价格溢价。因此，他们的利润都增加了。

在社会绩效方面，本研究采用社会福利的改善和地方社区的发展两个维度。作为中国领先的生猪生产商，牧原在关注环境保护和提高质量方面承担了较大的社会责任。温氏也致力于改善生猪生产中的食品安全和质量问题，并鼓励女性农户参与到家庭农场的管理和运营中去。春然创新的生产废料回收系统具有广泛的社会影响，湖南和湖北两省畜牧局的工作人员先后到当地学习废料处置管理的经验。

牧原让当地农民参与生猪生产并帮助他们增加收入，为当地社区的发展做出了贡献。温氏在淮安地区培育了20个家庭农场。春然建立了全国领先的龙珠合作社，为当地发展做出了积极的贡献。

在环境绩效方面，研究考虑了废物的减少和死于疾病猪的处理两个方面。在废物减少方面，这三家公司都成功找到了减少生产废料的方法，他们几乎实现了零污染，这意味着所有废料都被回收了。

关于病死猪的处理，牧原采取了较为先进的方法，即将病死猪在生产有机肥料和生物柴油的机器中粉碎。牧原表示，这种死猪的处理可以实现流行病的零传播。温氏（淮安）负责人王四峰先生说，温氏使用化粪池的化学物质处理死猪尸体，这在环境上是可持续的。春然则是将病死猪由当地政府安排运送到收集小组去处理。

六、发展可持续畜牧供应链的途径

根据分析，我们发现有几个重要步骤有助于实现牲畜供应链的可持续性。

前两个重要步骤是建立重点公司的动态能力以及形成紧密而稳定的供应链协作。在我们的研究中，案例公司都努力建立可持续发展的动态能力。他们还与上游农民建立了密切稳定的协作关系。在我们的研究中，上游农民享受了学习过程，并在与重点公司的协作中受益。当农民的可持续做法得到改善时，整个供应链的动态能力将得到增强。最后，整个供应链在改善经济利益、社会福利以及环境保护和循环利用方面均实现了可持续发展。图8-1显示了实现可持续的牲畜供应链的途径。

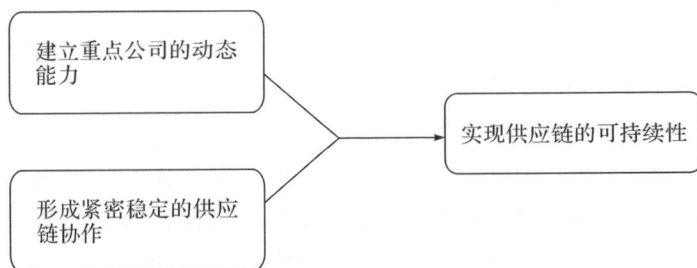

图8-1　实现供应链可持续性的途径

七、结论

本研究对于中国畜牧业的可持续发展的结论有：

第一，中国畜牧业供应链中的龙头企业是改变供应链中利益相关者可持续发展做法的重要组织。公司利用其资源和能力来改革并推动供应链的可持续性。龙头企业采取了以下一些重要的可持续做法：一是严格控制生产污染和实施回收利用；二是根据农场的疫病环境，管理和控制疾病疫情；三是对病死猪进行可回收化的处理。

第二，龙头企业通过供应链协作，将其良好的可持续发展实践经验传授给供应链上的其他成员，尤其是与他们合作的上游农户。有效的协作方式包括纵向整合、"龙头企业＋家庭农场"和"合作社＋龙头企业＋农户"。协作作为农民获取可持续发展能力的学习环境，使得整个供应链更加可持续。

基于这些结论，我们得到了一些启示：

第一，为鼓励龙头企业增强其可持续发展行为，核心企业需要遵从行业中先进的可持续发展实践。公司对新的可持续生产技术保持学习和创新也很重要。政府可以为核心公司提供资金和技术支持，以培养其可持续发展的能力。

第二，中国猪肉供应链中的核心企业应当加强创新供应链协作，以增强供应链的可持续性。本研究中案例公司的协作方式可以为没有供应链协作的核心企业提供示范性的经验。为了鼓励农户通过猪肉供应链进行密切协作，政府可以为农户提供有关如何通过供应链进行协作的培训，从而提高农户加入协作组织的意愿。核心企业也需要努力进行协作，并不断提高协作效率。

八、本章小结

中国针对畜牧生产污染愈发严格的环境法规改变了畜牧供应链成员的可持续行为。本研究通过中国畜牧业供应链中的三个案例，探讨了供应链协作如何促进中国畜牧生产的可持续发展。研究发现，紧密的供应链协作和核心公司的能力共同有助于供应链的可持续性。因此，本研究对于解释目前未被完全理解的供应链协作和核心公司能力对供应链可持续性的推动作用具有其理论意义。就通过更紧密的供应链协作以及增强所涉核心公司的能力来改善供应链的可持续性来说，本研究对畜牧供应链的利益相关者和政府决策也具有实践意义。在下一章中，我们将探讨农产品供应链组织对提升供应链复衡性的绩效评价。

参考文献

［1］ Ahi,P. ,Searcy,C. Measuring social issues in sustainable supply chains. *Measuring Business Excellence*,2015(19).

［2］ Akhtar, P. , Tse, Y. K. , Khan, Z. , Rao-Nicholson, R. Data-driven and adaptive leadership contributing to sustainability：Global agri-food supply chains connected with emerging markets. *International Journal of Production Economics*,2016(181).

［3］ Amui, L. B. L. ,Jabbour, C. J. C. ,de Sousa Jabbour, A. B. L. ,Kannan, D. Sustainability as a dynamic organizational capability：A systematic review and a future agenda toward a sustainable transition. *Journal of Cleaner Production*,2017(142).

［4］ Andree,P. ,Dibden,J. ,Higgins,V. ,Cocklin,C. Competitive productivism and Australia's Emerging 'alternative' agri-food networks：Producing for farmers' markets in Victoria and beyond. *Australian Geographer*,2010(41).

［5］ Aramyan, L. ,Hoste, R. ,van den Broek,W. ,Groot,J. ,Soethoudt, H. , Lan, T. , Nguyen, T. , Hermansen, J. , Van der Vorst, J. Towards sustainable food production：A scenario study of the European pork sector. *Journal on Chain and Network Science*,2011(11).

［6］ Aramyan,L. ,Oude Lansink,A. ,Van der Vorst,J. ,Kooten,O. Performance measurement in agri-food supply chains：A case study. *Supply Chain Management*,2007(12).

［7］ Azevedo, S. , Silva, M. , Matias, J. , Dias, G. The Influence of collaboration initiatives on the sustainability of the cashew supply chain. *Sustainability*, 2018(10).

［8］ Banasik,A. ,Kanellopoulos,A. ,Bloemhof-Ruwaard,J. M. ,Claassen,G. D. H. Accounting for uncertainty in eco-efficient agri-food supply chains：A case study for mushroom production planning. *Journal of Cleaner*

Production,2019(216).

[9] Benton,W. C. ,Maloni,M. The influence of power driven buyer/seller relationships on supply chain satisfaction. *Journal of Operations Management*, 2005(23).

[10] Beske,P. ,Land,A. ,Seuring,S. Sustainable supply chain management practices and dynamic capabilities in the food industry:A critical analysis of the literature. *International Journal of Production Economics*, 2014 (152).

[11] Boström,M. ,Jönsson,A. M. ,Lockie,S. ,Mol,A. P. J. ,Oosterveer,P. Sustainable and responsible supply chain governance:Challenges and opportunities. *Journal of Cleaner Production*,2015(107).

[12] Bremmers,H. ,Omta,O. ,Kemp,R. ,Haverkamp,D. J. Do stakeholder groups influence environmental management system development in the Dutch agri-food sector? *Business Strategy and Environment*,2007(16).

[13] Chen,H. ,Liu,S. ,Oderanti,F. A knowledge network and mobilisation framework for lean supply chain decisions in agri-food industry. *International Journal of Decision Support System Technology*,2017(9).

[14] Cooper,M. ,Ellram,L. Characteristics of supply chain management & the implications for purchasing & logistics strategy. *The International Journal of Logistics Management*,1993(4).

[15] Crowder,D. W. ,Reganold,J. Financial competitiveness of organic agriculture on a global scale. *Proceedings of the National Academy of Sciences of the United States of America*,2015(112).

[16] Del Borghi,A. ,Gallo,M. ,Strazza,C. ,Del Borghi,M. An evaluation of environmental sustainability in the food industry through life cycle assessment:The case study of tomato products supply chain. *Journal of Cleaner Production*,2014(78).

[17] Glover,J. L. ,Champion,D. ,Daniels,K. J. ,Dainty,A. J. D. An Institutional Theory perspective on sustainable practices across the dairy supply chain. *International Journal of Production Economics*,2014(152).

[18] Hamprecht, J. , Corsten, D. , Noll, M. , Meier, E. Controlling the sustainability of food supply chains. *Supply Chain Management*,2005

(10).

[19] Han，J.，Trienekens，J. H.，Omta，S. W. F. Relationship and quality management in the Chinese pork supply chain. *International Journal of Production Economics*，2011(134).

[20] Helfat，C. E.，Winter，S. G. Untangling Dynamic and Operational Capabilities：Strategy for the (N)ever-Changing World. *Strategy Management Journal*，2011(32).

[21] Ji，C.，Jia，F.，Xu，X. Agricultural co-operative sustainability：Evidence from four Chinese pig production co-operatives. *Journal of Cleaner Production*，2018(197).

[22] Mangla，S. K.，Luthra，S.，Rich，N.，Kumar，D.，Rana，N. P.，Dwivedi，Y. K. Enablers to implement sustainable initiatives in agri-food supply chains. *International Journal of Production Economics*，2018(203).

[23] Martins，F.，Trienekens，J.，Omta，O. Governance structures and coordination mechanisms in the Brazilian pork chain：Diversity of arrangements to support the supply of piglets. *International Food and Agribusiness Management Review*，2017(20).

[24] Miranda-Ackerman，M. A.，Azzaro-Pantel，C.，Aguilar-Lasserre，A. A. A green supply chain network design framework for the processed food industry：Application to the orange juice agrofood cluster. *Computers & Industrial Engineering*，2017(109).

[25] Mota，B.，Gomes，M. I.，Carvalho，A.，Barbosa-Povoa，A. P. Towards supply chain sustainability：Economic，environmental and social design and planning. *Journal of Cleaner Production*，2015(105).

[26] Nadvi，K. Global standards，global governance and the organization of global value chains. *Journal of Economic Geography*，2008(8).

[27] Naseer，A. M.，Ashfaq，M.，Hassan，S.，Abbas，A.，Razzaq，A.，Mehdi，M.，Ariyawardana，A.，Anwar，M. Critical issues at the upstream level in sustainable supply chain management of agri-food industries：Evidence from Pakistan's citrus industry. *Sustainability*，2019(11).

[28] Notarnicola，B.，Hayashi，K.，Curran，M. A.，Huisingh，D. Progress in working towards a more sustainable agri-food industry. *Journal of*

Cleaner Production,2012(28).

[29] Nyaga,G. N. ,Whipple,J. M. ,Lynch,D. F. Examining supply chain relationships:Do buyer and supplier perspectives on collaborative relationships differ? *Journal of Operations Management*,2010(28).

[30] Pagell,M. ,Wu,Z. Building a more complete theory of sustainable supply chain management using case studies of ten exemplars. *Journal of Supply Chain Management*,2009(45).

[31] Peano,C. ,Tecco,N. ,Dansero,E. ,Girgenti,V. ,Sottile,F. Evaluating the sustainability in complex agri-food systems:The SAEMETH framework. *Sustainability*,2015(7).

[32] Rauer,J. ,Kaufmann,L. Mitigating external barriers to implementing green supply chain management:A grounded theory investigation of green-tech companies' rare earth metals supply chains. *Journal of Supply Chain Management*,2014(51).

[33] Rogers,D. S. ,Carter,C. R. A framework of sustainable supply chain management:Moving toward new theory. *International Journal of Physical Distribution & Logistics Management*,2008(38).

[34] Rueda,X. ,Garrett,R. D. ,Lambin,E. F. Corporate investments in supply chain sustainability:Selecting instruments in the agri-food industry. *Journal of Cleaner Production*,2017(142).

[35] Saitone,T. L. ,Sexton,R. J. Agri-food supply chain:Evolution and performance with conflicting consumer and societal demands. *European Review of Agricultural Economics*,2017(44).

[36] Seuring,S. ,Müller,M. From a literature review to a conceptual framework for sustainable supply chain management. *Journal of Cleaner Production*,2008(16).

[37] Silvestre,B. ,Dalcol,P. R. T. Geographical proximity and innovation:Evidences from the Campos Basin oil & gas industrial agglomeration,Brazil. *Technovation*,2009(29).

[38] Soylu,A. ,Oruç,C. ,Turkay,M. ,Fujita,K. ,Asakura,T. Synergy analysis of collaborative supply chain management in energy systems using multi-period MILP. *European Journal of Operational Research*,

2006(174).

[39] Trienekens,J. H. ,Wognum,P. M. ,Beulens,A. J. M. ,van der Vorst,J. G. A. J. Transparency in complex dynamic food supply chains. *Advanced Engineering Informatics*,2012(26).

[40] Tsai,M. -S. ,Tsai,M. -C. ,Chang,C. -C. The direct and indirect factors on affecting organizational sustainability. *Journal of Management and Sustainability*,2013(3).

[41] Van der Vorst,J. Effective food supply chains:Generating,modelling and evaluating supply chain scenarios. Ph. D. Thesis, Wageningen University, Wageningen,The Netherlands,January 2000.

[42] Vermeulen, W. J. V. , Seuring, S. Sustainability through the market: The impacts of sustainable supply chain management, introduction. *Sustainable Development*,2009(17).

[43] Wu, K. -J. , Liao, C. -J. , Tseng, M. -L. , Lim, M. K. , Hu, J. , Tan, K. Toward sustainability:Using big data to explore the decisive attributes of supply chain risks and uncertainties. *Journal of Cleaner Production*,2017 (142).

[44] Yin,R. K. *Case Study Research:Design and Methods*, 3rd ed. , Sage Publications:London,UK,2003.

[45] Zhu,Q. ,Sarkis,J. ,Lai,K. Examining the effects of green supply chain management practices and their mediations on performance improvements. *International Journal of Production Research*,2012(50).

第九章 农产品供应链组织对提升供应链复衡性的绩效评价

一、引言

中国养猪业面临着高风险,包括长期的风险,如价格波动和食品安全,以及新的风险,即环境监管的不确定性(Ji et al.,2018)。这些风险给畜牧经济产生了负面影响。最近的非洲猪瘟引起了公众的恐慌,短期内猪肉消费下降。学者们发现,价格波动呈现周期性趋势,养猪业价格每35至45个月波动一次(Mao & Zeng,2008)。浙江省"五水共治"政策是新认识到的环境政策风险,其核心内容是直接关停靠近水源的养猪场。许多中小型农场受到了影响,特别是沿海省份(中国环境保护新闻,2015)。

供应链协调在供应链管理中受到广泛关注。文献表明,协调良好的食品供应链将给利益相关者带来积极的结果,如可持续的经济表现(Ali et al. 2017)、社会绩效(Dries et al. 2009)和环境绩效(Miranda Ackerman et al. 2017),以及更强大的市场力量(Poray et al. 2003)竞争力(Brinkmann et al. 2011)和更多创新(Petersen et al.,2005)。然而,食品供应链协调和复衡性之间的关系并没有从经验上捕捉到。为了减少不确定性,中国养猪业开始出现和发展了新的制度形式,例如农民合作社和公司之间的创新协调形式(Bijman and Hu,2011)。

本研究旨在通过四个案例研究来探讨供应链协调与供应链复衡性之间的关系,以及供应链协调对供应链复衡性的作用机理。这项研究对现有文献有几点贡献:首先,它为动态能力理论提供了新的经验证据(Helfat & Winter,2011;Dentoni et al.,2016);其次,它为供应链协调与复衡性之间的关系提供了新的产业证据。

二、文献综述

（一）供应链复衡性

日益脆弱的供应链外部环境和供应链风险带来的严重经济后果使得供应链复衡性成为近年供应链管理领域的研究热点（Robeiro & Barbosa-Povoa,2018）。在当前的管理研究中,关于复衡性的讨论更多地集中在组织层面（Annarelli & Nonino,2016）,而关于供应链层面的复衡性的讨论相对有限。学者们开始通过进行文献综述来接近这一概念（(Mandal,2014;Godivan et al.,2017）。在这些文献综述中,学者们一方面探讨了供应链复衡性的定义及其影响因素,另一方面试图提出一系列可以提高供应链复衡性的实践（Jüttner & Maklan,2011）。

虽然学术界对供应链复衡性没有统一的定义,但波诺马罗夫和霍尔科姆（2009）提出的定义似乎得到了广泛的认可。他们基于不同学科的组合定义了供应链复衡性,如下所示："供应链的自适应能力,它能在预期的连通性和对结构和功能的控制水平上保持操作的连续性,从而为意外事件做好准备,对中断做出响应,并从中恢复。"

该定义强调了复衡性的三个关键要素,即"准备""响应和适应""恢复"。从"准备"的角度来看,当供应链利益相关者能够清楚地了解风险概况,准确预测风险的概率和后果,并积极做好准备时,供应链的复衡性就高（Kamalahmadi & Parast,2016;Bresset & Teller,2017）。从"响应和适应"的角度来看,当供应链利益相关者能够对风险做出快速反应并顺利适应变化时,供应链就具有很高的复衡性（Tukamuhabwa et al.,2017;Mandal,2012）。从"恢复"的角度看,当供应链系统能够迅速从原来的状态恢复,或者达到更好的情况时,供应链具有较高的复衡性（Govindan et al.,2017）。图9-1展示了供应链复衡性定义的三个维度,同时提供了衡量复衡性的主要来源。

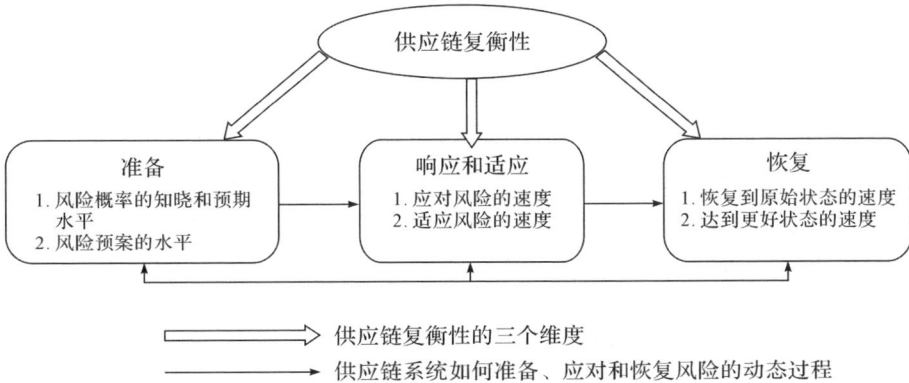

图 9-1　供应链复衡性的三个维度

(二)供应链敏捷性和稳健性

另外两个深植于供应链复衡性领域的概念是供应链敏捷性和供应链稳健性,文献表明这两个概念可能与供应链复衡性有着密切的关系,所以这两个概念是值得讨论的。供应链敏捷性指的是"供应链对变化做出快速反应的能力"(Charles et al.,2010)。Christopher 和 Peck(2004)首先提出了供应链敏捷性的两个核心要素,即可见性和速度。可见性是指供应链利益相关者之间信息交换的透明度水平。如果供应链成员之间的信息交易是高度透明的,那么供应链就是高度可见的。速度是指产品或服务沿着供应链流通的速度,流通越快,供应链的流通速度就越高。供应链的可见性和速度共同决定了供应链的敏捷性,研究发现敏捷供应链更容易对外部变化做出反应和适应,从而影响供应链复衡性。目前关于供应链敏捷性与复衡性之间关系的研究非常有限,但现有研究提出了一种可能的正相关关系(Scholten et al.,2014;Azadeh et al.,2014)。

供应链稳健性是指供应链在内部或外部中断的情况下保持其功能的能力(Brandon-Jones et al.,2014)。稳健性强调供应链抵御风险的能力(Wieland & Wallenburg,2012;Wallace & Choi,2011)。Durach 等(2015)在回顾供应链稳健性的基础上,指出了衡量供应链稳健性的两个主要维度,即抵抗性和规避性。抵抗性是指供应链抵御干扰的能力,而规避性是指供应链避免脆弱性的能力。因此,具有较强稳健性的供应链是:一是主动识别和规避风险;二是供应链总是有多种应急预案,遇到风险时采用适当的解决方案。虽然有限，但已有的研究试图解释供应链稳健性与复衡性之间的正相关关系。当供应链具有良好的规避和抵御风险的能力时，供应链就更容易为风险做好准备并从中恢复，因此供应链具有更高的复衡性（Ponnambalam et al.，2014；Wieland & Wallenburg，2013）。然而，实证研究仍然很少。

因此，供应链敏捷性反映了供应链的信息交换和流通效率，稳健性反映了供应链成员共同规避和抵御风险的程度。它们可能与复衡性有积极的关系，但在实证证据方面存在研究空白。

（三）农产品供应链复衡性

农产品供应链复衡性还是一个新课题，相关研究才刚刚起步。文献侧重于风险概况和复衡性概念的讨论（Zhao et al.，2017），农产品供应链复衡性对供应链绩效的影响（Nyamah et al.，2017）和供应链建模（Behzadi et al.，2017）。关于中国背景下的研究，明确讨论农产品供应链中的"复衡性"概念的研究很少，只有一项研究从组织复衡性的角度探讨农业合作的可持续性（Ji et al.，2018）。虽然研究没有提到确切的复衡性概念，但相关的话题也被讨论过。学者们还回顾了中国农产品供应链的风险状况（Ye & Meng，2007），并提出提高农产品供应链利益相关者的风险管理能力可以改善供应链的运作（Liu & Li，2011）。总的来说，关于供应链复衡性的研究还很匮乏，在中国背景下对农产品供应链复衡性的实证研究更是少之又少（Luo et al.，2018）。

（四）供应链协调和复衡性

关于供应链协调和复衡性之间关系的研究文献仍然有限，但目前的研究表明这两个概念之间存在正向联系。供应链协调在供应链管理中并不是一个新概念，它指的是供应链成员之间正式或非正式制度关系的集合（Nyaga et al.，2010）。食品部门的合作供应链关系通常包括市场关系、短期合同、长期合同、合资企业、战略联盟和纵向一体化（van der Vorst，2000）。文献中提到了几种供应链协调的结果，包括供应链协调与供应链绩效之间的关系（Seuring & Muller，2008）、供应链协调与供应链关系满意度（Bostrom et al.，2015），以及供应链协调与食品安全（Han et al.，2011），而作为供应链协调的一种可能结果的复衡性尚未得到充分关注（JOM 社论，2009）。

关于我国农产品供应链的协调问题，研究发现，我国农产品供应链中的协调关系比现有文献中公认的协调关系更具创新性和全面性。一些具有代表性的模式包括:"公司＋合作社＋农民"(Huang,2002)、"合作社＋农民＋公司"(Kong,2009)、"超市＋生产基地"和"超市＋合作社"(Pu et al.,2012)。学者们发现,供应链协调对农户进入市场有积极的贡献。它减少了中间环节,增加了农民收入(Hu,2005;Wang & Han,2002),而供应链协调与复衡性之间的正向关系并没有得到充分的探讨。

从现有文献中,我们可以找到一些关于供应链协调如何影响供应链复衡性的线索。Faisal 等(2006)和 Scholten 等(2014)认为,横向和纵向供应链协调都有助于改善供应链上下游之间的信息流和物流。Wieland 和 Wallenburg(2013)指出,供应链成员可以建立稳定的信息共享机制,以减少成员之间的道德风险和逆向选择。Wathne 和 Heide(2004)认为,更强的供应链协调可以帮助供应链参与者更灵活地应对变化,从而减少需求不确定性的影响。因此,我们发现,稳定而密集的供应链协调将增强信息共享,这是供应链敏捷性的一个关键视角。通过供应链敏捷性,供应链协调可能会对供应链复衡性产生影响。

在文献回顾的基础上,我们发现供应链复衡性可能受到供应链敏捷性和稳健性的影响,同时也是供应链协调影响供应链复衡性的机制。关于食品供应链复衡性的文献很少,关于供应链协调与复衡性关系的研究虽然有一些初步的发现,但还不够深入,迫切需要实证证据。

三、数据和方法

(一)案例研究法

我们选取了四种不同的供应链协调模式进行研究,并对其供应链复衡性进行了分析。它们是:(1)联合合作社模式(金鑫合作社);(2)"合作社＋农户＋公司"模式(龙珠合作社、春然农业科技有限公司);(3)"公司＋合作社＋农户"模式(金忠食品股份有限公司、金利合作社);(4)"垂直一体化"模式(牧原食品股份有限公司)。表 9-1 提供了这四个案例的基本信息。这四种情况在供应链协调和复衡性方面存在差异。创新最多的两种供应链协调模式是金忠和龙珠案例,而金鑫和牧原采用了比较成熟的供应链协调模式。但是,我们没有选择只使用金忠和龙珠,因为金鑫和牧原也提供了很好的例子来进行比较,并得出了相关结论。为了进行这项研究,我们不仅使用了实地调查的数据,还使用了公司官方网站的二手数据。

表 9-1   案例公司简介

公司名称	注册年份	创办者	地理位置	实地考察	受访者
金鑫联合合作社	2008	邓永文 (曾是一名从事废品回收业务的农村企业家)	四川	2	4
龙珠合作社 春然农业科技 有限公司	2010	赵春根 (曾是一名从事生猪生产的农村企业家)	浙江	3	4
金忠食品股份 有限公司 金利合作社	1994	刘翔 (金忠董事长)	四川	3	3
牧原食品股份 有限公司	1992	秦英林 (牧原董事长)	河南 (总部)	2	3

(二)数据收集

2016年5月至2018年3月,我们共对14位受访者("金鑫"4位受访者;"春然"4位受访者;"金忠"3位受访者,"牧原"3位受访者)进行了访谈。受访者包括四家公司/合作社的所有董事长、合作社的一些核心成员,以确保收集到全面的观点。所有董事长和一些关键核心成员都接受了两次或两次以上的采访。

研究工具包括面对面的半结构化访谈,每次访谈持续60—120分钟,以及来自公司网站或直接观察的档案数据。我们的访谈涉及以下关键问题:(1)四家公司/合作社的概况;(2)他们的供应链协调;(3)他们的供应链复衡性。

我们对每家个案公司进行了至少两轮的数据收集/实地考察(见表9-1)。在第一轮数据收集中,我们试图了解案例公司/合作社的商业模式。在第二轮实地考察中,我们收集了有关供应链复衡性和协调性的数据。实地研究人员(合著者)走访了这四家公司中的每一家。对于每一次访问,实地研究人员根据对案例公司/合作社运作的直接观察,做了长达 10—20 页的实地笔记。

(三)数据分析

按照 Miles 和 Huberman(1994)描述的程序,我们首先对四家公司/合作社分别进行了案例内分析。我们以交互方式进行编码。首先,每个现场研究人员分别对数据进行编码,然后我们在合著者之间比较单独编码的数据,以确保一致性和编码间的可靠性。在此过程中,分歧会得到解决,有时还重新定义了证据的结构和讨论。在该过程完成之前,我们在所有问题上达成了共识。

案例内分析一方面是为了对每个案例公司的商业模式有更广泛的了解,另一方面也是为了了解案例的供应链协调和复衡性。进行跨案例分析并将结果制成表格,以阐明供应链协调如何影响供应链复衡性的概念机制。我们在案例级别使用“集群”进行数据分析(对对象进行分组,然后将其概念化)。

四、案例描述

这项研究采用了中国生猪行业的四个案例公司/合作社。表 9-1 详述了四个案例合作社的概况。在这里,我们总结了四个案例公司/合作社的一些关键信息。

(一)金鑫联合合作社

金鑫联合合作社由金鑫生猪生产合作社、百欧森生猪生产合作社、红柏塔生猪生产合作社三个合作社联合而成。邓永文先生(以下简称邓)成立联邦合作社的主要目的是联合农民共同购买饲料,降低生产成本。合作社成员大多是规模较小的农户,每年产 30—50 头猪。联合合作社共有 150 名农民成员,而邓是一个规模相对较大的生产者。在加入合作社之前,社员农民什么都不了解,但现在他们在生猪生产过程中,从购买饲料到接种疫苗等环节全部依靠邓先生。联合合作社在一定程度上促进了农民的安全生产,降低了食品安全风险。邓帮助农民联系经纪人来购买生猪。然而,邓没有与下游利益相关者进一步整合,因此社员农户仍然会遭受市场风险。

(二)龙珠合作社及其春然农业科技有限公司

龙珠合作社(以下简称龙珠)成立于 2010 年,在浙江省衢州地区拥有 36 名农民社员。成立合作社的初衷是一起采购饲料(从当地的科盛饲料公司)。随着龙珠的发展,赵发现市场价格的波动让农民在不确定的情况下受损,于是他决定做下游整合,为农民社员产生利润溢价。赵创办了春然农业科技有限公司(以下简称春然),并注册了一个猪肉品牌"九号牧场",向市场销售优质猪肉。2012—2015 年,由于定价策略不当(仅比常规产品高出 10%)和分销策略不当(通过菜市场/非正规市场,而不是正规高端市场分销),"九号牧场"在市场上的销量不佳。但在 2015 年后,赵想出了一个新的战略,让猪肉在市场上取得成功,这样他的生猪生产就可以抵御市场风险。赵还创办了一家生猪生产废弃物公司(名为开启能源有限公司),以帮助社员农民避免政府不断变化的环境政策带来的风险。

(三)金忠食品股份有限公司及其"金利"合作社

金忠食品股份有限公司(以下简称金忠),位于中国四川省省会成都的邛崃市。金忠是中国西南地区领先的猪肉生产/加工公司。金忠每年屠宰的生猪达到 200 万头。2005 年 8 月,金忠集团董事长刘翔(以下简称刘)决定成立名为"金利"的合作社,以克服金忠在生猪采购价格脆弱性和食品安全风险方面面临的问题。"金利"合作社的成立得到了邛崃地方政府的支持,是中国养猪业的第一个合作社。2005—2015 年,金利合作社为金忠和当地养猪户带来了充足的利益。金忠通过与当地养殖户的协调,拥有了更稳定的优质生猪来源。而借助金利合作社的指导和培训,小型生猪生产者也能够改进他们的生猪生产技术。

(四)牧原食品股份有限公司

牧原食品股份有限公司(以下简称牧原)成立于 1992 年,是目前中国最大的农业上市公司。其业务包括饲料生产、生猪生产和生猪屠宰。牧原年饲料产量达到 500 万吨,生猪年产量达到 1000 万头,生猪屠宰量达到 100 万头。牧原的供应链是一体化的,包括饲料生产、生猪生产和屠宰。现在牧原在全国 9 个省都有分公司。因此,牧原很好地处理了生猪生产安全问题。牧原强调循环经济,走出了一条将生产废弃物转化为肥料的路子,带动了周边农民大力发展生态农业。

五、交叉案例分析

(一)供应链协调

正如文献综述中提到的,供应链协调在供应链管理中并不是一个新概念,它指的是供应链成员之间正式或非正式制度关系的集合(Nyaga et al.,2010)。供应链协调水平可以通过两个维度来衡量,即稳定性(稳定和长期合作)和强度(交易频率高)(Ji et al.,2012)。

对于金鑫联合合作社,我们认为供应链协调的稳定性和强度都较低。虽然金鑫由三个合作社组成,但除了偶尔一起购买饲料外,他们并没有真正的长期关系。邓表示,金鑫和百欧森之间有一些冲突,所以百欧森并不总是和他一起购买饲料。金鑫联合合作社与下游利益相关者的关系并不密切,他们没有试图与生猪卖家建立任何联系,而是利用现货市场关系。

就供应链的稳定性而言,龙珠和春然之间的协调是适度的。一方面,龙珠有 3 个养殖场长期为春然提供生猪,而大多数农场与龙珠没有长期关系。龙珠合作社的成员不是固定不变的。因为合作社规定允许社员根据自身意愿加入和退出合作社,所以龙珠社员的数量随着时间的推移而变化,只有一部分人与春然的关系稳定。对于供应链协调的强度,我们认为这一水平较低,因为龙珠和春然之间没有高交易,春然从龙珠的采购量只占龙珠产量的 5%。赵表示,由于春然还没有完全让市场接受他的优质猪肉,他不需要从龙珠大量采购生猪。

对于金忠与金利的供应链协调程度,我们对其稳定性的评价为中到高。总体来说,金利的农户与金忠有稳定的关系,依靠金忠采购饲料和销售生猪。但是金忠与金利小农户的交易存在问题,小农户会采取投机取巧的行为,并不总是把猪卖给金忠。在协调强度方面,我们评价为较高水平,因为金利的农户与金忠的交易频繁,他们在质量和价格方面的信息交流很密切,金利的农户与金忠在许多方面都有联系,所以我们对金忠的协调程度给予了很高的评价。从 2005—2015 年,金忠通过金利的生猪供应比例从 10% 上升到 40%。

对于牧原来说,供应链协调的稳定性和强度都很高。牧原是一家传统的生猪生产公司,但它整合了上下游。它与生产者有着高度稳定的关系,因为农民按照牧原的要求生产生猪,他们遵守牧原给出的所有安全标准。牧原与下游的关系稳定,因为它拥有一家屠宰公司40％的股份。牧原与猪肉零售商也有着非常好的关系,它将生猪销往中国9个省。由于牧原的食品安全和质量都很高,很少遇到低价卖猪的问题。它还与下游利益相关者签订了长期合同。

在以上分析的基础上,我们得出4个案例的供应链协调的稳定性和强度,如表9-2所示。

表9-2　四个案例的供应链协调

	稳定性	强度	供应链协调
金鑫	低	低	低
龙珠和春然	中	低	中—低
金忠和"金利"	中—高	高	中
牧原	高	高	高

(二)供应链敏捷性

在文献回顾的基础上,我们将供应链敏捷性定义为供应链对变化做出快速反应的能力,并对供应链协调产生积极影响。供应链敏捷性的两个维度是可见性和速度(Chritopher & Peck,2004),因此我们将基于这两个维度来分析供应链的敏捷性。供应链的可见性是指供应链利益相关者之间信息交换的透明度,而供应链的速度是指供应链上的流通率。

对于金鑫来说,它与下游利益相关者之间的可见性很低。由于将猪卖给经纪人,经纪人没有完整的信息:猪是如何生产的,猪是否曾患过疫病,以及猪是如何治疗和治愈的。因此,质量信息处于较低的透明度级别,因此可见性较低。一方面,速度也很低,因为金鑫很大程度上依赖生猪经纪人来卖猪,在某些年份生猪生产过剩的情况下,所有的生猪经纪人都不会特地从金鑫采购生猪。另一方面,生猪经纪人有时不会在生猪销售后立即付款,而是推迟一段时间支付。

对于龙珠和春然,我们将其可见性评为中低水平。春然只向某些提供生猪的养殖场发布信息,而其他养殖场没有足够的市场信息。同样,考虑到春然出售的优质猪肉并不稳定,春然和龙珠之间的速度也是波动的。"九号牧场"成立时市场表现不尽如人意,但赵改变策略后,市场表现有所好转。赵表示,他还没有完全想出扩大销售的方法,他还在尝试。

就金忠和金利的敏捷性而言,可见性为中高水平。金忠为金利合作社社员提供饲料产品和生产经验服务,使生产信息能够以相对较高的方式传递。然而,我们的评价并不高,因为农民是独立生产猪的,所以金忠并没有关于个体养猪户如何生产猪的完整信息。关于速度,我们也把它评为中高水平。一方面,金忠在需要时迅速从金利养猪户那里采购生猪。金利的农户通常愿意把猪卖给金忠,因为金忠不向他们收取饲料成本,而是在农民把猪卖给他们时,减少一部分利润作为饲料成本。另一方面,金忠遭受了小农户的机会主义行为,当市场价格上涨时,小农户拒绝向他们出售生猪。在这种情况下,金忠不得不更多地从生猪生产公司购买。

在供应链敏捷性方面,牧原与供应链合作伙伴具有较高的可见性和速度。例如,它与零售商之间的质量和价格信息交换非常透明,他们采用 RFID技术来跟踪生猪生产过程的信息。牧原与零售商之间的供应链流通速度也很高,牧原总能为其采购商提供所需数量和质量的生猪。

基于以上分析,表 9-3 描述了这四个案例的供应链敏捷性。

表 9-3　四个案例的供应链敏捷性

	可见性	速度	供应链敏捷性
金鑫	低	低	低
龙珠和春然	中—低	中—低	中—低
金忠和金利	中—高	中	中—高
牧原	高	高	高

(三)供应链稳健性

供应链稳健性被定义为供应链在内部或外部中断的情况下维持其功能的能力。供应链稳健性有两个维度,即抵抗性和规避性。因此,我们采用这两个维度作为衡量标准,对四种情况下的供应链稳健性进行评价(见表 9-4)。

关于金鑫的稳健性,它的抵抗性和规避性都很低。金鑫抵御和规避风险的能力较低。社员农户因不了解市场而蒙受损失。虽然它是作为联合合作社存在的,但它不能保护农民免受流行病和不断变化的环境政策的影响。小农户在合作社的生产中占主导地位,他们很容易受到疾病风险和政策风险的影响。关于控制生猪生产废弃物的规定正在全国推广,当地政府正在考虑关闭一些靠近水源的养猪场。

就龙珠和春然的供应链稳健性而言,他们的稳健性处于中低水平。龙珠通过经营生猪生产废弃物回收公司,避免了监管风险的影响。该公司也对这一风险有抵抗力。然而,春然无法完全避免市场风险,因为赵无法帮助所有社员农户通过春然销售优质猪肉产品。只有一小部分农户避免了价格脆弱性的影响,因为优质猪肉价格通常是确定的。

在供应链稳健性方面,金忠和金利具有中高水平的抵抗性和规避性。金忠帮助金利农户卖猪,农户对市场价格风险的抵抗力更强。金忠还帮助农民改善了安全生产,因此农民不太容易受到流行病的影响。但金忠并未采取措施帮助农户更具抵抗性,规避监管风险,这意味着会有农户受到更严格监管的影响。

就抵抗性和规避性而言,牧原对市场价格变动、疫病和环境监管的抵抗性较强。牧原非常重视生猪安全生产,并拥有自己专业的有生产经验的团队,帮助规避流行疾病的影响。此外,牧原还创新了自己的生产废弃物回收方式,使生产过程符合国家规定的要求。因此,牧原具有很高的供应链稳健性。

表 9-4　四个案例的供应链稳健性

	抵抗性	规避性	供应链稳健性
金鑫	低	低	低
龙珠和春然	中	中	中
金忠和金利	中—高	中—高	中—高
牧原	高	中—高	高

(四)复衡性

正如文献综述所述,供应链复衡性可以通过对风险准备及其对风险的响应和恢复速度来衡量(Ponomarov & Holcomb,2009)。也就是说,供应链为即将到来的风险做的准备越多,它对经历的风险适应和恢复得越快,它的复衡性就越高。在我们的研究中,我们使用以下三个维度来衡量这四个案例的复衡性:对潜在风险的准备、对风险的适应速度和从风险中的恢复。这三个维度是通过组合风险源来操作的：环境政策的不确定性、流行病风险和价格波动。

对于金鑫联合合作社，它对于潜在风险的准备程度以及适应和恢复所有风险的速度都是低的。金鑫名义上由三个合作社组成，但实际上三个合作社之间的关系松散。在风险到来之前，金鑫并没有提前对环境政策本身采取任何措施，更不用说与百欧森和红柏塔合作社的合作了。当风险来临时，金鑫没有积极应对风险，并且没有从风险中恢复过来，而是长期受到影响。可以说，金鑫的供应链复衡性水平较低，非常容易受到风险的影响。

我们认为龙珠和春然的供应链复衡性处于中等水平。在风险来临之前，龙珠已经做了一些准备。对于环境政策风险，龙珠早有充分的准备，而对于市场风险，准备得并不充分，所以它的准备是适度的。龙珠试图通过创办春然有限公司来应对市场的脆弱性，反应迅速，但收效不大。所以龙珠的适应力是中到高的。在风险恢复方面，龙珠市场经营困难的时间较长（2012 年以来），龙珠的恢复率为中低档。因此，综合龙珠对风险的准备、适应和恢复来看，其复衡性是中等的。

对于金忠和金利的复衡性，我们将金忠的准备程度评为中等。金忠深知疫病风险和市场价格不确定性，却没有预见到环境政策的变化。它已经为它预见的两个风险做好了准备，但它没有为环境政策的变化做好准备。金忠的适应程度为中等，金忠通过与金利合作社农户的协商适应市场价格变化和潜在的疾病风险，适应速度较快，但不能完全控制风险；金忠和金利的恢复程度为中高水平。金忠公司成立后，迅速、妥善地把握了市场价格，稳定了采购价格，也使生猪供应达到了更高的安全标准。但对环境政策不确定性的适应程度并不高。在恢复方面，我们对金忠的评级为中到高，因为金忠很快就从环境政策不确定性以外的风险中恢复过来。

对于牧原，我们在准备、适应和恢复三个维度上给出了很高的评分。因为牧原预见到了这三类风险，并做好了充分的准备。它通过垂直整合供应链，快速有效地适应了变化。它也很快从风险中恢复过来。因此，牧原的复衡性很高。

在以上分析的基础上，我们可以总结出四个案例的供应链复衡性，如表 9-5 所示。

表 9-5   四个案例的供应链复衡性

	准备	适应	恢复	供应链稳健性
金鑫	低	低	低	低
龙珠和春然	中	中—高	中—低	中
金忠和金利	中	中	中—高	中—高
牧原	高	高	高	高

六、结论和启示

本研究的结论可以通过以下命题来说明。我们采用表 9-6 来说明供应链的协调、敏捷性、稳健性和复衡性。因此，我们可以提出如下关系：

假设 1：供应链协调与供应链敏捷性呈正相关。更紧密、更稳定的供应链协调关系使供应链能够以更透明的方式交换信息，从而提高供应链的敏捷性。

假设 2：供应链协调与供应链稳健性呈正相关。更紧密、稳定的供应链关系将使合作伙伴共同努力，避免风险的影响，增强抗风险能力。

假设 3：供应链敏捷性对供应链复衡性有积极作用。通过更透明的信息交换，供应链成员能够更好地准备、适应风险，并从风险中恢复。

假设 4：供应链稳健性对供应链复衡性有正向影响。供应链越稳健，这意味着供应链成员知道规避风险和抵御风险的能力越强，成员将创建一个更具复衡性的供应链系统。

表 9-6   四个案例中供应链协调、敏捷性、稳健性和复衡性的关系

	协调	敏捷性	稳健性	复衡性
金鑫	低	低	低	低
龙珠和春然	中—低	中—低	中	中
金忠和金利	中	中—高	中—高	中—高
牧原	高	高	高	高

图 9-2 进一步阐述了这些假设。

因此，从理论上可以得出结论，供应链协调影响供应链复衡性的机理是通过供应链敏捷性和供应链稳健性来实现的。它有助于供应链复衡性研究更好地理解供应链协调的影响因素。

图 9-2　供应链协调、敏捷性、稳健性和复衡性之间的关系

　　结果表明,在实践中,纵向一体化模式的复衡性最高,其次是"公司+合作社+农户"模式,其次是"合作社+农户+公司"模式,联合合作社模式的复衡性最低。这意味着,如果供应链成员想要提高复衡性,就必须努力建立更紧密、更稳定的供应链协调。

参考文献

[1] Ali, M. H., Zhan, Y., Alam, S. S., et al. Food supply chain integrity: The need to go beyond certification. *Industrial Management and Data Systems*, 2017(8): 589-611.

[2] Annarelli, A., Nonino, F. Strategic and operational management of organizational resilience: current state of research and future directions. *Omega-Int. J. Manage. Sci.*, 2016(62): 1-18.

[3] Azadeh, A., Atrchin, A., Salehi, V., et al. Modelling and improvement of supply chain with imprecise transportation delays and resilience factors. *International Journal of Logistics Research & Applications*, 2014(17): 269-282.

[4] Behzadi, G., O'Sullivan, M. J., Olsen, T. L., et al. Agribusiness supply chain risk management: A review of quantitative decision models. *Omega*, 2018(79): 21-42.

[5] Bijman, J., Hu, D. The rise of new farmer cooperatives in China—Evidence from Hubei Province. *Journal of rural cooperation*, 2011(39): 99-113.

[6] Boström, M., Jönsson, A. M., Lockie, S., et al. Sustainable and responsible

supply chain governance: Challenges and opportunities. *Journal of Cleaner Production*,2015(107):1-7.

[7] Brandon-Jones,E. , Squire,B. , Autry,C. W. , et al. A contingent resource-based perspective of supply chain resilience and robustness. *Journal of Supply Chain Management*,2014(50):55-73.

[8] Brinkmann,D. , Lang,J. , Petersen,B. , et al. Towards a chain coordination model for quality management strategies to strengthen the competitiveness of European pork producers. *Journal on Chain and Network Science*,2011 (11):137-153.

[9] Brusset,X. , Teller,C. Supply chain capabilities, risks, and resilience. *International Journal of Production Economics*,2017(184):59-68.

[10] Charles,A. , Lauras,M. , Wassenhove,L. V. A model to define and assess the agility of supply chains: building on humanitarian experience. *International Journal of Physical Distribution and & Logistics Management*, 2010(40):722-741.

[11] China environmental protection news. Provinces in China are speeding up the implementation of "Wu-shui-gong-zhi" Policy,2015. Available at: http://www. hbzhan. com/news/detail/102728. html (accessed March,2018).

[12] Christopher,M. , Peck,H. Building the resilient supply chain. *The International Journal of Logistics Management*,2004(2):1-14.

[13] Dentoni,D. , Bitzer,V. , Pascucci,S. Cross-sector partnerships and the co-creation of dynamic capabilities for stakeholder orientation. *Journal of Business Ethics*,2016(1):35-53.

[14] Dries,L. ,Germenji,E. ,Noev,N. ,et al. Farmers,Vertical Coordination,and the Restructuring of Dairy Supply Chains in Central and Eastern Europe. *World Development*,2009(11):1742-1758.

[15] Durach,C. F. , Maria,J. S. , Xenophon K. , et al. Antecedents and dimensions of supply chain robustness: a systematic literature review. *International Journal of Physical Distribution & Logistics Management*, 2015(1/2):118-137.

[16] Faisal, M. N. , Banwetm, D. K. , Shankar, R. An analysis of the

dynamics of information risk in supply chains of select SME clusters. *Vision the Journal of Business Perspective*,2006(4):49-61.

[17] Godivan, K. , Fattahi, M. , Keyvanshokooh, E. Supply chain network design under uncertainty:A comprehensive review and future research directions. *European Journal of Operational Research*,2017:108-141.

[18] Han,J. Q. ,Trienekens,J. H. ,(Onno) Omta, S. W. F. Relationship and quality management in the Chinese pork supply chain. *International Journal of Production Economics*,2011:312-321.

[19] Helfat,C. E. ,Winter,S. G. Untangling dynamic and operational capabilities: strategy for the (n)ever-changing world. *Strategic Management Journal*,2011 (3):1243-1250.

[20] Hu,D. H. "dual structure" of agricultural products—on the influence of supermarket development on agriculture and food safety. *China Rural Economy*,2005(2):12-18. (Published in Chinese).

[21] Huang,Z. H. ,Xu,X. C. ,Feng,G. S. Analysis of influencing factors for the development of farmer professional cooperative organizations— discussion on the development status of farmer professional cooperative organizations in zhejiang province. *China Rural Economy*. (Published in Chinese).

[22] Ji,C. , de Felipe,I. ,Briz,J. , et al. An empirical study on governance structure choices in China's pork supply chains-from transaction cost economics and transaction value analysis perspectives. *International Food and Agribusiness Management Review* (IFMAR), 2012 (2): 121-157.

[23] Ji, C. , Jia, F. , Xu, X. C. Agricultural co-operative sustainability: Evidence from four Chinese pig production co-operatives. *Journal of Cleaner Production*,2018:1095-1107.

[24] JOM editorial. Perspectives on risk management in supply chains. *Journal of Operations Management*,2009(27):114-118.

[25] Jüttner,U. ,Maklan,S. Supply chain resilience in the global financial crisis:An empirical study. *Supply Chain Management:An International Journal*,2011(4):246-259.

[26] Kamalahmadi, M. , Parast, M. M. A review of the literature on the principles of enterprise and supply chain resilience: Major findings and directions for future research. *International Journal of Production Economics*, 2016:116-133.

[27] Kong, X. Z. , Shi B. Q. Operational mechanism, basic functions and influencing factors of current farmer professional cooperative organizations. *Rural Economy*, 2009(1):3-9. (Published in Chinese).

[28] Liu, X. M. , Li, Z. N. Research on supply chain risk of agricultural products. *Agricultural Economy*, 2011(1):47-48. (Published in Chinese).

[29] Luo, J. L. , Ji ∗ . C. , Qiu, C. X. , et al. Agri-food supply chain management: Bibilometric and content analyses. *Sustainability*, 2018(5):1573-1595.

[30] Mandal, S. An empirical investigation into supply chain resilience. *Journal of Supply Chain Management*, 2012(4):46-61.

[31] Mandal, S. Supply chain resilience: a state-of-the-art review and research directions. *International Journal of Disaster Resilience in the Built Environment*, 2014(4):427-453.

[32] Manning, L. , Soon, J. M. Building strategic resilience in the food supply chain. *British Food Journal*, 2016(6):1477-1493.

[33] Mao, X. F. , Zeng, Y. C. Identifying pig period of pig price based on time series. *China Rural Economy*, 2008(12):4-13. (Published in Chinese).

[34] Miles, M. B. , Huberman, A. M. *Qualitative Data Analysis: an Expanded Sourcebook*. Thousand Oaks, London.

[35] Miranda-Ackerman, M. A. , Azzaro-Pantel, C. , Aguilar-Lasserre, A. A. A green supply chain network design framework for the processed food industry: Application to the orange juice agrofood cluster. *Computers and Industrial Engineering*, 2017:369-389.

[36] Nyaga, G. N. , Whipple, J. M. , Lynch, D. F. Examining supply chain relationships: Do buyer and supplier perspectives on collaborative relationships differ. *Journal of Operations Management*, 2010(2):101-114.

[37] Nyamah, E. Y. , Jiang, Y. S. , Feng, Y. , et al. Agri-food supply chain performance: an empirical impact of risk. *Management Decision*, 2017

(5):872-891.

[38] Petersen,K. J. ,Handfield R. B. ,Ragatz,G. L. Supplier integration into new product development: coordination produce, process. *Journal of Operations Management* ,2005:371-388.

[39] Ponnambalam,L. ,Wenbin,L. ,Fu,X. ,et al. Decision trees to model the impact of disruption and recovery in supply chain networks. *IEEE International Conference on Industrial Engineering & Engineering Management* ,2014:948-952.

[40] Ponomarov,S. V. , Holcomb, M. C. Understanding the concept of supply chain resilience. *The International Journal of Logistics Management* ,2009(1): 124-143.

[41] Poray,M. ,Gray,A. ,Boehlje,M. ,et al. Evaluation of alternative coordination systems between producers and packers in the pork value chain. *International Food and Agribusiness Management Review* ,2003(2):65-78.

[42] Pu,X. J. ,Zhu X. Y. ,Jiang,L. Vertical cooperation research on "agricultural-supermarket docking" supply chain—channel fee, income sharing and Pareto improvement. *Journal of Northwest Agricultural and Forestry University* (*Social Science Edition*) ,2012(6):50-54.

[43] Robeiro,J. R. , Barbosa-Povoa, A. Supply chain resilience: definitions and quantitative modelling approaches-A literature review. *Computers & Industrial Engineering* ,2018(115):109-122.

[44] Scholten, K. , Scott, P. S. , Fynes, B. Mitigation processes-antecedents for building supply chain resilience. *Supply Chain Management :An International Journal* ,2014(19):211-228.

[45] Seuring,S. ,Müller,M. From a literature review to a conceptual framework for sustainable supply chain management. *Journal of Cleaner Production* , 2008(15):1699-1710.

[46] Tukamuhabwa,B. ,Stevenson,M. ,Busby,J. Supply chain resilience in a developing country context:a case study on the interconnectedness of threats, strategies and outcomes. *Supply Chain Management : An International Journal 2* ,2017:486-505.

[47] Van der Vorst,J. G. A. G. *Effective Food Supply Chains ,Generating* ,

Modelling and Evaluating Supply Chain Scenarios. Wageningen University, the Netherlands,2000.

[48] Wallace,S. W. ,Choi,T. M. Flexibility,information structure,options, and market power in robust supply chains. *International Journal of Production Economics*,2011(2):284-288.

[49] Wang,K. , Han J. Q. Management of agricultural industrial chain. *China Rural Economy*,2002(5):9-12. (Published in Chinese).

[50] Wathne,K. H. ,Heide,J. B. Relationship governance in a supply chain network. *Journal of Marketing*,2004(1):73-89.

[51] Wieland, A. , Wallenburg, C. M. Dealing with supply chain risks: Linking risk management practices and strategies to performance. *International Journal of Physical Distribution & Logistics Management*, 2012(10):887-905.

[52] Wieland,A. ,Wallenburg,C. M. The influence of relational competencies on supply chain resilience: a relational view. *International Journal of Physical Distribution & Logistics Management*,2013(4):300-320.

[53] Ye,C. L. , Meng S. D. Literature review on risk management of agricultural products (food) supply chain. *Supplement to agricultural economics*,2007:200-205. (Published in Chinese).

[54] Zhao,G. , Liu,S. , Lopez,C. A literature review on risk sources and resilience factors in agri-food supply chains. *Collaboration in a Data-Rich World*,2017:739-752.

后　　记

　　本书是我的国家自然科学基金项目"猪肉供应链治理模式的优化研究——基于'I-P-O'的动态分析框架"(项目号:71403243)的部分研究成果。本课题的研究思路得到了浙江大学中国农村发展研究院(以下简称卡特)首席教授黄祖辉,以及卡特教授徐旭初两位老师的悉心指导。我的硕士生陈沁同学(2019年毕业)全程参与了课题的调研、问卷的回收、数据的整理和分析以及相关研究论文的撰写工作。研究过程中,我的主要合作者美国密歇根州立大学的金松青教授、英国约克大学的贾甫教授、温州大学的罗建利教授、浙江大学卡特的叶春辉副教授、安徽工业大学的王海涛副教授都给予了很多中肯的建议。

　　在2015—2017年课题进行的过程中,课题组陆续对我国生猪产业供应链的组织形式进行了调研。我的调研得到了四川省遂宁市、邛崃市,江苏省淮安市、浙江省临安市等多地的畜牧局领导和工作人员的大力支持。调研工作也得到了生猪产业中很多龙头企业、合作社以及养殖户的支持。没有他们的支持,课题很难取得这些研究成果。

　　本书的编写得到了浙江大学卡特的六位同学(邵景润、俞一、施子芄、宣佳琦、董晓东、吴智豪)的辅助,他们帮助我一起完成了本书初稿中文字的审校、格式的修订和段落章节的排版等很多细节工作,让我的初稿能够顺利交付。浙江大学出版社的老师们对初稿进行了仔细的核对和审校,在此予以真诚地感谢。因为时间紧、内容多,本书难免有错漏之处,敬请读者们谅解。

季　晨

2021年3月17日